프란치스코 교황의
행복론

프란치스코 교황의 행복론

2024년 10월 10일 교회 인가
2026년 1월 12일 초판 1쇄 펴냄
2026년 1월 26일 초판 2쇄 펴냄

지은이 · 프란치스코 교황
옮긴이 · 김의태
펴낸이 · 정순택
펴낸곳 · 가톨릭출판사
편집 겸 인쇄인 · 김대영
편집 · 박다솜, 박도연, 허유정
디자인 · 정호진, 이경숙, 강해인, 우지수
마케팅 · 임찬양, 안효진, 황희진, 노가영, 이영실

본사 · 서울특별시 중구 중림로 27
등록 · 1958. 1. 16. 제2-314호
전자우편 · edit@catholicbook.kr
전화 · 1544-1886(대표 번호)
지로번호 · 3000997

ISBN 978-89-321-1983-0 03230

값 27,000원

프란치스코 교황의 행복론

프란치스코 교황 지음
김의태 옮김

가톨릭출판사

행복을 향한 15가지 방법

1. 당신의 내면을 읽어 보십시오

당신의 내면을 읽어 보십시오. '우리 삶은 우리에게 주어진 가장 귀중한 책'이며, 우리는 다른 길을 통해 헛되이 헤매던 것을 그 책 안에서 찾습니다. 아우구스티노 성인은 자신의 지난 생애를 다시 읽음으로써 이를 정확하게 이해했습니다. "너 자신 안으로 다시 들어가라. 사람의 내면에 진실이 머문다." 이는 저를 비롯한 우리 모두를 위한 초대입니다. 삶의 여정이 어땠는지 여러분의 내면을 읽으십시오. 평온하게 읽으십시오. 내면으로 들어가십시오.

2. 당신은 단 하나뿐이라는 것을 기억하십시오

당신은 단 하나뿐이라는 것을 기억하십시오. 우리는 있는 그대로 사랑받으며, 어느 누구도 우리 각자를 대신할 수 없습니다. 이처럼 우리는 자신의 유일함을 통해 다른 사람을 사랑하려고 이 세상에 태어났습니다. 그러니 다른 사람을 대신하지 마십시오. 우리는 하느님 보시기에 단 하나뿐인 존재입니다. 그러므로 자신을 '규격화'하지 마십시오. 우리는 대량 생산품이 아닙니다. 우리는 특별하며 자유롭습니다. 우리는 사랑 이야기, 특별히 하느님과 사랑 이야기를 나누고, 담대하고 확고한 선택을 받아들이고, 사랑의 놀라운 위험을 감수하기 위해 이 세상에 존재합니다.

3. 당신의 아름다움을 드러내십시오

당신의 아름다움을 드러내십시오. 세상의 유행에 따른 아름다움이 아닌 진정한 아름다움을 드러내십시오. 호수에 비친 자기 모습에 반해 그 호수에 빠져 죽고 말았던 나르키소스Narcissus처럼 자기 자신에게만 집착하는 아름다움이 아닙니다. 마법에 풀려났을 때 얼굴이 일그러진 자신을 본 도리안 그레이Dorian Gray처럼 악과 타협하는 아름다움도 아닙니다. 저는 절대 시들지 않는 아름다움을 이야기하는 것입니다. 신성한 아름다움 말입니다. 하느님께서는 진정으로 선하시고, 진실하시고, 아름다우십니다. 그리고 아름다움은 그분께 다가가는 특별한 방법의 하나입니다.

4. 자신을 향해 웃는 법을 배우십시오

자신을 향해 웃는 법을 배우십시오. 나르시시스트는 끊임없이 거울 속의 자신을 봅니다. 거울을 볼 때마다 자신을 보고 웃으십시오. 이 조언이 당신에게 도움이 될 것입니다.

5. 건강한 조바심을 지니십시오

꿈과 목표를 향한 건강한 조바심을 지니십시오. 항상 당신을 걷도록 부추기고, 내가 바라는 어떤 지점에 '도착했다'라고 여기지 않는 조바심을 지니길 바랍니다. 어른이 되기 싫은 피터 팬처럼 방에 틀어박혀 세상과 등을 지지 말고, 용기와 항상 열린 마음을 가지십시오.

6. 용서하는 법을 배우십시오

용서하는 법을 배우십시오. 모든 사람은 자신이 마땅히 되어야 할 아버지나 어머니, 남편이나 아내, 형제나 자매가 되지 못했다는 사실을 압니다. 우리 모두 인생에서 '빚'을 지고 있습니다. 그래서 자비가 필요합니다. 용서해야 하고, 용서가 필요하며 인내 역시 필요하다는 것을 기억하십시오. 그리고 하느님께서 항상 우리보다 앞서 먼저 우리를 용서하신다는 것을 기억하십시오.

7. 슬픔을 읽는 법을 배우십시오

슬픔을 읽는 법을 배우십시오. 오늘날 슬픔은 대부분 어떤 대가를 치르더라도 피해야 할 해악으로 여겨집니다. 하지만 슬픔은 인생에 없어서는 안 될 경종이 될 수 있습니다. 이는 덧없음과 도피를 허락하지 않고, 보다 풍요롭고 비옥한 삶으로 우리를 초대합니다. 때때로 슬픔은 신호등 역할을 합니다. "멈추세요, 멈추세요! 빨간불입니다. 멈추세요." 이러한 감정을 느끼지 않는다면 훨씬 심각한 상황이 펼쳐질 것입니다.

8. 위대한 꿈을 꾸십시오

위대한 꿈을 꾸십시오. 오로지 꼭 필요한 것에만 만족하지 맙시다. 주님께서는 우리가 지평을 좁히는 것을 원하지 않으시고, 인생의 갓길에 멈춰 서 있는 것도 바라지 않으십니다. 그분께서는 우리가 대범하게 그리고 기뻐하면서 고귀한 목표들을 향해 질주하기를 바라십니다. 우리는 단지 휴가나 주말만을 꿈꾸려고 창조된 것이 아니라, 이 세상에서 하느님의 꿈을 이루도록 창조되었습니다. 하느님께서는 삶의 아름다움을 껴안도록 우리를 꿈꿀 수 있게 만드셨습니다.

9. 환상을 파는 자들의 말을 듣지 마십시오

환상을 파는 자들의 말을 듣지 마십시오. 꿈을 꾸는 것과 환상을 갖는 것은 별개입니다. 꿈을 이야기하면서 환상을 파는 사람은 행복을 조작하려는 사람들입니다. 우리는 더 큰 기쁨을 위해 창조되었습니다.

10. 혁명가가 되십시오. 세상의 파도에 대항하십시오

혁명가가 되십시오. 시류에 맞서 싸우십시오. 상대주의적이고 일시적인 문화 속에서 많은 사람이 순간을 '즐기는 것'이 중요하다고 합니다. 그들은 내일 무슨 일이 일어날지 모르기 때문에 평생 헌신할 가치가, 결정적인 선택을 하는 것이 의미가 없다고 말합니다. 저는 여러분이 혁명가가 되길 바랍니다. 그리고 여러분이 최종적으로 책임을 질 수 없다고 믿게 하는 이 문화에 맞서길 바랍니다. 행복해질 용기를 가지십시오.

11. 실수할지라도 위험을 감수하십시오

실수할지라도 위험을 감수하십시오. 먼발치에서 삶을 관망하지 마십시오. 행복은 그저 안락의자에 앉아 쉬는 일이 아닙니다. 주차된 자동차처럼 그저 머물러 있지 말고, 꿈을 꽃피우고 좋은 결정을 내리십시오. 위험을 감수하십시오. 무기력하게 근근이 살아가지 말고, 구경꾼처럼 세상을 바라보지 마십시오. 진취적으로 나아가십시오. 여러분을 무력하게 만드는 두려움을 몰아내십시오. 활기차게 살아가십시오. 인생 최고의 순간을 위해 여러분 자신을 온전히 던지십시오.

12. 다른 사람들과 함께 걸어 보십시오

다른 사람들과 함께 걸어 보십시오. 혼자 걷는 것은 슬픕니다. 정말 외롭고 때로는 지루하기까지 합니다. 공동체 안에서, 친구들과 함께, 우리를 사랑하는 사람들과 함께 걸으십시오. 그들은 당신이 목적지에 잘 도착하도록 도울 것입니다. 그리고 넘어지면 다시 일어나십시오. 실패와 넘어짐을 두려워하지 마십시오. 걷는다는 일에서 중요한 점은 '쓰러진 상태로 머물지 않는 것'을 의미합니다.

13. 거저 주며 사십시오

거저 주며 사십시오. 형제적 무상성을 살지 않는 사람은 자신의 삶을 고달픈 거래 형태로 만들어 버립니다. 반면 하느님께서는 거저 주십니다. 심지어 당신께 충실하지 않은 이들까지 도우시며, "악인에게나 선인에게나 당신의 해가 떠오르게"(마태 5,45) 하십니다. 우리는 생명을 거저 받았고, 이를 얻으려고 아무런 대가도 치르지 않았습니다. 그러므로 우리는 대가를 바라지 않고 줄 수 있으며, 똑같은 것을 요구하지 않으면서 선을 행할 수 있습니다. 이것이 바로 예수님께서 제자들에게 하신 말씀입니다. "너희가 거저 받았으니 거저 주어라."(마태 10,8)

14. 어둠 너머를 바라보십시오

어둠 너머를 바라보십시오. 어둠 속에서도 밝은 눈을 가지려 노력하십시오. 우리가 자주 마음속에 품으며 주변에서 보게 되는 어둠 속에서도 빛을 찾도록 힘쓰십시오. 도망치는 것이 아니라 두려움에 사로잡혀 그저 바닥에 주저 앉고 싶은 유혹을 극복하기 위해 하늘을 바라보십시오. 두려움이 우리를 지배할 때 위기가 찾아옵니다. 생각이나 불평에 얽매이지 마십시오. 대신 눈을 들어 하늘을 보십시오. 이는 주님의 초대입니다.

15. 당신이 최고가 될 운명이라는 것을 기억하십시오

당신이 최고가 될 운명이라는 것을 기억하십시오. 하느님께서는 우리에게 더 좋은 것을 주길 원하시고, 우리가 행복하기를 바라십니다. 그분은 어떤 한계를 정하지 않으시며 어떤 호의도 바라지 않으십니다. 예수님의 표징에는 숨은 의도나 요구가 들어설 자리가 없습니다. 예수님께서 우리 마음에 가져오신 기쁨은 완전하고 사심 없는 기쁨입니다. 희석된 기쁨이 아니라 오히려 우리를 더욱더 새롭게 하는 기쁨입니다.

추천의 말

우리 곁에 남겨진 행복의 유산

주님의 오심을 기다리는 희망의 계절, 대림 시기에 우리는 지난 4월 21일 주님 부활 대축일 이튿날 하느님의 품에 안기신 프란치스코 교황님을 기억합니다. 전 인류를 위해 헌신하셨던 그분의 모습을 떠올리며 옷깃을 여미게 됩니다. 그분을 향한 그리움 속에서 만나는 《프란치스코 교황의 행복론》은 마치 교황님께서 우리 곁을 떠나시며 남기신 따뜻한 위로이자 행복의 유산처럼 다가옵니다. 깊은 추모의 마음과 함께, 교황님의 정신을 우리 가슴속에 오래 간직하게 할 이 소중한 책을 기쁜 마음으로 추천합니다.

책에서 교황님은 우리 시대의 행복을 향한 갈망과 갈증을

꿰뚫어 보시며, "행복은 핸드폰에서 내려받는 '앱app'이 아닙니다."라고 강조하십니다. 현대를 살아가는 적지 않은 사람들이 물질적 풍요와 순간의 즐거움을 추구하며, '앱'을 내려받듯 행복을 소비하고 있으나 끝내 마음의 공허함과 방향 감각의 상실을 경험합니다.

교황님은 행복이 '상품'이 아님을 분명히 하십니다. "구원은 돈으로 사고팔 수 없습니다." 진정한 행복은 소유하는 기쁨이 아니라 '주는 사랑' 속에서 완성되기 때문입니다. 책은 현시대의 혼란과 불안 속에서 '진정한 행복은 어디에 있는가?'라는 근본적인 물음에 대해 올바른 해답을 주는 우리 시대의 나침반과도 같습니다.

행복은 주어진 선물(1장)이고, 내어 주는 것(2장)이며, 때로는 넘어지고 다시 일어서는 '하나의 여정'(3장) 그 자체입니다. 그리고 결코 안락함에 머무는 것이나 '대충 살아가는 것'(4장)이 아니며, 하느님의 '진정한 꿈'(5장)에 동참하고 소외된 사람들을 향한 '구체적인 사랑'(7장)을 실천하는 용기 있는 삶 속에서 피어나는 것입니다. 이는 두려움과 어둠이 드리운 곳으로 먼저 찾아가 손을 내미셨던 프란치스코 교황님의 생애와 깊이 맞닿아 있습니다.

고귀한 유산을 우리말로 정성껏 옮기신 김의태 베네딕토 신부님께 깊이 감사드립니다. 김 신부님은 수원가톨릭대학교 교수로서 후학 양성과 교회법 연구, 교구 법원 활동에 매진해 왔습니다. 특히 유학 시절 프란치스코 교황님의 탄생(선출)을 직접 목격한 감동을 바탕으로, 교황님의 자비와 용서의 정신을 우리말 안에 진실되게 담아냈습니다.

한국 교회 안에 교황님의 영성을 다시 전하는 소중한 통로가 되길 바라며, 책을 읽는 모든 이에게 주님의 사랑과 평화가 가득하기를 빕니다. 주님의 참사랑을 실천하고자 힘쓰는 사람들의 일독을 권합니다.

2025년 희년 끝자락에
천주교 수원교구 교구장
이용훈 마티아 주교

머리말

하느님께서는
우리가 행복하길 바라십니다

2022년 1월 16일, 〈삼종 기도〉; 2017년 8월 23일, 〈일반 알현〉

요한 복음사가는 카나의 혼인 잔치 이야기, 즉 예수님께서 신혼부부의 기쁨을 위해 물을 포도주로 바꾸신 사건을 이야기합니다. "이렇게 예수님께서는 처음으로 갈릴래아 카나에서 표징을 일으키시어, 당신의 영광을 드러내셨다. 그리하여 제자들은 예수님을 믿게 되었다."(요한 2,11) 복음사가는 이를 기적이라 말하지 않습니다. 사람들의 경이로움을 불러일으키는 강력하고도 특별한 사건으로 묘사하지 않고, 오히려 제자들의 믿음을 불러일으킨 '표징'이 카나에서 일어났다고 기록합니다.

복음에서 '표징'이란 무엇일까요? 이는 곧 하느님의 사랑을 드러내는 단서입니다. 다시 말해 기적을 일으키는 행위의 힘이 아니라 기적을 일으키는 사랑에 주목해야 합니다. 바로 언제나 가까이 계시고, 온유하시며 연민이 넘치시는 하느님의 사랑, 우리와 동행하시는 하느님의 사랑입니다.

예수님께서 이루신 첫 번째 표징은 하필 혼인 잔치의 주인공들이 인생에서 가장 중요한 날 곤경에 처했을 때 일어납니다. 혼인 잔치가 한창이던 와중에 포도주가 떨어졌습니다. 초대받은 손님들의 불평불만이 이어져 기쁨으로 가득해야 할 잔치 분위기가 식어 버릴 위기에 봉착합니다. 물만으로 어떻게 혼인 잔치를 이어 갈 수 있을지 상상해 보십시오!

이때 이를 눈치챈 성모님이 조심스레 예수님께 다가가 상황을 알립니다. 그러자 예수님께서는 아무도 모르게, 조용히 이 일에 개입하십니다. 모든 것이 잔치 뒤에서 비밀리에 진행됩니다. 좋은 포도주를 내놓은 일에 대한 찬사는 신랑의 몫이 되도록 하느님께서 도우시되, 드러나지 않게 행하십니다.

예수님의 첫 번째 표징은 예루살렘 성전에서 행하신 특별한 치유나 기적이 아니라 놀랍게도 보통 사람들의 소박하고 구체적인 요구에 부응하는 행동입니다. 마치 가족끼리 주고받는 행동과 같습니다. 이 얼마나 아름답습니까! 말하자면 "발꿈치를 들고 살금살금 걸으며" 신중하고 고요하게 일어난 기적입니다.

하지만 카나의 표징에는 또 다른 독특한 특징이 있습니다. 일반적으로 잔치가 끝날 때쯤 내놓는 포도주는 그다지 좋은 술이 아닙니다. 그 포도주에 물을 조금 섞더라도 사람들은 눈치채지 못했을 것입니다. 하지만 예수님께서는 더 좋은 포도주로 잔치를 마무리하십니다. 상징적으로 이는 하느님께서 우리에게 더 좋은 것을 주길 원하시고, 우리가 행복하기를 바라신다는 것을 말해 줍니다.

그분은 어떤 한계를 정하지 않으시며 우리에게 어떤 호의도 바라지 않으십니다.

예수님의 표징에는 숨은 의도나 요구도 들어설 자리가 없습니다. 예수님께서 우리 마음에 가져오신 기쁨은 완전하고 사심 없는 기쁨입니다. 희석된 기쁨이 아니라 오히려 우리를 더욱더 새롭게 하는 기쁨입니다.

요한 묵시록에서는 다음과 같이 하느님의 말씀을 전합니다.

"보라, 내가 모든 것을 새롭게 만든다."(묵시 21,5)

우리 하느님께서는 새로움을 창조하시는 하느님이시며, 경이로움의 하느님이십니다. 하느님께서는 인간의 삶 안에서, 역사 안에서, 우주 안에서 새로움을 창조하십니다. 하느님께서는 언제나 새로운 것을 만드시며, 우리가 그 새로움에 빠져 들길 바라십니다. 마치 새 포도주를 새 부대에 담듯 말입니다.

이런 이유로 지평선을 향해 고개를 들지 않고, 시선을 아래로 두고 걷는 사람은 참된 그리스도인이 아닙니다. 마치 짧은 여행과 같이 우리의 모든 여정이 여기서 끝나 버리는 것처럼, 우리 생애에 아무런 목적지가 없는 것처럼, 아무런 이유 없이 영원히 방황하는 사람은 그리스도인이 아닙니다.

하느님께서는 우리 삶이 잘못되는 것을 원하지 않으셨습니다. 오히려 그분은 우리가 행복하기를 바라시기 때문에 인간을 창조하셨습니다. 그분께서는 우리의 아버지이십니다. 비록 우리가 그분의 뜻과는 다른 삶을 살고 있을지라도, 예수님께서는 하느님 자신이 대속을 행하시고 계심을 우리에게 확신시켜 주십니다.

그리스도인은 새로운 관점, 즉 희망으로 가득 찬 시선을 지닙니다. 우리는 죽음과 증오가 인간 존재의 비유에 대한 마지막 단어가 아니라는 것을 믿고 알고 있습니다. 어떤 이들은 자기 삶의 모든 행복이 젊음과 과거에 담겨 있다고, 삶은 서서히 쇠퇴해 가는 것이라 믿습니다. 또 다른 이들은 우리의 기쁨이 단지 일시적이고 지나가는 것이라고, 인간의 삶에는 무의미함이 각인되어 있다고 생각합니다.

그러나 우리 그리스도인은 이것을 믿지 않습니다. 오히려 인간의 지평 안에는 영원히 빛나는 태양이 있다고 믿습니다. 가장 아름다운 날이 아직 오지 않았다고 믿습니다. 우리는 가을보다는 봄을 살고 있습니다. 우리는 나뭇가지에 노랗게 변한 잎사귀보다 새로운 세계에서 움트는 싹을 지켜봅니다.

그리스도인은 하느님의 나라, 그 사랑으로 다스리시는 나라가 마치 큰 밀밭처럼 자라난다는 것을 압니다. 물론 밀밭에는 가라지도 함께 자라납니다. 뒷담화와 비방, 전쟁과 질병 등 항상 문제가 있습니다. 하지만 어떻게 해도 밀은 자라며, 끝내 악은 사라질 것입니다.

미래는 우리가 소유한 것이 아닙니다. 그러나 우리는 예수님께서 삶의 가장 큰 은총이심을 알고 있습니다. 이는 마치 마지막 날에 우리를 기다리시는 하느님의 따뜻한 품을 느끼는 것과 같으며, 동시에 하느님께서 이미 지금 이 순간에도 우리와 함께 걸어가고 계심을 느끼는 것과 같습니다.

우리는 향수, 후회, 비탄에 빠지지 않습니다. 하느님께서는 우리가 약속의 상속자로서 지치지 않고 꿈을 꾸며 살아가기를 바라신다는 것을, 우리는 알고 있습니다.

차례

1장

행복은

주어진 선물입니다

오로지 사랑만이 행복을 줍니다

2017년 9월 3일, 〈삼종 기도〉

"정녕 자기 목숨을 구하려는 사람은 목숨을 잃을 것이고, 나 때문에 자기 목숨을 잃는 그 사람은 목숨을 구할 것이다."(루카 9,24) 이 역설적인 문장에는 그리스도 안에서 창조된 인간의 본성에 하느님께서 새겨 주신 황금률이 담겨 있습니다. 곧 사랑만이 삶에 의미와 행복을 준다는 법칙입니다. 오직 자신만을 구하고, 보호하고, 실현하기 위해 자신의 재능과 에너지, 시간을 쓰는 것은 실제로 자신을 잃어버리는 일, 다시 말해서 슬프고 무익한 존재로 이끕니다. 그러나 예수님께서 행하셨던 것처럼 주님을 위해 살고 삶의 중심에 사랑을 두면, 참된 기쁨을 맛볼 수 있으며, 삶은 메마르지 않고 풍요로워질 것입니다.

구원은 주님께서
거저 주신 선물입니다

2014년 12월 8일, 〈삼종 기도〉

우리 마음에 사랑과 자비가 부어진 신성한 은총을 마주할 때, 생겨나는 결과는 오직 한 가지, 바로 무상성입니다. 우리 중 누구도 구원을 살 수 없습니다. 구원은 우리 안에 들어와 머무시는 주 하느님께서 거저 주신 선물입니다. 우리는 거저 받았으니 거저 주도록 주님께 부르심을 받았습니다(마태 10,8 참조). 그래서 천사의 소식을 듣자마자 친척 엘리사벳과 출산이라는 선물을 함께 나누셨던 성모님을 본받는 것입니다. 모든 것이 우리에게 주어졌다면, 모든 것을 되돌려 주어야 하기 때문입니다.

그렇다면 어떻게 되돌려 주어야 할까요? 성령께서 우리를 다른 사람들을 위한 선물로 삼으시도록 기꺼이 자신을 내어 드리는 것입니다. 성령은 우리를 위한 선물이며, 우리는 성령의 능력으로 다른 사람들을 위한 선물이 되어야 합니다. 성령께서 우리를 환대의 도구, 화해의 도구, 용서의 도구로 만드시도록 해야 합니다. 만일 우리 삶이 주님의 은총으로 변화되길 희망한다면(분명 주님의 은총이 우리를 변화시킬 것이기 때문에) 우리는 그분의 얼굴에 비치는 빛을 우리 자신만 간직할 수 없습니다. 다른 사람들에게도 그 빛을 비추도록 해야 합니다.

순종하는 마음

2014년 3월 25일, 〈아침 묵상〉

구원은 돈으로 사고팔 수 없습니다. 그저 선물하는, 거저 주는 것입니다. 우리는 우리 자신을 스스로 구원할 수 없습니다. 구원은 온전히 거저 주어지는 하나의 선물입니다. 바오로 사도의 말씀처럼 황소와 염소의 피로도 살 수 없습니다. 물론 그것을 살 수는 없지만, 구원의 문에 들어가기 위해서는 겸손한 마음, 온유한 마음, 순종하는 마음이 필요합니다.

동정 어머니시여, 당신 아들의 따님이시여,
피조물 중에 가장 겸손하고 가장 높으신 이여,
영원하신 성지聖旨가 결정하신 끝이시여,

당신이야말로 인간의 본성을 한껏
높이셨으니 이로써 그 창조주께서 스스로
피조물이 되시기를 꺼려 하지 않으셨나이다.

당신 복중에서 사랑이 다시 타올랐으니
그 뜨거움으로 영원한 평화 안에
이렇듯 이 꽃이 싹터 오나이다.

여기 당신은 우리에게 사랑의 한낮
횃불이 되시옵고 하계에선 인간 사이에
희망의 살아 있는 샘으로 계시나이다.

여왕이시여, 당신은 크시옵고 능하시오니
성총을 원하면서 당신께 나아오지 않는 자,
그의 바람은 날개 없이 날으려 함이니이다.

당신의 인자하심은 청하는 자에게만
달려오실 뿐 아니라 흔히는 너그러우시게
청원에 앞서 미리 오시나이다.

당신 안에 자비와 당신 안에 어여삐 여기심과
당신 안에 우람스러움이, 그리고 피조물에게
좋은 것은 무엇이든 당신 안에 어우러져 있나이다.

— 단테 알리기에리, 《단테의 신곡》, 천국편, 제33곡 1-21행

예수님께서 먼저 우리를 사랑하셨습니다

《그리스도는 살아 계십니다》, 121항 참조

예수님의 용서와 구원은 돈으로 살 수도, 우리의 행위나 노력으로 얻을 수도 없습니다. 그분께서는 우리를 조건 없이 용서하시고 해방해 주십니다. 십자가 위에서 당신을 내어 주신 그 사랑은 너무나 위대하기에 우리는 그 대가를 치를 수 없습니다. 우리는 그저 상상할 수 없을 만큼의 큰 사랑을 받았다는 기쁨과, 무한한 감사의 마음으로 그 사랑을 받아들이기만 하면 됩니다.

"그분께서 먼저 우리를 사랑하셨기 때문입니다."(1요한 4,19)

하느님께서는 항상 우리를 향해 첫걸음을 내디디십니다

2014년 1월 6일, 〈삼종 기도〉

두 가지 움직임에 대해 생각해 봅시다. 하나는 세상과 인류를 향한 하느님의 움직임, 즉 예수님 안에서 절정을 이룬 구원 역사 전체를 향한 움직임입니다. 다른 하나는 하느님을 향한 인간의 움직임, 즉 종교, 진리 탐구와 더불어 평화, 정의, 자유를 향한 사람들의 움직임입니다. 이 두 가지 움직임은 서로 끌어당기는 힘으로 인해 움직입니다.

하느님께서 무엇에 이끌리실까요? 바로 우리에 대한 사랑입니다. 우리는 그분의 자녀이고, 그분은 우리를 사랑하시어, 우리를 악과 질병, 죽음에서 자유롭게 하여 당신의 집, 당신의 나라로 데려가길 원하십니다. 하느님께서는 당신의 은총으로 우리를 이끄시어 우리를 당신과 하나 되게 하십니다.

한편 우리에게서도 사랑, 욕망이 일어납니다. 진리, 생명, 행복, 아름다움과 같은 선은 항상 우리를 끌어당깁니다. 예수님께서는 이러한 상호 이끌림, 즉 이중적 움직임이 만나는 지점입니다. 예수님께서는 하느님이시며 인간이십니다. 진정 하느님이시며 인간이십니다.

그러면 누가 주도권을 갖습니까? 언제나 하느님이십니다! 하느님의 사랑은 언제나 우리보다 앞서 오십니다. 그분은 항상 주도권을 지니십니다. 그분께서는 우리를 기다리시고, 초대하십니다. 예수님께서는 스스로 인간이 되시고, 스스로 강생하셨으며, 우리를 위해 태어나신 하느님이십니다.

동방 박사에게 나타난 새로운 별빛은 그리스도의 탄생을 알리는 표징이었습니다. 그들이 그 별을 보지 못했다면, 그들은 아마 떠나지 않았을 것입니다. 빛이 우리보다 앞서가고, 진리가 우리보다 앞서 있으며, 아름다움이 우리보다 앞서 존재합니다. 하느님께서는 우리보다 앞서 계십니다.

이사야 예언자는 하느님께서 편도나무(שקד, shaqed)의 꽃과 같다고 말합니다. 왜 그럴까요? 이스라엘에서는 편도나무가 가장 먼저 꽃을 피우기 때문입니다. 이처럼 하느님께서는 항상 앞서가시며, 늘 우리를 먼저 찾으시며, 첫걸음을 내디디십니다. 하느님께서는 언제나 우리보다 앞서 계십니다. 그분의 은총이 우리보다 앞서 계시고 이 은총이 예수님 안에서 드러났습니다.

우리는 사랑으로 구원을 받았습니다

《그리스도는 살아 계십니다》, 118항 참조

그리스도께서는 사랑으로 말미암아, 우리를 구원하시기 위해 끝까지 당신을 내어 주셨습니다. 십자가 위에서 활짝 펼친 그분의 두 팔은, 기꺼이 죽음의 끝까지 갈 수 있는 진정한 친구임을 잘 보여 주는 고귀한 표징입니다.

"그분께서는 이 세상에서 사랑하신 당신의 사람들을 끝까지 사랑하셨다."(요한 13,1)

행복을 향한 첫걸음

2018년 10월 4일, 〈교황 담화〉

단식은 다른 사람과 피조물에 대한 우리의 태도를 바꾸는 법을 가르쳐 줍니다. 탐욕을 만족시키기 위해 모든 것을 '집어삼키려는' 유혹에서 벗어나, 우리의 공허한 마음을 채울 수 있는 사랑으로 희생하는 방법입니다. 기도는 우상 숭배와 자아의 자만을 버리고, 우리가 주님과 그분의 자비가 필요하다는 것을 깨닫도록 이끕니다. 자선은 우리가 미래를 보장받을 수 있다는 착각에 사로잡혀 모든 것을 쌓아 두려는 어리석음에서 벗어나도록 도와줍니다. 그리하여 피조물과 우리 마음에 마련하신 하느님의 계획, 즉 하느님과 우리 형제들과 온 세상을 사랑하는 기쁨을, 그 사랑 안에서 참된 행복을 발견할 것입니다.

천국은 돈으로 살 수 없습니다

2015년 12월 18일, 〈교황 강론〉

예수님께서는 우리가 어떻게 심판을 받을 것인지 말씀해 주십니다. 그분께서는 "네가 교회에 정성 어린 봉헌을 많이 바쳤으니 나와 함께 가자. 너는 교회의 은인이니 천국에 들어오라." 하고 말씀하지 않으실 것입니다. 천국에 들어가는 것은 돈으로 살 수 없습니다. 그분께서는 "너는 공부도 많이 했고, 많은 명예를 얻었으니 천국으로 가자."라고 말씀하지 않으실 것입니다. 절대 아닙니다! 명예는 천국의 문을 열어 주지 않습니다. 천국의 문을 열어 주시기 위해 예수님께서 무엇을 말씀하십니까?

"너희는 내가 굶주렸을 때에 먹을 것을 주었고, 내가 목말랐을 때에 마실 것을 주었으며, 내가 나그네였을 때에 따뜻이 맞아들였다. 또 내가 헐벗었을 때에 입을 것을 주었고, 내가 병들었을 때에 돌보아 주었으며, 내가 감옥에 있을 때에 찾아 주었다."(마태 25,35-36)

사치도, 부유함도, 권력도 아닙니다

2015년 12월 18일, 〈교황 강론〉

천국을 위한 길은 사치도, 부유함도, 권력도 아닙니다. 가장 가난한 이들, 병든 이들, 갇힌 이들, 가장 중한 죄인일지라도 회개한다면, 그들은 먼저 천국에 들어갈 것입니다. 그들은 천국 문으로 들어갈 열쇠를 가지고 있습니다. 자선을 베푼 이들은 주님의 자비에 자신을 내어 맡긴 이들입니다.

희망에게

오 희망이여! 사랑스러운 이여,
선을 향해 분주한 그대여,
그대는 슬퍼하는 자들의 집을 비웃지 않고,

오히려 기꺼이 섬기는, 오 고귀한 이여!
인간의 힘과 불멸의 명령 사이를 다스리네.

그대 어디에 있는가? 나는 오래 살지 못했으나
나의 저녁은 벌써 차갑게 숨 쉬고 있고,
그림자처럼 나는 이미 여기서 침묵하고 있으니,
노래 없이, 가슴속 심장은 이미 잠들고 있네.

푸르른 골짜기, 산의 신선한 샘물이 영원히 솟아 나오고,
가을 햇살 속에서 사랑스러운 콜히쿰[1]이
나를 위해 피어나는 그곳,
그 정적 가운데, 사랑스러운 그대여

나 그대를 찾노라, 혹은 한밤중 숲속에서
눈에 보이지 않는 생명이 거닐고
나의 머리 위 영원한 화관에서 언제나 기쁨에 찬 꽃들,
저 그 피어나는 별들이 반짝일 때면

1 다년생 백합꽃의 종류 중 하나.

오 아이테르(Aether, 천공)의 딸이여!
그대 아버지의 정원을 나와 나에게 나타나 주오.
그대, 대지의 정령으로 오지 않으려거든
놀라움이라도 좋으니, 다른 모습으로라도
내 마음을 뒤흔들어 다오.

— 프리드리히 횔덜린, 〈송가Odi〉

저희가 어떻게 해야 합니까?

2021년 12월 12일, 〈삼종 기도〉

루카 복음서 3장에는 요한 세례자의 설교 이야기가 나옵니다. 다양한 무리가 요한 세례자의 설교에 감화되어, 이렇게 묻습니다. "그러면 저희가 어떻게 해야 합니까?"(루카 3,10)

이 질문은 의무감에 의한 것이 아닙니다. 오히려 주님께 감화된 마음으로 그분의 오심에 대한 기쁨이 "그러면 저희는 어떻게 해야 합니까?"라는 물음으로 이어진 것입니다. 요한은 "주님께서 가까이 오셨다."라고 응답합니다. 그렇다면 우리는 어떻게 해야 합니까?

예를 들어 우리를 찾아오는 소중한 사람이 있다고 생각해 봅시다. 우리는 기쁨과 설렘을 안고 그 사람을 기다립니다. 그 사람을 제대로 맞아들이기 위해 집을 청소하고, 가능한 한 최고의 식사를 준비하고, 선물까지 마련하기도 합니다. 한마디로 우리는 바빠질 것입니다.

주님과의 관계도 마찬가지입니다. 주님의 오심에 대한 기쁨은 우리가 이렇게 묻게 합니다. "그러면 우리는 무엇을 해야 할까?" 하느님께서는 이 물음을 더 높은 차원으로 들어 올려 주십니다. "나는 어떤 삶을 살아야 할까? 나는 어떤 부르심을 받았을까? 나는 무엇을 이뤄야 할까?"

이런 물음을 제기함으로써 복음은 우리에게 한 가지 중요한 사실을 일깨워 줍니다. 인생에는 우리가 해야 할 숙제가 있다는 것입니다. 인생은 무의미하지 않고, 우연히 주어진 것도 아닙니다. 인생은 주님께서 우리에게 주시는 선물입니다. 주님께서는 이렇게 말씀하십니다. "네가 누구인지 발견하고, 너의 삶이라는 꿈을 이루기 위해 열심히 노력하여라!" 잊지 맙시다. 우리에게는 각자 완성해야 할 사명이 있습니다. 그러니 주님께 "제가 어떻게 해야 합니까?"라고 묻는 일을 두려워하지 말고, 주님께 자주 물어봅시다. 이 질문은 성경에서도 나옵니다. 사도행전에서 예수님의 부활을 선포했던 베드로 사도의 말을 듣고 몇몇 사람들이 이렇게 물었습니다.

"사람들은 이 말을 듣고 마음이 꿰찔리듯 아파하며 베드로와 다른 사도들에게, '형제 여러분, 우리는 어떻게 해야 합니까?' 하고 물었다."(사도 2,37)

우리도 스스로 물어봐야 합니다. "나 자신과 형제자매들을 위해 어떻게 하는 것이 좋을까? 교회와 사회의 유익을 위해 나는 어떤 일을 할 수 있을까?"

우리를 행복으로 인도하는 길

2015년 3월 1일, 〈삼종 기도〉

예수님께서는 세상에 파견되시어 십자가를 통해 우리를 모두 구원하시고, 구원 계획을 이루시기 위해 기꺼이 종이 되신 하느님의 아드님이십니다. 하느님 아버지의 뜻에 대한 그분의 완전한 순종은 그분의 인성으로 말미암아 사랑이신 하느님의 영광을 드러냅니다.

예수님의 말씀을 들어봅시다. 그분은 구세주이십니다. 그분을 따르십시오. 사실 그리스도의 말씀을 듣는다는 것은 그분의 파스카 신비의 논리를 받아들이는 것입니다. 또한 세속의 것에 초연하고 내적 자유를 누리는 태도로 하느님의 뜻에 순종하는 것이며, 자신을 다른 이들에게 사랑의 선물로 내어 주기 위해 그분과 함께 걷는 것을 의미합니다. 다시 말해서, 모든 사람이 구원받을 수 있도록 기꺼이 "자기 목숨을 잃을"(마르 8,35 참조) 각오를 해야 합니다. 그리하여 우리는 영원한 행복 속에서 만날 것입니다.

잊지 마십시오! 예수님의 길은 언제나 우리를 행복으로 인도합니다. 그 사이에 언제나 십자가와 시련이 있을 것입니다. 그러나 결국 우리를 행복으로 인도할 것입니다. 예수님께서는 우리를 속이지 않으십니다. 그분은 우리에게 행복을 약속하셨고, 우리가 그분의 길을 따른다면 그 행복을 주실 것입니다.

거저 주신 하느님의 선물에 의지하십시오

2019년 12월 19일, 〈아침 묵상〉

만약 여러분이 주님께서 거저 주신 구원에 의지하지 않는다면 구원받지 못할 것입니다. 우리 중 누구도 구원받을 자격이 없습니다. 그런데 누군가가 "하지만 저는 기도하고 단식합니다."라고 한다면, 이러한 활동은 여러분에게 유익할 것입니다.

그러나 모든 바탕에 '무상성'이 없다면 어떠한 가능성도 없습니다. 우리 모두 은총의 삶으로 나아가지 못할 것입니다. 하늘나라에 가기도 어렵습니다. 거룩함이라는 열매를 맺지 못할 것입니다. 그런데 누군가가 "교황님, 저는 가톨릭 신자입니다. 그리고 주일에 미사에 참례합니다. 여러 단체에 속해 있어서 이 단체, 저 단체……."라고 말한다면, 이렇게 묻고 싶습니다. "말씀해 보세요. 이렇게 해서 구원을 살 수 있다고 생각하시나요? 이것이 당신을 구원할 것이라 믿습니까?" 여러분이 거저 주신 하느님의 선물을 믿는다면, 주님께서 당신을 구원으로 이끄실 것입니다. 모든 것이 거저 주신 선물입니다.

은총을 알아차리는 법

2020년 2월 1일, 〈교황 강론〉

"주의 구원을 이미 내 눈으로 보았나이다."(루카 2,30)

이 문장은 우리가 매일 밤 성무일도 끝기도에서 되풀이하는 말씀입니다. 그 말씀과 함께 우리는 "주님, 저의 구원은 당신에게서 오나이다. 저의 손은 비어 있지 않고 당신의 은총으로 가득 차 있습니다."라고 기도하며 하루를 마칩니다.

은총을 알아차리는 것이 출발점입니다. 자신을 돌이켜 보며 자기 역사를 다시 읽으면서, 그 안에서 하느님의 진실하신 선물을 발견하는 것입니다. 삶의 위대한 순간뿐만 아니라, 우리의 연약함과 나약함, 비참함 속에서도 마찬가지입니다.

유혹자, 악마는 우리의 비참함과 빈 두 손에 집착합니다. "그렇게 오랜 세월이 지나도록 너는 나아지지 않았어. 네가 이룰 수 있었던 것을 이루지 못했고, 사람들은 네가 타고난 재능을 발휘하도록 내버려 두지 않았으며, 너는 언제나 충실하지도 못했지. 너는 무능한 인간이야."라는 말을 우리는 아주 잘 알고 있습니다. 이것이 부분적으로 진실이라는 것도 압니다. 그리고 우리를 혼란스럽게 하는 생각과 감정이 뒤따르기 때문에, 우리는 하느님의 무상성이라는 나침반을 잃어버릴 위험에 빠지곤 합니다.

그러나 하느님께서는 비참함 속에서도 항상 우리를 사랑하시고, 당신 자신을 우리에게 내어 주십니다. 예로니모 성인도 주님께 많은 것을 봉헌하였지만 주님께서는 더 많은 것을 원하셨습니다. 그는 주님께 이렇게 말했습니다.

"하지만 주님, 저는 당신께 모든 것을 드렸는데, 다른 무엇이 부족하십니까?"

"너의 죄, 너의 비참함, 나에게 너의 비참함을 다오."

우리의 시선이 그분께로 향할 때 우리는 우리를 다시 새롭게 하시는 그분의 용서에 자신을 열고, 그분의 신실하심에 다시 한번 자신감을 얻게 됩니다.

프랜시스가 고개를 끄덕였다.

"간단히 말씀드리죠. 가톨릭 신자들은 하느님의 존재가 이성적 차원에서 증명될 수 있다고 말합니다. 그들은 세상이 움직이는 방식을 보면 창조주, 즉 모든 것의 배후에 있는 어떤 정신이 존재한다고 추론합니다. 이해되시나요? 그런 다음, 하느님에 관한 다른 결론들을 이끌어 냅니다. 예를 들어, 그분은 사랑이시며 행복의 원천이라는 것……."

"그럼 고통은요."

메이블이 말을 끊었다.

"음, 간단히 말해 그들은 고통이 죄의 결과라고 생각합니다."

"죄요? 프랜시스 씨. 아시다시피, 전 그것에 대해 정말 아무것도 모른답니다."

"죄는 하느님의 의지에 대한 인간 의지의 반항입니다."

"그게 무슨 뜻이죠?"

"음, 보십시오. 그들은 하느님께서 당신의 피조물들에게 사랑받기를 원하셨기에 그들을 자유롭게 만들었다고 주장합니다. 그렇지 않으면 진정으로 그분을 사랑할 수 없었을 테니까요. 하지만 자유가 있다는 사실은, 그들이 하느님을 사랑하거나 그분께 순종하기를 거부할 수도 있다는 것을 의미합니다. 이것을 일컬어 죄라고 합니다. 얼마나 말도 안 되는 소리입니까……."

메이블은 고개를 살짝 끄덕였다.

"네, 네. 하지만 전 그들이 어떻게 생각하는지 알고 싶어요……. 그래서, 그게 전부인가요?"

"친애하는 브랜드 부인, 몇 마디로 설명하기는 불가능합니다. 하지만 간단히 말해서 그들은 하느님께서 인간이 되셨다고 믿습니다. 예수는 하느님이셨고, 그분은 그들을 죄에서 구원하기 위해 죽음으로써 그렇게 하셨다고요……."

"고통을 통해서 말인가요?"

"네, 죽음으로요. 핵심은 그들이 '강생'이라고 부르는 것입니다. 다른 모든 것이 거기서 비롯되죠."

— 로버트 휴 벤슨, 《세상의 주인》

모든 것이 거저 주어진 것이며,
모든 것이 은총입니다

2013년 6월 11일, 〈아침 묵상〉

복음을 전하는 일은 거저 주는 무상성에서, 그리고 다가올 구원의 놀라움에서 생겨납니다. 그래서 거저 받은 것을 거저 주어야 합니다. "너희가 거저 받았으니 거저 주어라."(마태 10,8)라는 말씀에는 '구원의 무상성'이 담겨 있습니다. 우리는 모든 것이 거저 주어진 것이며, 모든 것이 은총이라는 내적 확신 없이는 하느님 나라를 설교할 수도, 전파할 수도 없습니다.

하느님 나라는 그분께서 주신 씨앗과 같습니다. 거저 주신 선물이지요. 복음 전파는 가난의 길, 곧 이 가난이라는 증거를 통해 전해집니다. "나에게는 부유함이 없습니다. 나의 부유함은 오직 하느님께 받은 선물뿐입니다. 이러한 무상성이 바로 우리의 부유함입니다." 이 가난은 우리가 세상에서 경영인이나 기업인이 되려는 마음에서 벗어나도록 구해 줍니다. 교회의 직무는 계속 수행되어야 하지만, 분명 가난한 마음과 함께 이루어져야 합니다.

구원에 이르는 좁은 문

2013년 8월 25일, 〈삼종 기도〉

루카 복음서는 구원이라는 주제를 묵상하도록 우리를 초대합니다. 예수님께서 갈릴래아에서 예루살렘으로 올라가시는데, 길에서 어떤 사람이 예수님께 다가와 물었습니다.

"주님, 구원받을 사람은 적습니까?"(루카 13,23)

예수님께서는 이 질문에 직접 대답하지 않으십니다. 얼마나 많은 사람이 구원받았는지가 중요한 것이 아니라, 오히려 구원에 이르는 길이 무엇인지가 더 중요하기 때문입니다. 그래서 예수님께서는 그 질문에 이렇게 대답하십니다.

"너희는 좁은 문으로 들어가도록 힘써라. 내가 너희에게 말한다. 많은 사람이 그곳으로 들어가려고 하겠지만 들어가지 못할 것이다."(루카 13,24)

무슨 뜻일까요? 우리가 들어가야 할 문은 무엇일까요? 그리고 왜 예수님께서는 좁은 문에 관해 말씀하셨을까요?

'문'이라는 상징은 복음서에 여러 번 등장합니다. 안전하고 사랑스러우며 따뜻함을 느낄 수 있는 집 혹은 난로와 같은 이미지를 떠오르게 합니다. 예수님께서는 우리에게 하느님의 가족, 하느님의 따뜻한 집, 그분과의 친교로 나아갈 수 있는 문이 있다고 말씀하십니다.

이 문은 바로 예수님이십니다(요한 10,9 참조). 그분은 구원으로 나아가는 관문이십니다. 그분은 우리를 아버지께로 인도하시며, 그분께서는 닫혀 계시지 않으십니다. 이 문은 결코 닫혀 있지 않으며, 차별 없이, 예외 없이, 특권 없이 모든 사람에게 항상 열려 있습니다. 예수님께서는 누구도 배제하지 않으시기 때문입니다.

아마 누군가는 이렇게 말할 것입니다. "아버지, 저는 예외입니다. 저는 큰 죄인이기 때문입니다. 저는 제 인생에서 끔찍한 일을 저질렀습니다. 너무나 많이요." 아닙니다. 당신은 예외가 아닙니다! 오히려 이러한 이유로 당신은 더 사랑받을 것입니다. 예수님께서는 언제나 죄인들을 더 많이 애정으로 용서하시고 사랑하시기 때문입니다. 그분께서는 여러분이 스스로 자신을 안아 주고, 스스로 용서하기를 기다리고 계십니다. 두려워하지 마십시오. 그분께서 여러분을 기다리십니다.

어서 용기를 내어 그분의 문으로 들어가십시오. 모든 사람이 이 문턱을 넘고 신앙의 문턱을 넘어, 그분의 삶으로 들어가 그분을 우리 삶에 모시도록 초대받았습니다. 분명 그분께서 우리 삶을 변화시키시고, 새롭게 하시며, 끊임없이 우리에게 온전한 기쁨을 주시기 때문입니다.

빛과 어둠 사이에서

2021년 3월 14일, 〈삼종 기도〉

예수님께서 이 세상에 오신 것은 우리에게 하나의 선택을 요구합니다. 어둠을 선택하는 이는 유죄 판결을 받지만, 빛을 선택하는 이는 구원이라는 판결을 받을 것입니다. 심판은 언제나 각자의 자유로운 선택에 따른 결과입니다. 악행을 저지르는 이는 어둠을 찾습니다. 악은 언제나 스스로를 숨기고 감춥니다. 진리를 행하는 이, 즉 선행을 실천하는 이는 빛으로 나아가며, 생명의 길을 비춥니다. 빛 속을 걷는 이, 빛으로 다가가는 이는 선 외에 다른 어떤 것도 행할 수 없습니다.

우리는 사순 시기 동안 하느님의 무한한 사랑에, 온유함과 선으로 가득한 그분의 자비와 용서에 더욱더 마음을 열고, 마음에 그 빛을 받아들이도록 부르심을 받았습니다. 우리가 겸손하게 용서를 청한다면, 하느님께서는 언제나 용서하신다는 것을 잊지 마십시오. 그저 용서를 청하는 것으로 충분하고, 그러면 그분께서 용서하십니다. 이같이 우리는 참된 기쁨을 찾을 것이고, 우리를 다시 태어나게 하시며 생명을 주시는 하느님의 용서를 기뻐할 것입니다.

구원에 대한 기억

2013년 10월 3일, 〈아침 묵상〉

우리에게는 모두 구원에 대한 기억이 있습니다. 그러나 그 기억이 우리 가까이에 있습니까? 아니면 박물관에 소장된 것처럼 멀리 떨어져 있습니까? 우리가 그 기억에서 멀어진다면, 그것은 서서히 '단순한 추억'으로 변할 것입니다.

그래서 모세는 백성에게 이렇게 말했습니다.

"해마다 성전에 가서 땅의 소출을 바치며 너희가 어디서 왔는지, 어떻게 구원을 받았는지를 기억하여라."(신명 26,1-11 참조)

그러므로 구원에 대한 기억을 가까이 느낄 때 우리 안에 기쁨이 더 커질 것입니다. 멀리 사라져 단순한 추억으로만 남은 무뎌진 기억은 우리 마음을 따뜻하게 하지도, 기쁨과 힘을 주지도 못합니다.

그 기억과의 만남은 하나의 구원 사건이며, 동시에 구원 역사를 창조하고 우리를 구원하신 하느님 사랑과의 만남이기도 합니다. 구원받았다는 사실은 너무나 기쁜 일이며 축제를 열어야 할 일입니다. 하느님께서 가까이 오실 때 언제나 축제가 열립니다.

그러나 많은 경우 그리스도인들은 그 축제를 두려워하며, 구원을 단순한 추억으로 여길 뿐 우리에게 살아 있는 기억으로 여기지 않습니다. 주님께서는 친히 우리에게 이렇게 말씀하셨습니다.

"너희는 나를 기억하여 이를 행하여라."(루카 22,19)

하지만 이 기억을 밀어내고 단순히 익숙해진 사건으로, 단편적인 추억으로 여기는 일이 일어날 수 있습니다. 그러므로 우리는 주님께 당신에 대한 기억을 언제나 가까이하도록 은총을 청해야 합니다. 습관처럼 익숙해져서는 안 될, 단순한 추억처럼 멀어져서는 안 될 매우 가까운 기억으로 말입니다.

오늘날의 광야

2015년 12월 6일, 〈삼종 기도〉

인류의 광야에서 여전히 요한 세례자의 목소리가 울리고 있습니다. 오늘날의 사막은 무엇입니까? 닫힌 마음과 굳은 마음이 존재하는 사막. 이 사막은 우리가 과연 복음대로 살아가고 있는지, 과연 올바른 길을 가고 있는지 물음을 던집니다. 그때와 마찬가지로, 오늘도 그분은 이사야 예언자의 말로 우리에게 경고하십니다.

"너희는 주님의 길을 마련하여라."(루카 3,4)

이는 우리 마음을 열고 끊임없이 구원을 맞이하라는 하느님의 간절한 초대입니다. 하느님께서는 우리 모두 죄의 종살이에서 벗어나기를 바라시기 때문입니다.

그러나 요한은 다시 예언자의 말을 빌려 "모든 사람이 하느님의 구원을 보리라."(루카 3,6) 하고 선언합니다. 구원은 모든 사람, 모든 민족에게 예외 없이 우리 모두에게 이루어질 것입니다. 어떤 누구도 "나는 거룩하다, 나는 완벽하다, 나는 이미 구원을 받았다."라고 말할 수 없습니다. 우리는 언제나 이 구원을 위한 주님의 초대를 받아들여야 합니다.

자신을 구원할 수 있다는 착각

2013년 4월 10일, 〈아침 묵상〉

주님께서는 어떤 편지나 교령으로 우리를 구원하시는 것이 아니라, 그분의 사랑으로 우리를 구원하십니다. 하느님께서 우리를 사랑하셨기에, 당신의 독생 성자를 우리와 똑같은 인간이 되게 하시어, 우리와 함께 걷도록 하셨습니다. 파스카 신비로 인간은 잃어버린 품위를 회복하였고, 그 결과 희망을 얻었습니다. 이것이 바로 구원입니다. 주님께서 우리가 잃어버린 품위를 다시 우리에게 주셨습니다. 이것이 구원의 길이며 아름다운 길입니다. 사랑만이 구원을 가능하게 합니다. 우리는 구원받을 자격이 있으며 언제나 희망하는 사람들입니다.

그러나 때로 우리가 스스로 구원할 수 있다고 생각하고, 그렇게 믿기도 합니다. "난 나 자신을 구원할 수 있어. 난 돈으로 나 자신을 살릴 수 있다니까! 확신해. 나는 돈을 갖고 있어서 문제없어. 난 고귀하다고. 부자의 품격을 지니고 있으니까!" 하지만 그렇게 생각하는 사람은 여기서 만족하지 않습니다.

어리석은 부자의 비유를 생각해 보십시오. 부자는 곳간이 가득 차서 "또 다른 곳간을 만들어 더 많은 곡식과 재물을 모아 두어야겠다. 그러면 편히 잠잘 수 있겠지."(루카 12,18-19 참조)라고 말합니다. 그러자 주님께서 그에게 이렇게 말씀하셨습니다. "어리석은 자야, 오늘 밤에 네 목숨을 되찾아 갈 것이다."(루카 12,20) 어리석은 부자와 같은 그런 구원은 우리가 허영과 교만으로 자신을 구원할 수 있다고 착각하게 합니다. 우리는 자신에게 힘이 있다고 믿으며, 가난과 죄를 허영과 교만으로 감추려 하지만, 이는 매우 일시적이고 표면적인 구원일 뿐입니다.

모든 악에서 자유롭고 최고의 선을 결코 잃지 않을, 즉 참으로 행복한 삶은 의인에게 주어지는 보상입니다. 우리는 잠시 지나갈 세상에서 즐거움보다는 인내로 삶을 보내야만 그 보상을 얻을 수 있으리라 희망합니다. 우리는 선한 의지와 하느님의 은총에 힘입어 악을 견디고, 하느님의 신실한 약속과 영원한 선에 대한 확고한 기대로 가득 차 있습니다. 바오로 사도는 우리에게 이러한 생각을 권고합니다. "희망 속에 기뻐하고 환난 중에 인내하며 기도에 전념하십시오."(로마 12,12) 앞서 말한 바와 같이 그는 환난 중에 인내할 수 있는 이유가 바로 희망 속에 기뻐할 수 있기 때문임을 보여 줍니다. …… 그러므로 우리가 참된 덕행에서 우리의 기쁨을 발견한다면, 성경에서 읽은 말씀을 가지고 하느님께로 향합시다. 오, 나의 힘이신 주님, 주님만 사랑하겠습니다. 우리가 진정으로 행복해지고 싶다면(우리가 스스로 할 수도, 원할 수도 없지만) 성경 자체에서 배운 격언을 명심합시다.

"행복하여라, 주님께 신뢰를 두며 오만한 자들과 거짓된 변절자들에게 돌아서지 않는 사람!"(시편 40,5)

— 아우구스티노 성인, 〈편지Epistola〉, 155장

수다스러운 우리 영혼에게 질문을 던져 봅시다

2019년 10월 25일, 〈아침 묵상〉

우리는 많은 일, 때로는 좋은 일로도 바쁜 경우가 많습니다. 하지만 내면에서 무슨 일이 일어나고 있을까요? 누가 우리를 "이것 해라, 저것 해라." 하며 자극할까요? 우리의 영적인 움직

임은 어떻습니까? 우리는 일상에서 많은 것을 지나쳐 버립니다. 길을 걸을 때에도 관심 있는 것들만을 봅니다. 다른 것들을 보지 않고요.

여기서 은총과 죄 사이에 항상 싸움이 일어납니다. 우리를 구원하시고 이 유혹에서 벗어나게 하시려는 주님과, 우리를 좌절시키고 넘어뜨리려 하는 악한 영과의 싸움입니다. 그래서 우리 안에 무슨 일이 일어나는지를 식별하는 일이 중요합니다. 조금이라도 내면을 살피고, 우리 영혼이 모든 것을 지나쳐 버리지 않도록 노력하는 것이 중요합니다.

하루를 마치기 전, 2~3분 정도 시간을 투자해 자신을 돌아보십시오. "오늘 내 안에 어떤 중요한 일이 일어났을까? 오, 맞아! 되돌아보니 누군가를 미워했고, 누군가를 헐뜯기도 했어. 그리고 누군가에게 선행을 베풀었어." 내면에서 무슨 일이 일어나는지 알아보기 위해, "나쁜 일이든 좋은 일이든 내가 그 일을 하도록 누가 도와주었을까?"라고 스스로 질문해 봅시다. 수다스러운 우리 영혼은 다른 사람들에게 무슨 일이 일어났는지, 이웃집에서 무슨 일이 벌어지는지 자주 숙덕숙덕합니다. 하지만 정작 내 안에서 무슨 일이 일어나는지 잘 모르는 경우가 많습니다.

진정한 추락은 도움마저 거부합니다

《그리스도는 살아 계십니다》, 120항 참조

우리는 예수님께 구원받았습니다. 예수님께서는 우리를 사랑하지 않으실 수 없기 때문에 우리를 사랑하십니다. 우리는 그분께 수많은 잘못을 저지를 수 있습니다. 그러나 그분께서는 우리를 사랑하시고 구원하십니다. 사랑받은 존재만이 구원받을 수 있고, 그분의 품에 안긴 사람만이 변화될 수 있기 때문입니다. 주님의 사랑은 우리의 모든 모순과 나약함, 그리고 옹졸함보다 더 위대합니다. 그러나 주님께서는 바로 우리의 이러한 모순과 나약함, 옹졸함을 통하여 사랑의 역사를 써 내려가십니다.

그분께서는 되찾은 아들을 껴안아 주셨고, 당신을 부인한 베드로를 안아 주셨습니다. 우리가 넘어질 때마다 항상 우리를 안아 주시어 우리가 다시 일어나 바로 설 수 있도록 도와주십니다. 진정한 넘어짐, 바로 이 점을 명심하십시오. 우리 삶을 망가뜨릴 수 있는 진정한 넘어짐은, 땅바닥에 그대로 주저

앉아 도움받기를 거부하는 것입니다.

친구여, 자비와 진리가 만났습니다. 정의와 행복이 서로 마주해야 합니다. 우리 인간의 나약함과 우물 안의 개구리 같은 근시안적 시선 속에서 우리는 삶의 길을 스스로 선택해야 한다고 믿으며, 그에 따른 위험이 우리를 두렵게 합니다. 우리는…… 실패할까 봐 두려움에 떨지만, 우리의 선택은 중요치 않습니다. 우리 눈이 뜨이는 때가 오니까요. 그때 주님의 은총이 무한하다는 것을 깨닫습니다. 우리의 확신과 감사로 그것을 기다려야 합니다.

하느님께서는 은총에 조건을 달지 않으십니다. 우리 중 누구를 더 좋아하지 않는 것처럼 말입니다. 우리가 선택한 모든 것이 우리에게 주어지고, 우리가 거부한 모든 것도 우리에게 주어집니다. 우리가 버렸던 것들 또한, 다시 얻을 수 있습니다. 왜냐하면 자비와 진리가 함께하고, 정의와 행복은 하나이기 때문입니다!

— 가브리엘 엑셀, 〈바베트의 만찬〉, 1987년

주님의 무한한 사랑이 당신을 다시 일으켜 세워 주십니다

《그리스도는 살아 계십니다》, 119항 참조

그리스도께서는 십자가 위에서 우리를 죄에서 구원하셨습니다. 당신 자신을 온전히 내어 주신 그 권능으로, 오늘날에도 우리를 구원하시고 속량하십니다. 그분의 십자가를 바라보십시오. 그분께 매달리십시오. 그리고 그분께서 여러분을 구원하시도록 자신을 내어 드리십시오. 그분께서 주시는 구원을 받아들이는 이는 죄와 슬픔, 내적 공허와 고립에서 해방되기 때문입니다.

여러분이 죄를 지어 그분과 멀어진다고 해도, 그분께서는 당신 십자가의 권능으로 다시 여러분을 일으켜 세우십니다. 그분께서 일흔일곱 번이라도 용서하신다는 사실을 절대 잊지 마십시오. 그분께서는 몇 번이고 다시 오셔서 우리를 당신 어깨에 짊어지십니다. 이 무한하고 흔들리지 않는 사랑이 우리에게 선사한 존엄성은 그 누구도 빼앗을 수 없습니다. 그분께서는 결코 우리를 실망하게 하지 않으시고, 언제나 우리에게 기쁨을 되찾아 주는 그 온유함으로, 우리가 고개를 들어 다시 시작하게 하십니다.

구원받은 기쁨

2013년 3월 24일, 〈교황 강론〉

예수님께서는 십자가에 못 박혀 돌아가시기 위해 예루살렘에 입성하셨습니다. 이곳에서 그분의 왕권이 경건하게 빛납니다. 그분의 왕좌는 십자가 나무입니다. 왜 십자가일까요? 예수님께서는 십자가를 통해 세상의 악과 더러움, 우리 모두의 죄를 포함한 세상의 죄까지도 친히 짊어지시고, 그분의 피와 자비 그리고 하느님의 사랑으로 씻어 주시기 때문입니다.

주위를 둘러보십시오. 악이 인류에게 얼마나 많은 상처를 입혔습니까! 전쟁과 폭력, 가장 약한 사람들을 위협하는 경제적 갈등, 돈에 대한 욕망, 권력에 대한 사랑, 부패와 분열, 인간 생명과 피조물을 거스르는 범죄. 이는 하느님과 이웃, 만물에 대한 사랑과 존중이 부족한 우리 모두의 죄입니다.

십자가에 달리신 예수님께서는 악의 무게를 모두 느끼시고, 하느님 사랑의 힘으로 그것을 이기시고 부활하심으로써 모든 악을 물리치셨습니다. 이것이 바로 예수님께서 십자가 왕좌에서 우리 모두를 위해 하신 선한 일입니다. 사랑으로 껴안은 그리스도의 십자가는 결코 슬픔이 아닌 기쁨으로, 바로 구원의 기쁨으로 이어집니다.

거룩한 사람이 되십시오

《기뻐하고 즐거워하여라》, 14항 참조

거룩한 사람이 되기 위해 주교나 사제, 수도자가 되어야 하는 것은 아닙니다. 우리는 흔히 거룩함을 일상생활에 거리를 두고 기도를 위해 많은 시간을 할애하는 사람들만의 전유물이라고 생각하곤 합니다. 하지만 그렇지 않습니다. 우리는 각자의 자리에서, 일상의 업무를 수행하며 사랑으로 살아가고 증거함으로써 거룩한 사람이 되도록 부르심을 받습니다.

당신은 봉헌 생활자입니까? 당신의 소명을 기쁘게 살아가면서 거룩한 사람이 되십시오.

당신은 혼인한 사람입니까? 그리스도께서 교회를 사랑하신 것처럼 당신의 배우자를 사랑하고 돌보면서 거룩한 사람이 되십시오.

당신은 직장인입니까? 형제자매들을 섬기는 마음으로 정직하고 유능하게 자기 일을 수행하여 거룩한 사람이 되십시오.

당신은 부모나 할머니, 할아버지입니까? 아이들이 예수님을 잘 따르도록 인내심을 갖고 가르치며 거룩한 사람이 되십시오.

당신은 권위를 가진 사람입니까? 사리사욕을 버리고 공동선을 위하여 일하면서 거룩한 사람이 되십시오.

거룩함을
두려워하지 마십시오

《기뻐하고 즐거워하여라》, 32항 참조

거룩함을 두려워하지 마십시오. 여러분의 힘이나 생명, 기쁨을 앗아 가지 않을 것입니다. 오히려 그 반대입니다. 우리가 거룩해질 때 비로소 아버지께서 당신을 창조하시며 생각하신 바로 그 존재가 될 것입니다. 우리 본연의 모습에 충실하게 될 것이기 때문입니다. 그분께 의지할 때 우리는 온갖 종살이에서 해방되고, 우리의 존엄을 깨닫게 됩니다.

더 높은 곳을 바라보는 것을 두려워하지 마십시오

《기뻐하고 즐거워하여라》, 34항 참조

더 높은 곳을 바라보는 일을 두려워하지 마십시오. 하느님께서 당신을 사랑하시고 해방시켜 주시도록, 자신을 내어 맡기십시오. 성령의 이끄심에 자신을 내어 맡기는 것을 두려워하지 마십시오. 거룩함이 우리를 덜 인간답게 만들지 않습니다. 거룩함이란 우리의 나약함과 은총의 힘이 만나는 사건이기 때문입니다.

시험에 들었을 때, 앞을 보고 가십시오

2018년 5월 29일, 〈아침 묵상〉

베드로 사도는 "여러분을 부르신 분께서 거룩하신 것처럼 여러분도 모든 행실에서 거룩한 사람이 되십시오. '내가 거룩하니 너희도 거룩한 사람이 되어야 한다.'고 성경에 기록되어 있기 때문입니다."(1베드 1,15-16)라고 전합니다. 하늘에 계신 우리 아버지와 같이 거룩해질 수 없지만, 사실 성덕의 모범은 단순함에서 시작합니다. 많은 경우에 성덕을 매우 고상한 환영을 보거나 심오한 기도를 드리는 것처럼 특별한 일로 생각합니다. 또 어떤 이들은 거룩하다는 것이 성화 상 같은 얼굴이라고 생각합니다.

그러나 거룩하다는 것은 다릅니다. 바로 성덕을 향해 걸어가는 것, 빛을 향해 다가올 은총을 향해 걸어가는 것입니다. 우리가 빛을 향해 걸어갈 때, 그 빛이 너무 눈부셔서 종종 그 길을 제대로 보지 못합니다. 하지만 우리는 그 길을 잘 알기 때문에 실수하지 않습니다. 또한 길이 잘 보이지 않아도 빛은 우리가 희망을 향해 나아가도록 안내합니다. 성덕을 향해 걷는 것은 예수 그리스도와의 만남을 향한 설렘과도 같습니다.

그러나 이렇게 걷기 위해서는 자유로워져야 하며, 자유를 느껴야 합니다. 하지만 우리를 노예로 만드는 것이 많습니다. 베드로 사도는 "이제는 순종하는 자녀로서, 전에 무지하던 때의 욕망에 따라 살지 마십시오."(1베드 1,14 참조)라고 말합니다. 세상의 흐름에 순응하지 말고, 세속적인 사고방식에서 벗어나십시오. 이것이 여러분의 자유를 빼앗아 가기 때문입니다.

성덕을 향해 나아가려면 자유로워져야 합니다. 자유롭게 빛을 바라보며 걷고 앞으로 나아갈 수 있어야 합니다. 예수 그리스도를 만나기 전의 삶의 방식, 곧 세상의 방식으로 돌아갈 때 우리는 자유를 잃게 됩니다. 시험에 들었을 때 우리는 뒤를 돌아보고 싶고, 우리의 자유를 잃게 만드는 세상의 방식을 보고 싶어 합니다. 그래서 우리는 자유 없이 거룩해질 수 없습니다. 자유는 우리 앞에 펼쳐진 빛을 보며 걸을 수 있게 합니다.

여러분은 시험에 들었을 때 어떻게 할 것입니까? 계속해서 앞을 향해 나아갈 것입니까? 아니면 자유를 잃을 것입니까? 또 모든 것을 약속했을지라도 아무것도 주지 않는 세상의 방식으로 도피할 것입니까? 우리는 예수님과의 만남을 향해 나아가는 희망의 끈을 놓지 않으며, 성덕의 길이 무엇인지, 자유의 길이 무엇인지 잘 이해할 수 있는 은총을 청해야 합니다.

거짓된 자유의 노예가 되지 마십시오

2016년 9월 10일, 〈희년 알현〉

보통 '구속救贖'이라는 단어를 자주 사용하지 않습니다. 그러나 이는 하느님께서 모든 인류와 피조물을 위해 실현하실 수 있는 가장 근본적인 해방을 의미하기에 매우 본질적인 단어입니다. 현대인들은 하느님의 개입으로 해방되고 구원을 받는다는 생각을 더 이상 좋아하지 않는 것 같습니다. 사람들은 자신의 자유를 마치 모든 것을 얻을 수 있는 힘이라고 착각하며 으스댑니다.

그러나 실제로는 그렇지 않습니다. 자유라는 구실로 얼마나 많은 환상이 팔리며, 거짓된 자유의 이름으로 얼마나 새로운 형태의 노예살이가 많이 생깁니까! "나는 내가 원해서 이 일을 하고, 내가 좋아해서 마약을 하며, 나는 자유로워. 다른 어떤 것이든 할 수 있어."라고 말하는 이들은 노예입니다. 자유의 이름으로 노예가 되었습니다. 우리는 이런 사람들의 삶이 좋지 않은 결말로 끝날 것을 압니다. 우리에게는 모든 형태의 무관심, 이기심, 자만심에서 우리를 자유롭게 해 주시는 하느님이 필요합니다.

나눔이 진정한 행복입니다

2013년 12월 26일, 〈교황 담화〉

하느님께서는 세상의 권력과 부유함을 통해서가 아니라, 나약함과 가난을 통해서 자신을 드러내십니다. '부유하시면서도 여러분을 위하여 가난하게 되신' 하느님의 영원한 아드님이시며, 권능과 영광 안에서 하느님 아버지와 하나이신 그리스도께서는 스스로 가난해지셨습니다. 그리고 우리 가운데 오시어, 우리 모두의 곁으로 가까이 다가오셨습니다. 그분께서는 모든 면에서 우리와 같아지시기 위해 당신의 영광을 버리고 당신 자신을 비우셨습니다. 하느님께서 사람이 되신 것은 크나큰 신비입니다!

이 모든 일의 이유는 하느님의 사랑 때문입니다. 바로 그분의 은총이며 자비하심이고, 우리와 가까이 계시려는 그분의 열망이며, 사랑하는 이를 위하여 자신을 희생하여 내놓기를 주저하지 않으시는 바로 그 사랑 때문입니다. 자선과 사랑은 우리가 사랑하는 사람들과 모든 것을 나누는 것입니다. 사랑은 서로를 비슷하게 만들고 평등하게 합니다. 벽을 허물고 거리를 없애 줍니다. 하느님께서 우리에게 그렇게 하셨습니다.

예수님께서는 자신을 위하여 가난을 선택하신 것이 아닙니다. 바오로 사도의 말씀처럼 예수님께서는 "여러분이 그 가난으로 부유하게 되도록"(2코린 8,9) 하셨습니다. 이는 단순한 말장난이나 선전 문구가 아닙니다. 하느님 논리의 집약입니다.

즉 사랑의 방식, 강생, 그리고 십자가의 논리입니다. 하느님께서는 구원이 하늘에서 그저 떨어지도록 하지 않으셨습니다. 마치 어떤 사람이 이타심이나 신심에 기인하여 자신의 풍요로움 가운데서 구호품을 내놓듯 하지 않으셨습니다.

그리스도의 사랑은 다릅니다! 예수님께서 요르단강에 들어가시어 요한 세례자에게 세례를 받으셨을 때, 그분께서는 회개나 개심改心이 필요하셔서 그리하신 것이 아닙니다. 그분께서는 용서가 필요한 죄인들 가운데 계시고자, 우리 죄의 무게를 짊어지시고자 그렇게 하셨습니다. 우리를 위로하시고, 구원하시고, 우리의 비참함에서 해방시켜 주시기 위해 그분께서 선택하신 길입니다. 우리가 그리스도의 부유함이 아닌 그분의 가난으로 자유롭게 되었다고 하신 바오로 사도의 말씀은 놀랍습니다.

그렇다면 그리스도께서 우리를 해방하시고 풍요롭게 하신 이 가난은 무엇이겠습니까? 이는 그분께서 우리를 사랑하시는 방식, 우리의 이웃이 되시는 방식입니다. 길가에 초주검이 된 채 버려졌던 이에게 이웃이 되어 준 착한 사마리아인처럼 말입니다. 우리에게 진정한 자유와 구원, 참행복을 가져다주는 것은 그분의 자비와 온화함이며, 그분께서 우리와 사랑으로 일치하시는 것입니다. 우리를 풍요롭게 하는 그리스도의 가난은 그분께서 사람이 되시어 우리의 약함과 죄악을 짊어지시는 것입니다. 이는 우리를 향한 하느님의 무한한 자비를 보여 주는 표현입니다.

우리의 나약함을 받아들이는 법을 배웁시다

〈아버지의 마음으로〉, 2항 참조

구원 역사는 우리의 나약함을 통하여 "희망이 없어도 희망하며"(로마 4,18) 이루어집니다. 흔히 하느님께서 우리의 성공적이고 우수한 부분에만 의지하신다고 생각합니다. 하지만 사실 그분의 계획 대부분은 우리의 결점을 통해, 그 결점에서도 실현됩니다. 그래서 바오로 사도는 이렇게 고백합니다.

"내가 자만하지 않도록 하느님께서 내 몸에 가시를 주셨습니다. 그것은 사탄의 하수인으로, 나를 줄곧 찔러 대 내가 자만하지 못하게 하시려는 것이었습니다. 이 일과 관련하여, 나는 그것이 나에게서 떠나게 해 주십사고 주님께 세 번이나 청하였습니다. 그러나 주님께서는, '너는 내 은총을 넉넉히 받았

다. 나의 힘은 약한 데에서 완전히 드러난다.' 하고 말씀하셨습니다."(2코린 12,7-9)

만일 구원 경륜의 관점이 이러하다면, 우리는 마음 깊은 곳에서 우러나오는 온유함으로 우리의 나약함을 받아들이는 법을 배워야 합니다.

악마는 나약함을 부정적인 것으로 바라보게 하지만, 성령께서는 그것을 온유함으로 비추어 주십니다. 온유함은 우리 안의 나약함을 어루만지는 가장 좋은 방법입니다. 우리가 다른 이를 손가락질하고 판단하는 일은 때때로 자신의 약점과 나약함을 내면에서 받아들이지 못한다는 표징입니다.

온유함만이 고발자(악마)의 손아귀에서 우리를 구해 줄 것입니다. 그렇기에 하느님의 자비를 만나는 일, 특히 화해의 성사 안에서 진리와 온유함을 체험하는 일이 중요합니다. 역설적으로 악마가 우리에게 진리를 말해 줄 수 있지만, 그가 그렇게 하는 것은 우리를 단죄하고자 함입니다. 우리는 하느님께서 오는 진리가 우리를 단죄하지 않고, 오히려 우리를 환대하고, 안아 주며 격려하고 용서한다는 것을 압니다.

하느님의 은총이
우리의 마음을 변화시킵니다

2021년 6월 30일, 〈일반 알현〉

주님의 길은 참으로 헤아리기 어렵습니다. 우리는 이를 매일 느낍니다. 특히 주님께서 우리를 부르신 순간을 되돌아보면 더욱 그렇습니다. 우리는 하느님께서 우리 삶에 들어오신 시간과 방법을 절대로 잊지 말아야 합니다. 하느님께서 당신 은총으로 우리의 실존을 변화시킨 그 만남을 우리 마음과 생각 속에 간직해야 합니다.

주님의 위대한 업적 앞에서 얼마나 자주 다음과 같은 질문이 떠오르나요?

'어떻게 하느님께서 연약하고 나약한 사람, 곧 죄인인 우리를 사용하시어 그분의 뜻을 이루실 수 있을까?'

그러나 이런 일은 우연히 일어나지 않습니다. 모든 일이 하느님의 계획 안에서 준비되기 때문입니다. 하느님께서 우리의 역사, 우리 각자의 이야기를 엮어 짜십니다. 우리가 그분의 구원 계획에 확신을 갖고 응답한다면, 이를 깨달을 것입니다.

부르심에는 우리를 향한 하나의 소명이 포함됩니다. 이를 위해 우리는 우리를 보내시는 분이 하느님 자신이시고, 은총으로 우리를 떠받쳐 주시는 분도 하느님이시라는 것을 알고, 진지하게 스스로 준비해야 합니다. 형제자매 여러분, 이러한 인식에 이끌리도록 우리 자신을 내어 맡깁시다. 모든 것 위에 있는 은총은 실존을 변화시키고, 복음을 섬기기에 합당하게 만듭니다. 모든 것 위에 있는 은총은 모든 죄를 덮고, 마음을 변화시키고, 삶을 변화시키고, 새로운 길을 보게 합니다. 이를 잊지 맙시다!

사랑은 언제나 자유롭습니다

2021년 1월 24일, 〈삼종 기도〉

예수님께서 오셨기 때문에 구원의 때가 찼습니다. 하지만 구원은 자동으로 주어지는 게 아닙니다. 구원은 사랑의 선물이고, 인간의 자유에 베풀어진 선물 같은 것입니다. 우리가 사랑에 대해 말할 때는 언제나 자유에 대해 말합니다. 자유 없는 사랑은 사랑이 아닙니다. 관심일 수 있고, 두려움일 수는 있지만 사랑은 아닙니다. 하지만 사랑은 언제나 자유롭습니다. 그리고 자유롭기 위해서는 자유로운 응답이 필요합니다. 곧 우리의 회심이 필요합니다. 다시 말해 사고방식의 변화와 삶의 변화가 필요합니다. 사고방식을 바꾸는 일이 바로 회심입니다. 더 이상 세상의 모범을 따르지 말고 예수님이신 하느님의 모범을 따르는 것입니다.

용서, 사랑, 그리고 기쁨

2016년 9월 10일, 〈희년 알현〉

주 예수님께서는 당신 스스로 우리와 똑같은 인간이 되심으로써 인간의 신분을 취하셨을 뿐만 아니라, 우리가 하느님의 자녀가 되도록 이끌어 주셨습니다. 죄 없는 어린양이신 예수 그리스도께서는 죽음과 부활을 통해 죽음과 죄를 이기시고 우리를 그 속박에서 풀어 주셨습니다. 그분은 우리가 용서와 사랑과 기쁨으로 이루어진 새 생명을 얻도록 우리를 위해 희생된 어린양이십니다.

용서, 사랑, 기쁨, 이 세 단어는 아름답습니다. 그분이 취하신 모든 것이 구속救贖되고, 해방되고, 구원되었습니다. 물론 인생이 우리를 시험에 빠뜨리고 때로는 이로 인해 고통을 겪는 것도 사실입니다. 그러나 이 순간 우리는 우리를 위해, 우리와 함께 고통받으시는 십자가 위의 예수님께 시선을 돌리도록 초대받고 있습니다. 하느님께서 우리를 버리지 않으신다는 확실한 증거로서 말입니다. 매일의 고통과 마찬가지로 고난과 박해 속에서도 우리를 당신께 이끄시고 새 삶으로 인도하시는 하느님의 자비로운 손길에 우리가 언제나 자유로워진다는 사실을 잊지 맙시다.

사랑을 통한 구속과 구원

2016년 9월 10일, 〈희년 알현〉

하느님의 사랑은 끝이 없습니다. 우리는 우리를 향한 그분의 관심, 그리고 무엇보다도 우리에게 다가오시고 우리를 기다리시는 그분의 열망이 드러나는 새로운 표징을 언제나 발견할 수 있습니다. 비록 죄의 나약함으로 얼룩져 있지만, 모든 삶은 우리를 사랑하시는 하느님의 시선 아래 놓여 있습니다. 모든 사람, 특히 가장 작은 사람, 가난하고 어려움을 겪는 사람을 향한 하느님의 현존과 친밀함, 부드러움을 성경에서 얼마나 많이 알려 주고 있습니까!

하느님께서는 작은 이들, 약한 이들, 사회에서 버림받은 이들에 대해 한없는 부드러움과 사랑을 품고 계십니다. 우리의 필요가 클수록 우리를 바라보시는 그분의 시선은 더욱 자비로워집니다.

그분은 우리의 약점을 아시기 때문에 우리를 불쌍히 여기십니다. 그분은 우리 죄를 아시고 우리를 용서하십니다. 그분은 언제나 우리를 용서하십니다! 참으로 좋으신 분이십니다. 그러므로 주님께 마음을 열고 그분의 은총을 받아들입시다! 시편은 "주님께서는 자애가 있고 풍요로운 구원이 있으니."(시편 130,7)라고 전합니다.

진주는 우리의 상처에서 탄생합니다

2017년 2월 27일, 〈제32차 세계청년대회 교황 담화〉

성모님은 청소년기를 갓 지난 나이였지만, '성모의 노래 magnificat'에서는 하느님의 백성과 그들의 역사를 찬양하는 목소리를 내십니다. 이는 젊다는 것이 과거와의 단절을 의미하지 않음을 보여 줍니다.

우리 각자의 역사는 길고 긴 길의 한 부분입니다. 이 길은 우리보다 한참 앞선 시대에 시작된 공동체의 여정이었습니다. 성모님처럼 우리도 하느님의 백성에 속합니다.

폭풍우가 몰아치는 바다를 건너야 할 때도 하느님의 손길이 교회를 인도하시고 어려운 순간을 극복하도록 도우신다는 것을 교회 역사가 가르쳐 줍니다. 교회의 진정한 경험은 플래시몹과는 다릅니다. 즉 사람들이 한 곳에서 만나기로 약속하고 각자의 일을 한 다음, 다시 각자의 길을 가는 것이 아닙니다. 교회는 대대로 전해지는 오랜 전통의 상속자이며, 교회는 개개인의 경험이 더해짐으로써 더욱 풍요로워집니다. 여러분의 개인 역사가 교회의 더 큰 역사 안에 자리하고 있습니다.

또한 과거를 마음에 새기는 일은, 하느님께서 우리 안에서, 또 우리를 통해 이루시고자 하는 예상치 못한 일을 받아들이는 데 도움이 됩니다. 이는 우리가 하느님 구원 사업의 도구이자 협력자로 쓰이도록 선택받는 일에 마음을 열게 이끌어 줍니다. 여러분도 우리 삶에 역사하시는 하느님의 자비와 권능을 깨닫는다면 많은 일을 이룰 수 있고, 중요한 책임도 감당할 수 있습니다.

여러분에게 질문을 하고 싶습니다. 여러분의 삶에서 일어나는 사건과 경험을 기억 속에 어떻게 '저장'합니까? 여러분의 기억 속에 존재하는 사실과 이미지로 무엇을 합니까?

특히 여러분 중 누군가가 어떠한 상황에서 상처를 입었다면, 어쩌면 자신의 과거를 '리셋reset'하여 그와 관련된 모든 것을 잊을 권리를 주장하고 싶을 수도 있습니다. 하지만 저는 과거가 없는 성인은 없고, 미래가 없는 죄인도 없다는 점을 상기시켜 드리고 싶습니다.

진주는 조개의 상처에서 탄생합니다! 예수님께서는 당신의 사랑으로 우리 마음을 치유하시고 우리의 상처를 진주로 변화시켜 주실 것입니다.

삶의 모든 순간이 소중합니다

2021년 1월 24일, 〈삼종 기도〉

예수님의 메시지는 우리가 하느님과 그분의 은총이 필요하다는 것을 알도록, 지상 재화에 대해 균형 잡힌 태도를 갖추도록, 그리고 모든 이를 환대하고 겸손해지도록 초대합니다. 또한 타인과의 만남이나 타인에 대한 봉사를 통해 자신의 참된 모습을 발견하고 이를 삶 속에서 실현하도록 이끌어 줍니다.

우리가 구원을 받아들일 수 있는 시간은 짧습니다. 이 세상에 머무는 우리 인생이 그 시간입니다. 무척 짧지요. 삶은 하느님의 무한한 사랑의 선물이지만, 그분에 대한 우리의 사랑을 검증하는 때이기도 합니다. 따라서 존재하는 모든 순간이 하느님을 사랑하고 이웃을 사랑하기 위한 고귀한 시간이며, 영원한 생명에 들어가기 위한 소중한 시간입니다.

우리 삶의 역사에는 두 가지 리듬이 있습니다. 하나는 시간, 날, 해로 이뤄진 측정 가능한 변화입니다. 다른 하나는 출생, 유아기, 청소년기, 청년기, 노년기, 죽음 등 생애 주기로 이뤄져 있습니다. 각각의 때와 단계는 나름의 가치를 지니고, 주님과의 만남에 있어 특별한 순간일 수 있습니다.

신앙은 우리가 이러한 순간들에 영적인 의미를 발견하도록 돕습니다. 각각의 때마다 주님께서는 우리를 특별한 부르심으로 초대하십니다. 우리는 이 부르심에 긍정적이거나 부정적인 응답을 할 수 있습니다.

복음서에서 시몬, 안드레아, 야고보, 요한이 어떻게 응답했는지 봅시다. 그들은 성숙한 사람들이었고, 어부라는 직업을 가졌으며, 가정을 꾸리고 있었습니다. 그럼에도 예수님께서 지나가시며 그들을 부르셨을 때, "그들은 곧바로 그물을 버리고 예수님을" 따랐습니다(마르 1,18 참조).

예수님을 받아들이지 않고 그냥 지나치지 않도록 주의합시다. 아우구스티노 성인은 "저는 하느님께서 지나가실 때가 두렵습니다."라고 말했습니다. 무엇이 두려울까요? 그분을 알아채지 못할까 봐, 그분을 제대로 보지 못할까 봐, 그리고 그분을 제대로 받아들이지 못할까 봐 두려운 것입니다.

> 내가 되찾은 것, 그것을 되찾기 위하여
> 나에게는 먼저 잃어야 할 것이 있었다.
> 내가 얻은 것, 그것을 얻기 위하여
> 나에게는 먼저 감내해야 할 것이 있었다.
>
> 내가 지금 하는 그 사랑을 위하여
> 나는 먼저 상처받아야 했다.
> 나는 고통받을 만큼 받았고
> 울 만큼 울었다고 생각한다.
> 마침내 나는 깨달았기 때문이다.
> 이 모든 고통을 겪지 않고서는
> 지금 누리고 있는 것을 참으로 누릴 수 없었음을.

마침내 나는 깨달았기 때문이다.

나무에 만개한 꽃들은

저 아래 묻힌 것들에서 생명을 얻고 있음을.

— 프란시스코 루이스 베르나르데스, 〈내가 되찾은 것, 그것을 되찾기 위하여Se per recuperare ciò che ho recuperato〉

메마른 돌들 사이에 가장 아름다운 꽃들

2017년 4월 19일, 〈일반 알현〉

만약 우리가 죄인이라면, 우리의 좋은 결심이 단지 종이쪽지 위에만 적혀 있음을, 그리고 지난 삶을 돌아보면 너무 많은 실패를 쌓아 왔다는 사실을 깨달을 것입니다. 그러나 우리도 복음이 전하는 파스카 첫날의 사람들처럼 될 수 있습니다.

예수님의 무덤으로 가고, 옆으로 굴려져 있는 큰 돌을 보고, 하느님께서 나와 우리 모두를 위해서 예상하지 못한 미래를 펼쳐 주실 것이라 상상해 보십시오. 그곳에서 하느님께서 다시 살아나실 수 있다는 것을 바라보십시오.

모두 슬픔과 실패와 어둠만이 있을 것이라고 생각한 그곳에 행복과 기쁨과 생명이 있습니다. 하느님께서는 메마른 돌들 사이에서 자신의 가장 아름다운 꽃들을 자라나게 하십니다.

2장

행복은 내어 주는 것입니다

높은 곳을 향하여,
원대한 목표를 향하여

2022년 7월 29일, 〈청년들과 노인들과의 만남〉

친구 여러분, 우리는 의무감과 쾌락의 균형을 이루며 하루하루를 살아가도록 태어나지 않았습니다. 오히려 마음속에 간직한 가장 참되고 순수하며 아름다운 소망을 향하여, 그리고 하느님을 사랑하고 이웃을 섬기도록 높은 곳을 향하여 오르도록 태어났습니다. 인생의 원대한 꿈이 하늘에 다다르지 못할 것이라 생각하지 마십시오.

여러분은 하늘을 날기 위해, 진리에서 오는 용기를 받아들이고 정의의 아름다움을 추구하기 위해, 그리고 '여러분의 도덕적 품성을 키우고, 동감하며, 다른 이들에게 봉사하고, 좋은 관계를 맺기 위해' 태어났습니다. 또 여러분이 머문 곳에 평화와 치유의 씨앗을 심기 위해, 곁에 있는 이들의 열정에 불을 붙이기 위해, 모든 것을 평범하게 만드는 것이 아닌 계속 앞으로 나아가기 위해 태어났습니다.

그렇지만 여러분은 "이렇게 사는 것이, 하늘을 날아다니는 일보다 더 어렵습니다."라고 말할 수도 있습니다. 물론 쉬운 일이 아닙니다. 왜냐하면 우리를 끌어내리고, 우리의 소망을 마비시키며, 우리의 기쁨을 약하게 만들려는 일종의 숨겨진 '영적 중력'이 있기 때문입니다.

'차란charrán'이라고 불리는 북극 제비갈매기를 생각해 보십시오. 이 갈매기는 역풍이나 급격한 온도 변화에도 불구하고 지구의 끝에서 끝으로 이동하는 일을 포기하지 않습니다. 물론 때때로 갈매기는 대체 경로를 선택하거나 우회로를 가기도 하며 특정 바람에 순응하기도 합니다. 하지만 언제나 명확한 목표가 있고, 항상 그 목적지에 도착합니다.

여러분은 꿈을 지우려 하는 사람, 작은 것에 안주하거나 여러분에게 더 이득이 되는 것만을 위해 싸우라고 말하는 사람을 만날 수 있습니다. 그러면 여러분은 스스로 질문해야 합니다. 다른 사람들이 믿지 않는 것을 왜 굳이 해야 하는가? 추문,

전쟁, 사기, 불의, 환경 파괴, 약자들에 대한 무관심, 모범을 보여야 할 사람들에 대한 환멸 사이로 끊임없이 끌려가는 세상에서 어떻게 나아갈 것인가? 이런 질문을 맞닥뜨렸을 때 어떻게 답할 것인가?

내 형제요 내 자매인 여러분, 여러분이 바로 그 답입니다.

여러분이 포기한다 해서 처음부터 이미 패배한 것은 아닙니다. 미래는 지금도 여러분 손에 달려 있기 때문입니다. 여러분을 낳은 공동체, 여러분이 사는 환경, 동시대 사람들의 희망, 즉 역사에 새겨질 수 있는, 무엇과도 바꿀 수 없는 보물을 열망하는 이들의 희망이 여러분 손에 달려 있습니다. 왜냐하면 '우리 각자는 하나뿐인 유일한 사람'이기 때문입니다.

여러분이 사는 세상은 여러분이 물려받은 보물입니다. 여러분에게 생명과 큰 기쁨을 주신 하느님께서 여러분을 사랑하시고 여러분을 위해 아름다운 모든 것을 창조하신 것처럼 여러분도 세상을 사랑하십시오. 하느님께서는 단 한순간도 여러분에 대한 믿음을 거두지 않으십니다. 그분께서는 여러분에게 주어진 재능을 신뢰하십니다. 여러분이 그분을 찾을 때마다 그분이 부르시는 길이 항상 더 높은 곳을 향하고 있음을 깨닫게 될 것입니다.

기도하며 하늘을 올려다볼 때, 특히 십자가를 올려다볼 때 이를 느낄 것입니다. 십자가 위에 계신 예수님께서는 결코 우리에게 손가락질하지 않으시고, 언제나 우리를 끌어안으시고 격려하십니다. 여러분이 스스로 자신을 믿지 않는 순간에도 그분께서는 여러분을 믿고 계시기 때문입니다. 그러니 절대 희망을 잃지 말고, 싸우며, 최선을 다하십시오. 그러면 후회하지 않을 것입니다. '더 좋은 곳을 향해 한 걸음씩' 길을 따라 전진하십시오. 더 높은 곳을 바라보며 여러분 삶의 항해사를 임명하십시오.

"죽는 게 어려운 일이 아니오. 바르게 사는 것이 어려운 일이오."

— 로베르토 로셀리니, 〈로마, 무방비 도시Roma, citta aperta〉, 1945년, 피에트로 신부가 나치군에 총살당하기 전

자비의 도구가 되십시오

〈자비와 비참〉, 16항 참조

그리스도와 가까워지기를 원한다면 형제자매에게 기꺼이

이웃이 되어야 합니다. 하느님 아버지께서 자비의 구체적인 표징보다 더 기뻐하시는 것이 없기 때문입니다. 자비는 그 본성상, 구체적이고 역동적인 행동 안에서 보고 느낄 수 있습니다. 자비를 그 진리 안에서 체험한다면, 결코 예전으로 되돌아가지 못할 것입니다. 자비는 끊임없이 자라서 우리 삶을 변화시킵니다. 자비는 진정 새로운 창조입니다. 그것은 온전히 사랑할 수 있는 새로운 마음을 가져다 주고, 가장 깊이 숨겨진 어려움까지 알아보도록 눈을 맑게 해 줍니다. 파스카 성야 때 창조에 관한 독서 이후 바치는 교회의 기도는 얼마나 참됩니까! "오 하느님, 놀랍게도 저희를 당신의 모습으로 창조하시고, 더 놀랍게 저희를 새롭게 하시어 구원하셨나이다."

자비는 새롭게 하고, 다시 살게 합니다. 이는 두 마음의 만남이기 때문입니다. 우리를 만나러 오시는 하느님의 마음과 인간의 마음이 만나는 것입니다. 인간의 마음은 하느님의 마음으로 따뜻해지고 치유됩니다. 돌로 된 우리 마음이 살로 된 마음으로 변화되어, 우리 죄에도 불구하고 사랑할 수 있게 됩니다. 바로 여기서 우리는 자신이 진정 새로운 피조물임을 깨닫게 됩니다. 사랑받기에 존재합니다. 용서받기에 새로운 삶으로 다시 태어납니다. 자비를 입었기에 자비의 도구가 됩니다.

평화의 씨앗을 심으십시오

2015년 11월 1일, 〈교황 강론〉

"행복하여라, 평화를 이루는 사람들! 그들은 하느님의 자녀라 불릴 것이다."(마태 5,9)

주위에 불화의 씨앗을 심는 사람들의 얼굴을 살펴봅시다. 그들은 행복할까요? 항상 속이고 다른 사람을 이용할 기회를 찾는 사람들, 그들은 행복할까요? 아닙니다. 행복할 수 없습니다. 오히려 매일 인내하고 평화의 씨앗을 심으려는 사람들이 평화와 화해의 장인입니다. 그들은 축복받은 사람들입니다. 왜냐하면 그들은 언제나 오직 평화를 심으시고, 인류를 위한 평화의 씨앗인 당신의 아들을 세상에 보내신 하느님 아버지의 참된 자녀들이기 때문입니다.

모든 사람이 자기 마음을 살피고 끊임없이 스스로에게 죄를 고백해야 합니다. 설령 자신의 죄를 깨달았다 해도 그 죄를 두려워하지는 마십시오. 참회하기만 하면 될 테니까요. 하지만 하느님께 조건을 내걸지는 마십시오.

거듭 말하거니와, 교만하지 마십시오. 작은 이들 앞에서 교만하지 말 것이며, 위대한 이들 앞에서도 교만하지 마십시오. 여러분을 배척하는 자들, 여러분을 모욕하는 자들, 여러분을 비방하는 자들, 여러분을 중상하는 자들을 미워하지 마십시오.

무신론자들, 악의 교사들, 유물론자들, 그들 중 악한 이들조차 미워해서는 안 되니, 선한 이들은 말할 것도 없고, 특히 우리 시대에는 선한 이들이 많기 때문입니다.

그러니 기도 중에 그들을 이렇게 기억하십시오.

"오, 주님. 아무도 기도해 줄 사람이 없는 모든 이를 구원해 주시옵소서. 당신께 기도드리기 원치 않는 이들도 구원해 주시옵소서."

그리고 곧바로 이렇게 덧붙이십시오.

"오 주님, 저의 교만함으로 이렇게 기도드리는 게 아니오니, 저야말로 세상 그 누구, 그 무엇보다 비천하기 때문이옵니다."

— 표도르 도스토옙스키, 《카라마조프가의 형제들》

상황을 변화시킬 힘

2016년 7월 28일, 〈교황 연설〉

저는 주교로 사목하며 한 가지 소중한 이치를 배웠습니다. 수많은 젊은이가 삶을 살아갈 때, 희망과 헌신, 열정과 에너지를 깊이 생각하는 것보다 더 아름다운 일은 없다는 것입니다. 정말 아름답습니다. 그렇다면 이 아름다움은 어디서 오는 걸까요?

예수님께서 젊은이의 마음을 건드리실 때, 그들은 진심으로 위대한 행동을 할 수 있게 됩니다. 그들이 꿈과 호기심을 공유하는 일은 매우 흥미롭습니다. 한편, 상황이 변할 수 없다고 말하는 사람들, 가령 '정적주의자quietists'라고 부르는 이들은 '아무것도 바꿀 수 없다'고 말합니다. 그런 그들과 맞서고자 하는 젊은이들의 열망은 아름답기까지 합니다.

여러분 중 대다수가 상황을 변화시키려 노력하는 모습을 볼 수 있다는 것은, 하늘에서 내려 주신 선물입니다. 생기 넘치는 여러분의 모습은 아름답고 마음까지 편안해집니다. 오늘날 교회는 여러분을 바라보며 여러분에게서 배우고자 합니다.

그 이유는 언제나 젊은 얼굴을 하고 계시며, 끊임없이 우리를 당신의 나라에 초대하시는 하느님 자비에 대한 믿음을 새롭게 하기 위함입니다. 그 나라는 기쁨의 나라, 행복이 가득한 나라, 항상 우리를 앞으로 나아가게 하며, 상황을 변화시킬 힘을 주는 나라입니다.

원대한 이상을 키우십시오

2018년 9월 15일, 〈교황 연설〉

예수님께서 여러분을 사랑하신다는 것을 아십시오. 그분께서는 결코 여러분을 저버리지 않으시는 진실하고 충실한 친구이십니다. 여러분, 그분을 믿을 수 있습니다. 여러분이 의심하는 순간에도 그분의 도우심에 의지할 수 있습니다. 우리가 모두 어렸을 때부터 겪은 나쁜 의심의 순간에, 그리고 어려움이 찾아온 그 순간에 무엇보다도 여러분의 원대한 이상을 키우기 위해 그분의 도우심이 필요합니다.

몇몇 젊은이들에게서 이런 말을 종종 들었습니다. "저는 하느님을 믿지만, 교회는 믿지 않아요." 이유를 물으면, 그들은 "저는 반성직주의자입니다."라고 대답합니다. 그러면 저는 "오,

당신이 정말 반성직주의자라고요?" 하고 되묻습니다. 여러분, 신부님에게 가까이 다가가 이렇게 말씀하십시오. "저는 이러이러한 이유들 때문에 당신을 믿지 않습니다." 또 주교님에게 다가가 직접 말씀하십시오. "저는 이러이러한 이유들 때문에 교회를 믿지 않습니다."

이런 모습이 진정 용기 있는 젊은이입니다. 어쩌면 그날 그 신부님은 가슴이 아파 당신을 쫓아낼 수도 있을 겁니다. 하지만 딱 그때뿐입니다. 이후 신부님은 당신에게 항상 무언가를 대답해야 할 것입니다. 그리고 여러분이 그 대답을 기꺼이 들을 의지가 있어야 합니다. (성직자들이여!) 들으십시오!

우리는 사랑에 관해 심판받게 될 것입니다

《자비의 얼굴》, 15항 참조

우리는 주님의 말씀을 피할 수 없으며, 그 말씀에 따라 심판받을 것입니다. 굶주린 이들에게 먹을 것을 주었고 목마른 이들에게 마실 것을 주었는지, 나그네를 따뜻이 맞아들였고 헐벗은 이를 입혀 주었는지, 병든 이와 감옥에 갇힌 이와 함께할 시간을 내었는지에 따라 심판받을 것입니다(마태 25,31-45 참조).

그리고 두려움과 고독의 원인이 되는 의심에서 벗어나도록 이웃을 도왔는지 질문받을 것입니다. 수백만 명의 사람, 특히 가난에서 벗어나는 데 필요한 도움을 받지 못하는 아이들이 처한 무지를 극복하도록 애썼는지, 외롭고 비탄에 잠긴 이들에게 다가갔는지 질문받을 것입니다. 또한 우리에게 잘못한 이를 용서하고 폭력을 유발하는 모든 형태의 앙심과 증오를 물리쳤는지, 한없이 인내하시는 하느님을 본받아 우리도 인내심을 가졌는지, 그리고 기도 안에서 우리의 형제자매들을 주님께 맡겨 드렸는지 질문받을 것입니다.

'가장 작은 이들' 한 사람 한 사람 안에 그리스도께서 현존하십니다. 그리스도의 몸은 고문당한 이들, 상처 입은 이들, 채찍질당한 이들, 굶주리는 이들과 난민들의 몸에서 다시 드러납니다. 우리가 그분을 알아보고, 만져 드리고, 정성껏 돌보아 드려야 합니다. 십자가의 요한 성인의 말씀을 잊지 맙시다.

"우리 삶이 저물었을 때 우리는 사랑에 대하여 심판을 받을 것입니다."

무엇이 여러분의 정체성입니까?

2021년 1월 24일, 〈삼종 기도〉

죄, 특히 모든 것에 스며든 공기와 같은 세속의 죄는 타인뿐만 아니라 하느님까지 반대하여 자기 자신을 내세우려는 사고방식으로 이끕니다. 그래서 세상의 영에 물든 자신의 정체성을 긍정적인 용어나 구원의 단어로 표현하는 것은 매우 어렵습니다. 오히려 많은 경우 자신의 정체성을 '반대'하는 용어를 사용합니다. 이러한 특성 때문에 죄의 사고방식, 세상의 사고방식은 거짓과 폭력을 사용하는 데 주저하지 않습니다. 곧 거짓과 폭력으로 섬김이 아닌 권력의 욕망, 탐욕, 전쟁과 인간 착취가 발생할 것입니다.

이 모든 것에 반하는 예수님의 메시지는 다음과 같습니다. 우리 자신이 하느님과 그분의 은총이 필요한 존재임을 깨닫고, 지상 재화에 대해 균형 잡힌 태도를 취하고, 모든 이를 환대하고 겸손하게 대하며, 타인을 만나고 섬기는 가운데 우리 자신을 인지하고 실현하도록 초대하십니다.

우리가 구원을 받아들일 수 있는 시간은 짧습니다. 그 시간이란 이 세상에 머무는 우리 인생입니다. 무척 짧지요. 그리고 삶이란 하느님의 무한한 사랑의 선물이지만, 그분에 대한 우리의 사랑을 검증하는 때이기도 합니다. 그러므로 매 순간, 존재하는 모든 순간은 하느님을 사랑하고 이웃을 사랑하기 위한 소중한 시간입니다. 결국 영원한 생명에 들어가기 위한 고귀한 시간입니다.

우리의 안락함에서 벗어나십시오

2017년 11월 19일, 〈세계 가난한 이의 날 교황 담화〉

가난한 이들을 마치 일주일에 한 번 만나는 자원봉사 활동의 수혜자로 여겨선 안 됩니다. 더우이 마음의 평안을 위한 즉흥적인 선행의 수혜자로 생각해선 안 됩니다. 물론 이러한 경험은 많은 사람에게 필요성 인식과 흔히 발생하는 불의에 대한 감수성을 기르는 데 적절하고 유용할 수 있습니다. 그러나 이 경험은 가난한 이들과의 진정한 '만남'과 '나눔'의 생활 방식으로 이어져야 합니다. 사실 기도와 제자 되기, 그리고 회개는 복음적 진정성을 확인할 수 있는 나눔이 깃든 사랑 안에서 찾을 수 있습니다.

이러한 생활 방식은 영혼의 기쁨과 평화를 불러옵니다. 우리 두 손으로 '그리스도의 몸'을 만지기 때문입니다. 우리가 진정으로 그리스도와 만나고자 한다면 우리는 성찬례에서 받은 성사적 친교에 대한 응답으로 가난한 이들의 고통받는 몸 안에 계신 그분의 몸을 만져야 합니다. 거룩한 전례에서 나누어 모신 그리스도의 몸은, 가장 연약한 우리 형제자매들의 모습에서 나눈 사랑을 통해 재발견됩니다. 요한 크리소스토모 성인의 말씀은 이 시대에도 여전히 큰 울림을 줍니다.

"그리스도의 몸을 공경하고 싶다면 헐벗으신 그분을 업신여기지 마십시오. 성전 밖에서 추위와 헐벗음으로 죽어 가는 또 다른 그리스도를 못 본 채, 비단 천으로 그리스도의 성체를 흠숭하지 마십시오."

우리는 가난한 이들에게 다가가 그들을 만나고, 눈을 마주치며 안아 주고, 그들이 외로움을 달래 주는 사랑의 온기를 느낄 수 있도록 부르심을 받았습니다. 가난한 이들이 내민 손은 우리가 편안함과 안락함에서 벗어나 가난 자체의 가치를 인식하라는 초대입니다.

자비는 한계를 모릅니다

〈자비와 비참〉, 18-19항 참조

오늘날에도 여전히 많은 사람이 굶주림과 목마름으로 고통을 받고 있습니다. 또한 먹을 것이 없어 굶주리는 아이들의 모습은 큰 우려를 자아냅니다. 그리고 많은 사람이 식량과 일자리, 집과 평화를 찾아서 이 나라에서 저 나라로 끊임없이 이동하고 있습니다.

다양한 형태의 질병은 계속해서 고통을 일으키며, 많은 도움과 위로, 그리고 지원이 절실합니다. 감옥은 제한적인 처벌에 더해, 비인간적인 생활 환경으로 종종 심각한 고초가 발생하기도 합니다. 만연한 문맹으로 인해 아이들은 제대로 교육받지 못하고, 새로운 형태의 노예살이에 내몰리게 됩니다. 특히 서구 사회의 극심한 개인주의 문화는 타인을 향한 연대 의식과 책임 의식을 상실하게 합니다. 오늘날 가장 심각한 빈곤은 많은 사람이 하느님을 낯선 존재로 여긴다는 것입니다. 이는 인간 생명의 침해할 수 없는 존엄성을 인식하는 데 가장 큰 걸림돌이 됩니다.

결국 자비의 육체적 영적 활동은 오늘날까지도 자비가 지닌 사회적 가치의 크고 긍정적인 영향력을 확인할 수 있습니다. 자비는 우리가 수많은 사람의 존엄을 회복하는 데 팔을 걷어붙이도록 재촉합니다. 그들은 우리와 함께 신뢰할 만한 도시를 건설하도록 부르심을 받은 우리의 형제자매입니다.

그러므로 애덕을 구체적으로 실천하고 자비의 활동에 지혜를 더하도록 노력을 기울입시다. 자비는 모두를 포용하는 힘을 지니기에, 거침없이 퍼져 나가며 그 한계를 모릅니다. 바로 이런 의미에서 우리는 알고 있던 자비의 활동에 새로운 얼굴을 입히도록 부르심을 받았습니다. 사실 자비는 한계를 모르기에 늘 그 한계 너머로 나아가며, 풍요로운 열매를 맺기 때문입니다. 마치 밀가루 반죽을 부풀게 하는 누룩이나(마태 13,33 참조), 커다란 나무로 자라는 겨자씨와(루카 13,19 참조) 같습니다.

무관심이라는 유혹을 이겨 내십시오

2014년 1월 21일, 〈제29차 세계청년대회 교황 담화〉

우리는 모두 가난한 사람들에 대한 회심이 필요합니다. 우리는 그들을 보살펴야 하며 그들의 영적, 물질적 필요에 민감

해야 합니다. 저는 특별히 젊은이 여러분에게 인류 문화를 중심으로 연대성을 회복하는 임무를 맡기고자 합니다. 실업, 이주, 다양한 유형의 중독과 같이 새롭지만, 고질적인 형태의 가난에 직면하면서 우리는 무관심이라는 유혹을 극복하고 경계하며, 인식해야 할 의무를 지닙니다. 또한 사랑받지 못한다고 느끼는 사람들, 미래에 대한 희망이 없다고 믿는 사람들, 낙담, 실망, 두려움으로 인해 삶을 포기하려는 사람들까지 모두 기억해야 합니다. 우리는 가난한 사람들의 편에 서는 법을 배워야 합니다. 그저 가난한 사람들에 대해 좋은 말로 우리 입을 채우지 맙시다! 그들을 만나고, 그들의 눈을 바라보고, 그들의 말을 경청합시다. 가난한 이들은 우리에게 그리스도를 직접 만나게 하고 그분의 고통받으신 육신을 느끼게 해 주는 구체적인 기회이기 때문입니다.

그리스도인은 행동하는 사람입니다

〈자비와 비참〉, 19항 참조

실업이나 부당한 임금, 주거 문제, 신앙이나 인종, 사회적 지위 때문에 차별받는 일……. 이것은 인간의 존엄성을 위협하는 여러 가지 상황 가운데 일부일 뿐입니다. 이러한 상황 앞에서 그리스도인의 자비로운 행동은 무엇보다 먼저 깨어 있는 것이고, 연대로 응답하는 것입니다. 우리가 사람의 존엄을 회복시키고, 인간다운 삶을 살도록 도울 수 있는 상황이 얼마나 많습니까!

온갖 종류의 폭력에 시달려 삶의 기쁨을 도둑맞은 수많은 소년, 소녀를 생각해 보십시오. 슬프고 어쩔 줄 몰라 하는 그들의 얼굴이 잊히지 않습니다. 그들은 오늘날의 노예살이에서 벗어나고자 우리에게 도움을 청하고 있습니다. 이 어린이들은 바로 미래의 젊은이들입니다. 우리는 그들이 존엄하고 책임감 있는 인간으로 살아가도록 어떻게 그들을 준비시키고 있습니까? 그들은 과연 어떤 희망을 품고 자신의 현재와 미래를 마주할 수 있겠습니까?

자비는 사회적 특성을 지니고 있어 우리에게 아무것도 하지 않은 채 그저 서 있지 말라고, 또 무관심과 위선을 몰아내라고 재촉합니다. 그래서 우리 생각과 계획이 죽은 문자가 되지 않도록 이끕니다.

샘이 되는 즐거움

《복음의 기쁨》, 272항 참조

우리가 사랑 안에서 다른 사람과 만날 때마다, 하느님에 관하여 새로운 것을 발견하게 됩니다. 타인을 알아보기 위해 눈을 뜰 때마다, 하느님을 알아보기 위한 신앙의 빛은 더욱 밝아집니다. 따라서 우리가 영적 생활에서 성장하고자 한다면, 선교사가 되기를 포기해서는 안 됩니다. 복음화의 노력은 우리의 정신과 마음을 풍요롭게 하고, 마음의 지평을 열어 주며, 성령의 활동을 식별하도록 우리를 더 민감하게 만들고, 제한된 영적 틀에서 벗어나게 해 줍니다.

헌신적인 선교사는 흘러넘치는 물로 다른 이들을 시원하게 적셔 주는 샘이 되는 즐거움을 체험합니다. 이웃의 선을 추구하는 데서 기쁨을 느끼고, 타인의 행복을 바라는 사람만이 선교사가 될 수 있습니다. 이 열린 마음이 기쁨의 원천이 됩니다. "주는 것이 받는 것보다 더 행복"(사도 20,35)하기 때문입니다. 다른 이를 피해 달아나거나 숨어 버리고, 나눔을 거부하며, 베풀기를 꺼리고 안락함 속에 틀어박힌다고 해서 삶이 더 나아지는 것은 아닙니다. 그것은 서서히 일어날 자살행위에 지나지 않습니다.

나는 하나의 사명입니다

《복음의 기쁨》, 273항 참조

하느님 백성의 중심에 있는 선교 사명은 내 삶의 일부분이나 마음대로 떼어 낼 수 있는 장식품이 아닙니다. 그것은 삶의 부록도 아니며, 삶의 수많은 순간 중 어쩌다 한 번 있는 순간도 아닙니다. 그것은 내가 이 세상에 존재하는 이유입니다. 우리는 빛을 비추고, 축복하고, 생기를 불어넣고, 일으켜 세우고, 치유하고, 해방하는 이 사명으로 우리 자신이 낙인찍힌 사람이라고 여겨야 합니다.

바로 이때 영혼의 간호사, 영혼의 스승, 영혼의 정치인, 곧 다른 이들과 함께하고 다른 이들을 위해 살기로 마음 깊이 결심한 이들이 드러납니다. 그러나 만일 누군가가 자신의 의무와 사생활을 분리한다면 모든 것은 잿빛으로 변할 것입니다. 그는 끊임없이 인정을 받으려 하거나 우리에게 필요한 것만을 내세울 것입니다. 그는 백성의 일원이기를 멈출 것입니다.

"세상이 참으로 이상해졌소! 엘프(요정)와 드워프(난쟁이)가 우리 일행이 되어 우리가 늘 거니는 벌판을 걷질 않나, 사람들이 숲의 귀부인과 이야기를 나누고도 멀쩡히 살아 있질 않나. 게다가 우리 조상들의 조상들이 말을 타고 마크 땅으로 오기 전 까마득한 옛 시절에 부러졌던 그 검이 다시 전장으로 돌아왔다니! 이런 시절에 어찌 사람이 마땅히 해야 할 바를 제대로 결정할 수 있겠소?"

"늘 해 오던 대로 해야지요." 아라곤이 말했다. "선과 악은 예전부터 변하지 않았으니까요. 그리고 엘프에게나 드워프에게나 인간에게나 똑같습니다. 황금 숲에서든 우리 자신의 집에서든, 선악을 분별하는 것은 우리 각자의 몫입니다."

존 로널드 루엘 톨킨, 《반지의 제왕》

모든 사람이
우리의 헌신을 받을 자격이 있습니다

《복음의 기쁨》, 274항 참조

사람들과 삶을 나누고 아낌없이 자신을 내어 주기 위해서는, 모든 사람이 우리의 헌신을 받을 자격이 있다는 사실을 인식해야 합니다. 모든 사람의 외모, 능력, 언어, 사고방식, 혹은 우리가 얻은 만족감 때문이 아니라, 그들이 하느님의 작품이자 그분의 피조물이기 때문입니다. 하느님께서는 당신의 모습으로 모든 사람을 창조하셨으며, 모든 사람은 하느님 영광의 일부를 반영하고 있습니다. 모든 인간은 주님의 무한한 사랑의 대상이며, 주님께서 친히 그 사람의 삶 안에 거처하십니다. 예수 그리스도께서는 모든 사람을 위해 십자가 위에서 당신의 고귀한 피를 쏟으셨습니다. 겉모습이 어떠하든, 한 사람 한 사람은 더없이 거룩하고 우리의 사랑과 헌신을 받을 자격이 있습니다. 그러므로 만일 단 한 사람이라도 더 나은 삶을 살도록 도울 수 있다면, 그것만으로도 제 삶을 바칠 이유로 충분합니다. 하느님의 충실한 백성이 된다는 것은 참으로 아름다운 일입니다. 우리가 벽을 허물고, 마음을 수많은 얼굴과 이름으로 가득 채울 때, 우리는 충만함을 얻습니다.

말이 아닌 행동으로

2017년 11월 19일, 〈세계 가난한 이의 날 교황 담화〉

"자녀 여러분, 말과 혀로 사랑하지 말고 행동으로 진리 안에

서 사랑합시다."(1요한 3,18)

요한 사도의 이 말씀은 어떤 그리스도인도 간과할 수 없는 명령입니다. '사랑하는 제자'가 오늘날까지 예수님의 계명을 전하는 그 진지함은 우리 입에서 자주 나오는 공허한 말과 우리 자신을 드러내는 구체적인 행동 사이에 대조를 이루며 더욱 분명해집니다.

사랑은 변명하지 않습니다. 예수님께서 사랑하신 것과 같은 사랑을 실천하려는 사람은 누구나 그분의 모범을 따라야 합니다. 특히 가난한 이들을 사랑하라는 부르심을 받을 때 더욱 그러합니다. 하느님 아드님의 사랑하는 방식은 잘 알려져 있으며, 요한 사도는 그것을 분명하게 밝힙니다. 그것은 두 기둥 위에 기초를 두고 있습니다. 첫째, 하느님께서 우리를 먼저 사랑하셨다는 사실입니다(1요한 4,10.19 참조). 그리고 둘째, 그분께서는 당신의 모든 것, 심지어 당신의 목숨까지 내놓으시며 우리를 사랑하셨다는 것입니다(1요한 3,16 참조).

그러한 사랑에는 응답이 없을 수 없습니다. 대가를 바라지 않고 조건 없이 베풀어 주지만 마음에 불이 붙게 되므로, 이를 체험한 모든 이는 자신의 한계와 죄에도 불구하고 다시 사랑하게 됩니다. 하지만 이는 하느님의 은총인 그분의 자비로운 사랑을 진심으로 받아들일 때, 곧 우리의 의지와 감정까지도 하느님과 이웃을 모두 사랑할 때 가능합니다. 이렇게 삼위일체 하느님의 마음에서 흘러나오는 자비는 우리 삶에 활력을 불어넣어 주며, 도움이 필요한 형제자매들을 향한 연민과 자비의 행동을 성장시켜 줄 것입니다.

당신의 삶으로 증거하십시오

2022년 4월 23일, 〈젊은 선교사 모임에 참석한 이들을 위한 교황 연설〉

물과 성령으로 세례를 받은 모든 그리스도인은 마치 영원한 파스카 신비에 물든 것처럼 부활한 사람으로 살도록 부르심을 받았습니다. 죽은 사람처럼 살지 말고, 부활한 사람처럼 사십시오. 이 선물은 우리만을 위한 것이 아니라 모든 사람과 함께 나누기 위한 것입니다. 마침내 이 행복을 다른 사람들과 함께 나누려는 열망이 사명의 동기가 될 수밖에 없습니다. 인생에서 피할 수 없는 어떤 저항에 맞서는 아름답고 풍요로운 신앙 체험은 자연스럽게 강한 설득력을 갖게 됩니다.

누군가가 자신의 삶으로 복음을 전하면, 가장 완고한 마음마저 무너지게 됩니다. 이것이 바로 제가 여러분에게 그리스도교 선교사를 위한 마지막 가르침을 전하는 이유입니다. 당신의 삶으로 증거하십시오. 목숨을 걸고 증거하지 않는 사람은 마치 수표 몇 장을 손에 쥐고도 서명하지 않는 사람과 같습니다. 증거한다는 것은 자신의 부와 지위, 그리고 성소까지 서명하듯 자신의 모든 것을 내어놓는 일입니다. 젊은이들이여, 당신의 이름을 내거십시오! 언제나!

참된 문화 혁명

〈자비와 비참〉 20항 참조

우리는 타인과 만나는 기쁨 안에서 자비의 문화를 꽃피우도록 부르심을 받았습니다. 이 문화 안에서는 누구도 다른 이를 무관심하게 바라보거나 형제들의 고통에 등을 돌리지 않습니다. 자비의 활동은 수공예품과 같습니다. 그 어떤 것도 똑같지 않습니다. 우리 손은 다양한 방식으로 자비의 활동을 이룰 수 있습니다. 한 분이신 하느님께서 자비의 활동에 힘을 불어넣으시고, 그 활동은 모두 자비라는 똑같은 재료로 이루어지지만, 다양한 방식으로 빚어내어 수많은 모습으로 탄생합니다.

사실 자비의 활동은 한 인간의 삶 전체를 어루만집니다. 그렇기에 우리는 육신과 영혼, 곧 인간의 삶 자체에 가닿을 수 있는 단순한 몸짓에서 참된 문화 혁명을 일으킬 수 있습니다. 이는 그리스도인 공동체가 실천해야 하는 과제입니다. 주님의 말씀은 언제나, 안락하고 아무 문제 없는 삶에 빠지도록 유혹하는 무관심과 개인주의에서 벗어나야 한다고 부르시기 때문입니다. 예수님께서는 제자들에게 "가난한 이들은 늘 너희 곁에 있다."(요한 12,8 참조)라고 말씀하십니다. 그분께서 가난한 한 사람, 한 사람을 당신 자신과 일치시키셨다는 사실을 알고 있다면, 우리의 방관을 정당화할 수 있는 그 어떤 변명도 있을 수 없습니다.

섬기기 위해 사십시오

2016년 7월 29일, 〈교황 연설〉

몸에 상처 입은 소외된 이들을 환영하고, 영적으로 상처 입은 죄인들을 환영하는 일에 소홀한 그리스도인의 태도는 천주교에 대한 신뢰를 위태롭게 합니다.

오늘날 인류는 자신의 삶을 '적당히' 살기를 원치 않는 이들이 필요합니다. 특히 우리 구원을 위해 자신의 모든 것을 바치신 그리스도를 본받아 가장 가난하고, 연약한 이웃들을 섬기는 데 평생을 바칠 준비가 되어 있는 젊은이들이 필요합니다. 악, 고통, 죄와 마주할 때 예수님의 제자가 할 수 있는 유일한 대응은 그리스도를 본받아 자기 자신, 심지어 생명까지도 드리는 것입니다. 그것이 바로 섬김의 태도입니다.

자신을 그리스도인이라고 부르는 사람이 섬기지 않고 산다면, 그는 살기 위해 섬기는 것이 아닙니다. 그는 자신의 삶으로 예수 그리스도를 부인하는 것입니다.

형제들을 돌보십시오

2022년 4월 23일, 〈젊은 선교사 모임에 참석한 이들을 위한 교황 연설〉

돌봄은 곧 역동적이고 지혜로운 방법으로 자선을 베푸는 일입니다. 오늘날 가장 약한 이들의 요구를 살피는 눈과 자신을 온전히 헌신할 수 있는 관대한 마음을 가진 사람들, 바로 우리에게는 이런 젊은이들이 필요합니다.

여러분 역시 자신의 기술과 지적 능력을 활용하여 광범위한 프로젝트로 자선 단체를 조직하도록 부르심을 받았습니다. 오늘은 여러분의 차례입니다. 하지만 여러분이 처음은 아닙니다. '착한 사마리아인'과 같은 많은 선교사가 상처 입은 형제자매들을 돌보며 얼마나 충실히 사명을 실천해 왔습니까! 우리 시대에 적합한 양식과 방법으로 그들의 발자취를 따라 이제는 여러분도 신중하고 효과적인 자선, 순간적이지 않고 지속 가능한 자선, 기발하고 지혜로운 자선, 그리고 치유의 여정으로 사람들과 동행할 수 있는 자선을 실천할 차례입니다. 제가 여러분에게 전하고 싶은 말은 이것입니다. 형제들을 돌보십시오. 이기심 없이, 봉사하는 마음으로, 도우십시오.

사람들은 저마다 걱정거리라는 메커니즘에 따라 동요하고 분주히 움직였습니다. 하지만 주된 조절 장치인 '평온함'이라는 감각이 아니었다면 그 메커니즘은 작동하지 않았을 것입니다. 그 평온함이란 다양한 인간의 실존을 하나로 연결하려는 감각에서 오고, 그들의 상호 교감에 대한 확신에서 왔으며, 그리고 현재 일어나는 모든 일은 죽은 자를 묻는 이 땅에서만 이루어진 것이 아니라 다른 곳, 즉 어떤 이들은 '하느님의 왕국'이라 부르는 그곳에서도 이루어진다는 생각에서 오는 행복감에서 비롯된 것입니다.

— 보리스 파스테르나크, 《닥터 지바고》

거저 받았으니, 거저 주십시오

《모든 형제들》, 140항 참조

형제적 무상성을 살지 않는 사람은 자신의 삶을 고달픈 거래 형태로 만들어 버립니다. 그는 항상 자신이 준 것과 그 대가로 받는 것을 계산합니다.

반면 하느님께서는 거저 주십니다. 심지어 당신께 충실하지 않은 이들까지 도우시며, "악인에게나 선인에게나 당신의 해가 떠오르게"(마태 5,45) 하십니다. 그래서 예수님께서는 다음과 같이 말씀하셨습니다.

"네가 자선을 베풂 때에는 오른손이 하는 일을 왼손이 모르게 하여라. 그렇게 하여 네 자선을 숨겨 두어라."(마태 6,3-4)

우리는 생명을 거저 받았고, 이를 얻으려고 아무런 대가도 치르지 않았습니다. 그러므로 우리는 대가를 바라지 않고 줄 수 있으며, 똑같은 것을 요구하지 않으면서 선을 행할 수 있습니다. 이것이 바로 예수님께서 제자들에게 하신 말씀입니다.

"너희가 거저 받았으니 거저 주어라."(마태 10,8)

연대, 협력, 책임이라는 세 가지 활동

2021년 10월 23일, 〈백주년기념재단 국제회의 연설〉

연대, 협력, 책임은 가톨릭 사회 교리의 세 중심축이라 할 수 있습니다. 이는 자연스럽게 관계에 열려 있는 인간을 창조의 정점이자, 사회와 경제, 그리고 정치 질서의 중심으로 보기 때문입니다. 이러한 관점을 통해 사회 교리는 인간 존재에 대한 세심함과 역사적 역동에 대한 구체적인 감수성을 바탕으로, 개인주의적 관점에 반대되는 세계관에 기여합니다. 사회 교리는 사람들 사이의 상호 연결성에 기초하며 공동선을 지향하기 때문입니다. 동시에 교리는 오늘날 기술 관료적 표준화technocratic standardization 프로젝트에 숨겨진 새로운 형태로 다시 등장하는 집단주의collectivism 관점에 반대합니다.[1]

---

1 기술 관료제는 기술 관료technocrat로 유지되고 전문가들이 제공하는 지적 도구, 계산, 합리적 형식에 의존한다. 하나의 특정한 지식이 높은 권위를 지닌다면 경합 없이 다른 지식보다 더 지배적인 위치를 차지하게 된다. 이 시스템에서 기술 관료들은 통치 관리governance 임무를 수행하기 위해 전문 지식과 정보 기술을 강조하며, 공리주의적 효용성utility을 통치 기술로 삼는다. 따라서 의사 결정은 정치적 숙고나 이해관계 집단 사이의 협상보다는, 대중적 견해와 시민 참여가 아닌 전문적 '자문가 메커니즘'에 의해 이루어진다. 그 결과 전문가 조언에 의존하는 지배적 이해관계가 형성되고, 소위 '엘리트'로 불리는 소수 집단이 통제권을 선점하며, 지도자가 없는 관리적 위계를 만들 가능성도 있다.

연대와 협력, 책임, 이 세 단어는 삼위일체이신 하느님에 관한 신비를 상기시켜 줍니다. 세 위격이 하나의 친교를 이룬 것처럼 하느님께서는 우리가 타인에 대한 관대한 개방(연대), 타인과의 공동 작업(협력), 타인과의 약속(책임)을 통해 자신을 실현하도록 이끄십니다. 그리고 그분께서는 서로의 관계, 노동, 사회 참여 활동, 피조물과의 관계, 정치 등을 통해 우리 삶의 모든 측면에서 세 가지 활동을 수행하도록 영감을 주십니다.

오늘날 모든 분야에서 우리 자신만을 생각하지 말고, 타인에 대한 관심을 보여야 합니다. 이기심과 당파적 이해관계에 매몰되기보다 정의롭고 공평한 사회 발전에 자유로이 헌신해야 합니다. 동시에 우리는 인간의 자유와 불가침성을 지닌 존엄을 보장하도록 부르심을 받았습니다. 여기에 가톨릭 사회 교리를 실천해야 하는 사명이 있습니다.

축복받은 열린 손

2017년 11월 19일, 〈세계 가난한 이의 날 교황 담화〉

우리는 현대 사회에 빈곤이 무엇인지 명확하게 파악하는 일이 얼마나 어려운지 알고 있습니다. 그러나 빈곤은 고통, 소외, 학대, 폭력, 고문과 투옥, 전쟁, 자유와 존엄의 박탈, 무지와 문맹, 의료 비상사태, 일자리 부족, 인신매매와 노예 제도, 망명, 극심한 빈곤과 강제 이주 등 얼룩진 수천 개의 얼굴로 매일 우리에게 묻습니다. 빈곤은 권력과 돈의 계략에 짓눌려 저속한 이해관계 탓에 착취당하는 여성, 남성, 어린이의 얼굴을 담고 있습니다. 사회적 불의, 윤리적 타락, 선택된 소수의 탐욕, 일반화된 무관심이 빚어낸 빈곤 앞에서, 우리는 얼마나 더 씁쓸하고 무자비한 목록을 작성해야 합니까!

불행하게도 우리 시대에는 과시적인 부유함이 소수 특권층의 손에 축적되고, 자주 불법적인 행위와 인간 존엄에 대한 끔찍한 착취가 수반되면서 전 세계적으로 빈곤이 사회 곳곳으로 광범위하게 확산되고 있습니다. 수치스러운 일입니다. 이러한 시나리오에 직면했을 때 우리는 수동적인 태도로 임할 수 없으며, 체념하는 일은 더더욱 있을 수 없습니다. 많은 젊은이에게 일자리를 찾지 못하게 함으로써 그들의 주도권을 빼앗는 빈곤, 개인의 책임감을 마비시켜 다른 이에게 일을 떠넘기고 특혜를 추구하게 만드는 빈곤, 참여의 우물을 오염시키고 전문성을 위한 여지를 허용하지 않아 노동자들과 창작자들의 장점을 저해하는 빈곤 등 이러한 모든 형태의 빈곤에 대해, 우리는 삶과 사회에 대한 새로운 관점으로 대응해야 합니다.

그러므로 가난한 이들을 끌어안고 도우려는 열린 손은 복됩니다. 그 손은 희망을 가져다주는 손입니다. 문화, 종교, 국적의 모든 장벽을 뛰어넘고 인류의 상처에 위로의 향유를 부어주는 손, 어떤 대가를 바라지 않고 '만일', '그러나', '아마도'라는 조건 없이 열린 손은 복됩니다. 이 손이 바로 우리 형제들에게 하느님의 축복을 가져다주는 손입니다.

손을 더럽히십시오. 당신은 행복해질 것입니다

2018년 10월 23일, 〈청년들과 노인들과의 대담〉

경쟁의 손은 완고합니다. 항상 많은 비용을 들여 차지하려 들고, 다른 사람들을 파괴하는 대가로 무언가를 축적합니다. 반면 반경쟁적인 행동은 개방적입니다. 개방의 여정을 시작하십시오. 경쟁은 일반적으로 멈춰 있습니다. 많은 경우 무의식적으로 계산을 수행하지만, 정적이며 무관심합니다. 반면 성숙한 인격은 항상 삶의 길을 걸어가며, 행동으로 옮깁니다. 흔히 '손을 더럽히다'라고 표현합니다. 왜 그럴까요? 성숙한 인격을 지닌 사람은 인사하고, 껴안아 주며, 환대하기 위해 손을 내밀기 때문입니다. 주는 것이 받는 것보다 행복하기 때문입니다. 감정을 무력화시키는 이 문화에 맞서는 방법은 바로 섬김이며 봉사입니다.

성숙한 젊은이들은 자신감이 넘치고 미소를 지으며 재미있게 말합니다. 그들은 두 손을 벌려 봉사합니다. 또 위험을 감수하려 합니다. 여러분이 삶에서 위험을 감수하지 않는다면 결코 성숙하지 못할 것입니다. 자신의 안위를 위해서만 축적해야 한다는 환상에 갇혀, 자신의 미래를 전혀 예측하지 못할 것입니다.

여기서 예수님께서 말씀하신 비유가 떠오릅니다. 수확한 많은 곡식을 어디에 두어야 할지 몰랐던 부자의 이야기입니다. 그는 "곳간들을 헐어 내고 더 큰 것들을 지어, 거기에다 내 모든 곡식과 재물을 모아 두어야겠다."(루카 12,18)고 말합니다. 평생을 위한 보험이지만, 예수님께서는 말씀하십니다. "어리석은 자야, 오늘 밤에 네 목숨을 되찾아 갈 것이다."(루카 12,20)

경쟁의 문화는 결코 끝을 보지 못합니다. 마음속에 세운 목표를 떠올려 보십시오. 모든 수단을 동원해 누군가를 따라잡고 올라가서 항상 그의 머리를 짓밟습니다. 오히려 공존의 문화, 형제애의 문화는 섬김의 문화이며 손을 더럽히는 개방된 문화입니다.

실패했다고 느껴지는 문화, 경쟁의 문화, 낭비의 문화에서 자신을 스스로 구하길 원합니까? 그런 인생을 살고 싶습니까? 항상 앉아 있지 말고, 미소를 지으며 이렇게 손을 뻗어 보십시오. 그리고 손을 더럽히십시오. 여러분은 행복해질 것입니다.

안전한 길로만 가려는 유혹

《기뻐하고 즐거워하여라》, 133-134항 참조

두려움과 지나친 신중함으로 아무것도 못 하거나 안전한 테두리 안에서만 걷는 것에 익숙해지지 않기 위하여, 성령의 이끄심이 필요합니다. 닫혀 있는 것은 결국 곰팡내가 나고 우리를 병들게 한다는 사실을 기억합시다. 사도들이 두려움과 위험으로 무기력을 느꼈을 때, 그들은 함께 모여 기도하며 '담대함(παρρησία, 솔직하게 말할 수 있는 용기)'을 청했습니다. "이제, 주님! 저들의 위협을 보시고, 주님의 종들이 주님의 말씀을 아주 담대히 전할 수 있게 해 주십시오."(사도 4,29) 그 결과, "이렇게 기도를 마치자 그들이 모여 있는 곳이 흔들리면서 모두 성령으로 가득 차, 하느님의 말씀을 담대히 전하였다."(사도 4,31)라고 성경은 전합니다.

요나 예언자처럼, 우리에게는 안전한 곳으로 달아나려는 잠재적 유혹이 늘 있습니다. 그 안전한 피난처는 여러 가지 이름을 가지고 있습니다. 개인주의, 영성주의[2], 자신들만의 작은 세계에 갇히는 것[3], 의존[4], 현실 안주, 기존 틀의 답습, 독단주의, 과거에 대한 향수, 비관주의, 규범으로의 도피[5]가 바로 그것입니다.

때때로 우리는 이미 알고 익숙한 영역 밖으로 나가는 것을 힘겨워합니다. 그러나 우리에게도 요나가 겪었던 폭풍, 고래, 아주까리를 시들게 한 벌레, 머리를 찌르는 뜨거운 바람과 태양 등과 같은 어려움이 닥칠 수 있습니다. 그러나 요나에게 그랬던 것처럼, 역경은 우리를 온유하신 하느님께 되돌아가게

---

2 교황님께서 경계하시는 '현대판 영지주의Gnosticism'의 일종. 구체적인 삶의 현실(육체, 노동, 이웃의 아픔)을 떠나, 추상적이고 고상한 영적 체험에만 몰두하는 태도.

3 단체 내의 파벌이나 끼리끼리 뭉치는 문화를 뜻하는 것으로, 교회 전체의 보편성보다 자신과 취향이 맞는 소수의 집단, 특정 신심 단체, 엘리트 의식을 가진 모임 안에만 머무르는 것.

4 스스로 식별하고 책임지려 하지 않고, 특정 지도자나 구조에 병적으로 기대어 영적 유아기 상태에 머무르는 것.

5 사랑의 실천이 가져오는 모호함이나 위험 부담을 피하기 위해 딱딱한 법, 규정과 규칙 뒤로 숨어 버리는 것.

합니다. 그분께서는 우리가 끊임없이 쇄신하며 길을 떠나는 여정으로 나아가기를 바라십니다.

앞으로 나아갈 용기

2013년 6월 17일, 〈로마교구 회의 연설〉

우리는 용기를 가져야 합니다. 바오로 6세 성인 교황은 낙담한 그리스도인들을 이해하기 어렵다고 말씀하시곤 하셨습니다. 그들은 자신들이 하느님을 믿는지, "불평의 여신the goddess of complaint"을 믿는지 모르는 슬프고 불안한 그리스도인들이라는 것을 전혀 알지 못합니다. 그들은 날마다 불평하고 신음합니다. 세상이 어떻게 돌아가는지, 어떤 재난이 있는지, 어떤 불행이 일어나는지 살펴보십시오. 그리고 생각해 보십시오. 세상이 5세기 전보다 더 나빠지지 않았습니다. 세상은 그저 세상일 뿐입니다. 언제나 그런 세상이었습니다.

그리스도인은 용기가 있어야 합니다. 문제에 봉착했을 때, 사회적 · 종교적 위기에 직면했을 때 앞으로 나아갈 용기가 있어야 하며, 용감하게 전진해야 합니다. 그리고 아무것도 할 수 없을 때 인내심을 갖고 견뎌 내십시오. 용기와 인내. 먼저 용기는 앞으로 나아가게 하고 강한 증거자가 되게 합니다. 또 인내한다는 것은 바꿀 수 없는 것들을 우리 어깨에 짊어지는 일입니다. 그리고 주님께서 우리에게 은총을 주시는 그 인내로 앞으로 나아가는 것입니다.

그렇다면 우리는 용기와 인내를 갖고 무엇을 해야 합니까? 우리 자신에게서 벗어나야 합니다. 자신에게서 나오십시오. 우리의 공동체에서 떠나 사람들이 살고 일하고 고통받는 곳으로 가서, 나자렛 예수 그리스도를 통해 사람들에게 자신을 드러내신 아버지의 자비를 그들에게 선포하십시오. 예수님께서 우리에게 주신 이 은총을 선포하십시오.

우리는 위대한 것을 위해 부르심을 받았습니다

《그리스도는 살아 계십니다》, 107항 참조

누군가 여러분의 희망과 기쁨을 훔쳐 가도록 두지 마십시오. 그들이 자신의 이익을 위해 여러분을 노예로 부리고자, 무감각하게 만들도록 하지 마십시오. 더 위대한 존재가 되기를 두려워하지 마십시오. 여러분의 존재 자체가 다른 어떤 것보다 중요하기 때문입니다. 무엇을 소유하거나 겉으로 드러내 보일 필요가 없습니다. 여러분이 위대한 것을 위해 부르심을 받았다는 사실을 깨닫는다면, 창조주 하느님께서 이미 알고 계시는 맞갖은 사람이 될 수 있습니다. 성령을 청하십시오. 그리고 거룩함이라는 위대한 목표를 향해 자신 있게 나아가십시오. 그러면 여러분은 누군가의 복사본이 아니라, 온전히 여러분 자신이 될 것입니다.

그는 주님의 생애와 성인들의 전기를 읽다가, 간혹 읽기를 멈추고 마음속으로 헤아리는 것이 있었다.

"프란치스코 성인이나 도미니코 성인이 한 일을 나도 하면 어떨까?"

그러나 그의 생각은 늘 "도미니코 성인이 이것을 했으니까 나도 해야 한다. 프란치스코 성인은 이러저러한 일을 했다. 그러므로 나도 하겠다."는 식이었다. 다른 일이 끼어들면 앞서 말한 속세의 생각이 되돌아와 많은 시간을 그렇게 사로잡히는 것이었다.

그런데 거기에 하나 다른 점이 있었다. 세상사를 공상할 때에는 당장에는 매우 재미가 있었지만, 얼마 지난 뒤에 곧 싫증을 느껴 생각을 떨치고 나면 무엇인가 만족하지 못하고 황폐해진 기분을 느꼈다. 그러나 예루살렘에 가는 일, 맨발로 걷고 초근목피로 연명해 가는 성인전에서 본 고행을 모조리 겪는다고 상상해 보면, 위안을 느낄 뿐만 아니라, 생각을 끝낸 다음에도 흡족하고 행복한 여운을 맛보는 것이었다.

하지만 처음에는 이것을 이상히 생각지도 않았고 그 차이를 따져 볼 엄두도 안 냈었다. 그러다가 차츰 그의 눈이 열리면서 그는 그 차이점에 놀랐고 곰곰이 따져 보기 시작했으며 드디어는 앞의 공상은 씁쓸한 기분을 남기는데, 다른 공상은 행복감을 준다는 사실을 경험으로 깨달아 갔다.

그는 서서히 자기를 동요시키는 영들의 차이를 깨닫기에 이르렀으니, 하나는 악마에게서 오는 영이고, 다른 하나는 하느님께로부터 온다는 사실이었다.

— 로욜라의 이냐시오 성인, 《순례집-자서전Il *racconto del pellegrino. Autobiografia*》

실수할지라도,
위험을 감수하십시오

《그리스도는 살아 계십니다》, 143항 참조

젊음의 가장 아름다운 시절을 포기하지 마십시오. 먼발치에서 삶을 관망하지 마십시오. 행복을 안락의자에 앉아 쉬는 일과 혼동하지 마십시오. 그리고 TV, 휴대폰 등 다양한 화면 앞에서 여러분의 인생을 낭비하지 마십시오. 여러분 자신을 버려지거나 주차된 자동차처럼 두지 마십시오. 오히려 꿈을 꽃피우고 좋은 결정을 내리십시오.

실수할지라도 위험을 감수하고 도전하십시오. 무기력하게 근근이 살아가지 마십시오. 마치 구경꾼처럼 세상을 바라보지 마십시오. 여러분의 목소리를 내십시오. 여러분을 무기력하게 만드는 두려움을 몰아내고, 젊은 미라처럼 되지 마십시오. 활기차게 살아가십시오. 인생 최고의 순간을 위해 여러분 자신을 온전히 던지십시오. 새장 문을 활짝 열고 밖으로 날아오르십시오!

우는 사람 곁에서 함께 울 수 있다면, 당신은 진정 행복합니다

2020년 2월 11일, 〈제35차 세계청년대회 교황 담화〉

성경은 다른 사람의 고통에 대해 '애끊는' 마음을 지닌 사람들이 겪은 감정에 대해 자주 언급합니다. 예수님께서는 자신의 감정을 통해 다른 사람들의 현실에 참여하십니다. 그분은 그들의 고통을 자신의 것으로 여기십니다. 그리고 성모님의 고통은 그분의 고통이 되었고, 성모님의 아들인 예수님의 죽음은 성모님의 죽음이 되었습니다.

많은 경우 여러분은 함께 고통을 견디어 낼 수 있다는 것을 보여 주었습니다. 필요할 때마다 아낌없이 도와주는 이들을 생각해 보십시오. 재해, 지진, 홍수, 젊은 자원봉사자들의 도움의 손길이 없는 그런 재앙은 상상할 수 없습니다. 환경보호에 관심을 기울이는 젊은이들의 큰 움직임은 지구의 울부짖음을 들을 줄 아는 여러분의 능력이었습니다.

사랑하는 젊은이 여러분, 이러한 감수성을 빼앗기지 마십시오! 고통받는 이들의 간청에 언제나 귀를 기울이십시오. 그리고 오늘날 세상에서 울부짖으며 죽어 가는 이들에게 영감을 받으십시오. "삶의 어떤 현실들은 눈물로 씻긴 눈에만 보입니다."(《그리스도는 살아 계십니다》, 76항) 우는 사람 곁에서 함께 울 수 있다면, 당신은 진정 행복합니다. 너무나 많은 동시대 사람이 불평등과 폭력과 박해를 겪습니다. 그들의 상처가 여러분의 상처가 되어, 여러분이 이 세상에 희망을 전하는 사람들이 되길 희망합니다. 여러분은 당신의 형제자매에게 "일어나십시오. 당신은 혼자가 아닙니다."라고 말할 수 있습니다. 하느님 아버지께서 우리를 사랑하시고 예수님께서 우리를 일으키시기 위해 손을 내밀고 계신다는 것을 깨닫게 해 줄 수 있습니다.

하느님의 크나큰 사랑

2020년 2월 11일, 〈제35차 세계청년대회 교황 담화〉

젊은이 여러분도 여러분이 직면하는 고통과 죽음의 현실에 가까이 다가갈 수 있습니다. 또 그 현실을 어루만져 줄 수 있으며, 예수님처럼 새 생명을 가져다줄 수 있습니다. 그러나 이것은 성령의 은총 안에서 여러분이 먼저 그분의 사랑과 선하심을 체험하며 마음이 부드러워질 때 가능합니다. 모든 살아 있는 피조물, 특히 굶주리고 목마르고 아프고 헐벗고 감옥에 갇힌 형제자매들을 향한 하느님의 크나큰 사랑을 느낄 수 있다면, 여러분도 그분처럼 그들에게 가까이 다가갈 수 있을 것입니다. 여러분도 그분처럼 그들을 만질 수 있을 것이며, 내면에 생명을 잃은 친구들, 고통을 겪고 믿음과 희망을 잃은 친구들에게 그분의 생명을 가져다줄 수 있을 것입니다.

온유한 사랑의 혁명에 참여하는 것을 두려워하지 마십시오

2018년 9월 22일, 〈리투아니아, 라트비아, 에스토니아 사목 방문 연설〉

불평하면서 사는 것은 좋지 않습니다. 우리의 상처를 핥는 것은 좋은 삶이 아닙니다. 기회가 없어 고국을 떠나는 젊은이들이 얼마나 많습니까! 우울증, 알코올, 마약 피해자가 얼마나 많습니까! 물론 여러분은 이 모든 것을 알고 있습니다. 현재를 함께 나눌 사람이 없어, 그저 과거가 다시 찾아올까 봐 두려워하는 노인들이 얼마나 많습니까!

젊은이 여러분은 여러분의 현존과 다른 사람들과의 만남을 통해 이러한 도전에 응답할 수 있습니다. 예수님께서는 우리 자신에게서 벗어나 다른 사람들과 직접 '얼굴을 맞대고' 위험을 감수하라고 초대하십니다. 예수님을 믿는다는 것은 많은 경우 조건 없는 믿음을 지녀야 합니다. 이는 두려운 일입니다. 때로는 우리 자신에게 의문을 제기하고, 우리의 길에서 벗어나게 합니다. 거기에는 고통이 뒤따를 수도 있으며 낙담이라는 유혹을 받을 수도 있습니다.

하지만 용기를 내십시오! 예수님을 따르는 일은 삶을 의미 있는 일로 채워 나가는 흥미진진한 모험과 같습니다. 이를 통해 우리는 우리에게 용기를 불어넣는 공동체, 우리와 동행하고 봉사에 헌신하는 공동체의 일원임을 느낄 수 있습니다. 사랑하는 젊은이 여러분, 그리스도를 따르는 것은 가치 있는 일입니다. 진정으로 가치 있는 일입니다! 그분께서 우리를 초대하시는 혁명, 즉 온유한 사랑의 혁명에 참여하는 것을 두려워하지 마십시오.

당신은 누구와 자신을 동일시합니까?

《모든 형제들》, 63-64항 참조

예수님께서는 강도들을 만나 두들겨 맞고, 길바닥에 쓰러진

한 사람의 이야기를 들려주십니다. 여러 사람이 그의 곁을 지나갔지만, 그들은 멈추지 않고 가 버렸습니다. 그들은 사회적으로 중요한 직책을 맡은 사람이었지만, 마음속에는 공동선에 대한 사랑이 없었습니다. 그들은 부상자를 돌보거나 최소한의 도움을 청하기 위해 단 1분도 할애할 수 없었습니다.

그런데 오직 한 사람만이 멈춰 섰습니다. 그는 다친 사람에게 가까이 가서 몸소 돌보아 주고, 심지어 자기 주머니에서 돈을 꺼내어 다친 사람을 위하여 씁니다. 무엇보다도 그는 바쁘게 돌아가는 세상에서 우리가 그토록 인색하게 구는 것, 곧 자신의 시간을 그에게 내어 주었습니다. 분명 그에게도 자신의 필요와 약속, 바람에 따라 사용할 하루의 계획이 있었을 것입니다. 그러나 그는 부상자 앞에서 모든 것을 제쳐 뒀고, 그를 알지도 못하면서 자신의 시간을 선물로 받을 자격이 있는 존재로 여겼습니다.

당신은 누구와 자신을 동일시하나요? 이 질문은 냉혹하지만, 직설적이고 결정적입니다. 당신은 그들 중 누구를 닮았나요? 우리는 다른 사람, 특히 가장 약한 이에게 무관심해지려는 유혹이 우리를 둘러싸고 있음을 인정해야 합니다. 우리는 많은 면에서 성장했지만, 발전된 사회의 가장 취약하고 약한 이들을 동반하고, 돌보고, 지원하는 일에 있어서 여전히 까막눈입니다. 우리는 시선을 돌리고, 그냥 지나치며, 상황이 우리에게 직접 닥치지 않는 한 무시하는 데 익숙해져 버렸습니다.

착한 사마리아인처럼 되십시오

《모든 형제들》, 67항 참조

그토록 많은 고통과 상처 앞에서, 유일한 출구는 착한 사마리아인처럼 되는 것뿐입니다. 다른 모든 선택은 우리를 강도의 편에 세우거나, 또는 길가에 쓰러진 부상자의 고통에 아랑곳하지 않고 그냥 지나쳐 버리는 이의 편에 세울 뿐입니다.

이 비유는 다른 이들의 나약함을 기꺼이 자신의 것으로 받아들이는 사람들로부터 시작하여, 어떻게 공동체를 다시 일으켜 세울 수 있는지 보여 줍니다. 그들은 배척의 사회가 들어서는 것을 용납하지 않습니다. 오히려 스스로 이웃이 되어 쓰러진 이를 일으키고 회복시켜 선함이 모두의 것이 되게 합니다. 동시에 이 비유는 자기 자신만을 바라보며, 인간 현실의 피할 수 없는 요구를 짊어지지 않으려는 사람들의 태도를 경계하게 합니다.

당신은 이들 중 누구입니까?

《모든 형제들》, 69항 참조

일단 길을 나서면, 우리는 반드시 상처 입은 사람과 마주하게 됩니다. 오늘날, 그리고 갈수록 더 많이, 세상에는 상처 입은 사람들이 있습니다. 길가에서 고통받는 이를 포용하거나, 배척하는 것이 모든 경제적, 정치적, 사회적, 종교적 계획을 결정합니다.

매일 우리는 선택 앞에 섭니다. 착한 사마리아인이 될 것인가? 아니면 멀찌감치 지나쳐 버리는 무관심한 나그네가 될 것인가?

그리고 역사와 세상 전체로 시야를 넓혀 보면, 우리는 모두 이 등장인물들과 같았거나, 같습니다. 우리 모두에게는 부상을 당한 사람의 모습, 강도의 모습, 멀찌감치 지나쳐 버리는 사람의 모습, 그리고 착한 사마리아인의 모습이 조금씩 다 들어 있습니다.

다른 이들을 찾아 나섭시다

《모든 형제들》, 77-78항 참조

우리는 날마다 새로운 기회와 가능성을 얻습니다. 우리를 다스리는 통치자들에게 모든 것을 기대해서는 안 됩니다. 이는 어리석은 일입니다. 우리에게는 새로운 과정과 변화를 시작하고 만들어 낼 수 있는 공동 책임이 필요합니다. 우리는 상처 입은 사회를 되살리고 지원하는 데 적극적으로 참여해야 합니다.

오늘날 우리는 형제애를 드러내고, 증오와 분노를 부추기는 대신 좌절의 고통을 짊어지는 또 다른 착한 사마리아인이 될 수 있는 위대한 기회를 맞이하고 있습니다. 필요한 것은 오직 공동체가 되고자 하는, 대가를 바라지 않는 순수한 열망뿐입니다.

비록 우리가 폭력적인 사람들의 논리, 자신만을 위한 야망을 품고 혼란과 거짓을 퍼뜨리는 사람들의 논리에 휩싸여 그것을 반복해야 하는 운명처럼 보일 수 있습니다. 그러나 우리는 쓰러진 이를 포용하고 통합하며 한결같이 일으켜 세우려는 노력에 지치지 말아야 합니다. 권력 게임을 위한 정치나 경제는 다른 이들이 신경 쓰게 놔둡시다. 우리는 선한 것을 키우고 선을 위해 봉사합시다.

아래에서부터 그리고 한 사람 한 사람 구체적으로 시작하는 것이 가능합니다. 사마리아의 나그네가 부상자의 상처 하나하나를 돌보았던 정성으로, 가장 구체적이고 지역적인 차원에서부터 조국과 세상의 가장 구석진 곳까지 나아갈 수 있습니다. 다른 이들을 위해 나섭시다. 그리고 우리에게 주어진 현실을, 고통이나 무력감을 두려워하지 말고 짊어집시다. 그곳에 하느님께서 인간의 마음속에 심어 놓으신 모든 선이 있기 때문입니다. 거대해 보이는 어려움들은 성장을 위한 기회이지, 굴종을 조장하는 무기력한 슬픔을 위한 핑계가 아닙니다.

하지만 이 일을 혼자, 개별적으로 하지 맙시다. 사마리아인이 그 사람을 돌봐 줄 여관 주인을 찾았던 것처럼, 우리도 개개인의 총합보다 더 강력한 '우리' 안으로 서로를 초대하고 만나야 합니다. '전체는 부분보다 더 크고, 단순히 부분들을 합친 것보다도 더 크다'는 사실을 기억합시다. 소모적인 분열과 끊임없는 대립을 가져오는 원한과 옹졸함을 버립시다. 상실의 아픔을 감추는 일을 멈추고, 우리의 죄와 나태, 그리고 거짓을 스스로 짊어집시다. 회복을 위한 화해는 우리를 부활하게 하며, 자신과 타인에 대한 두려움을 없애 줄 것입니다.

이웃이 되어야 하는 우리입니다

2016년 2월 1일, 〈'봉헌 생활의 해' 참석자들을 위한 연설〉

하느님께서는 예수님을 통해 모든 사람에게 가까이 오셨습니다. 그분께서는 갈릴래아 카나의 혼인 잔치 때 신랑 신부의 기쁨, 그리고 나인 고을 과부의 고통과 함께하셨습니다. 그리고 딸의 죽음에 슬퍼하던 야이로의 집에 들어가셨고, 나르드 향유를 풍기던 베타니아의 집에 들어가셨습니다. 이렇게 그분께서는 모든 사람을 위한 속죄 제물로 자기 목숨을 바치기까지 하시고, 질병과 고통을 스스로 짊어지셨습니다.

그리스도를 따른다는 것은 그분께서 가셨던 곳으로 가는 일을 의미합니다. 여러분도 착한 사마리아인처럼 길에서 만나는 상처 입은 사람을 받아들이십시오. 또 잃어버린 양을 찾으러 가십시오. 예수님처럼 사람들에게 가까이 다가가서 그들의 기쁨과 슬픔을 함께 나누십시오. 여러분의 사랑으로 하느님의 아버지다운 얼굴과 교회의 어머니다운 사랑을 보여 주십시오.

누구도 여러분을 멀리 떨어져 있고, 무관심하며, 폐쇄적인, 그래서 무미건조한 사람으로 느끼지 않기를 바랍니다.

여러분 각자는 자신의 은사에 따라 우리 형제자매들을 섬기도록 부르심을 받았습니다. 어떤 사람은 기도로, 어떤 사람은 교리 교육으로, 어떤 사람은 가르침으로, 어떤 사람은 병자와 가난한 사람을 돌보며, 어떤 사람은 복음을 선포하고, 어떤 사람은 다양한 자비의 활동을 하면서 봉사하도록 부르심을 받았습니다. 마치 예수님께서 자신을 위해 사신 것이 아니라 아버지와 우리를 위해 사셨던 것처럼, 중요한 것은 자기를 위해 사는 것이 아닙니다.

우리가 먼저 이웃이 되어야 합니다

《모든 형제들》, 80-81항 참조

예수님께서는 "누가 저의 이웃입니까?"라는 질문에 비유를 들어 대답하셨습니다. 예수님 시대에 '이웃'이라는 단어는 통상적으로 가장 가까운 사람을 뜻했습니다. 도움은 그 누구보다 자기 집단에 속한 사람들에게 주어야 한다는 의미였습니다. 당시 일부 유다인들에게 사마리아인은 멸시받는 불결한 존재로 여겨졌기에, 도움을 주어야 할 가까운 이웃의 범주에 포함되지 않았습니다. 유다인이셨던 예수님께서는 이러한 접근 방식을 완전히 뒤집으셨습니다. 그분께서는 누가 우리와 가까운 사람인지 묻지 않으시고, 오히려 우리 자신이 먼저 다가가서 이웃이 되어 주라고 요청하십니다.

그분의 제안은 도움이 필요한 사람이 내 편인지 아닌지 따지지 말고, 그에게 다가가라는 것입니다. 이 경우, 다친 유다인에게 이웃이 되어 준 사람은 사마리아인이었습니다. 그는 다가가기 위하여, 그리고 그 자리에 함께하기 위하여 모든 문화적, 역사적 장벽을 가로질렀습니다. 예수님의 결론은 하나의 요청입니다.

"가서 너도 그렇게 하여라."(루카 10,37)

다시 말해 그분께서는 우리에게 모든 차이를 내려놓고, 고통 앞에서는 그 누구에게라도 가까이 다가가 함께하라고 요구하십니다. 따라서 더 이상 내가 도와주어야 할 '이웃'이 따로 있다고 말하지 마십시오. 오히려 나 자신이 타인의 이웃이 되도록 부르심을 받았다고 말해야 합니다.

사랑을 드러내는 것을 두려워하지 마십시오

2013년 6월 17일, 〈로마교구 회의 연설〉

모든 것을 사고팔고, 무상을 찾기 어려운 이 시대에, 인간관계에서도 무상성이 약해지는 것처럼 보입니다. 하지만 우리 그리스도인들은 우리의 친구가 되기 위해 오로지 받아들이는 것 외에는 아무것도 바라지 않으시는 하느님을 선포합시다. 예수님께서 바라시는 단 하나는 환대를 받아들이는 것입니다.

절망 속에 살아가는 사람들을 생각해 봅시다. 곧 자신에게 관심을 보이고 위로해 주는 사람, 자신을 소중하고 중요하다고 느끼게 해 주는 사람을 한 번도 만나 본 적이 없는 사람들을 생각해 봅시다. 십자가에 못 박히신 분의 제자인 우리가 스스로 타협하는 것이 두려워, 그리고 다른 사람들의 판단이 두려워 누구도 가고 싶지 않은 곳으로 가는 것을 거부할 수 있겠습니까? 그래서 우리 형제들에게 하느님의 말씀을 선포하는 것을 부정할 수 있겠습니까? 무상! 우리는 거저 주신 이 은총을 대가 없이 받았습니다.

두려워하지 마십시오. 사랑, 우리 아버지 하느님의 사랑을 결코 두려워하지 마십시오. 예수 그리스도의 은총을 받아들이는 것을 두려워하지 마십시오. 예수 그리스도의 은총으로 주어진 자유를, 은총을 두려워하지 마십시오. 여러분 자신 밖으로 나가는 것을 두려워하지 마십시오. 하느님의 사랑인 우리의 사랑을 드러내기 위해, 기꺼이 우리 그리스도교 공동체 밖으로 떠나는 것을 두려워하지 마십시오.

두려워해서는 안 됩니다. 우리가 은총 아래에 있다는 것을, 그리고 예수님께서 아무런 대가 없이 우리에게 은총을 주셨으며, 우리는 그저 은총을 받기만 하면 된다는 사실을 형제자매들에게 선포하러 앞으로 나아갑시다! 앞으로!

> 세계의 모든 흐름을 다스리는 것이 우리의 역할은 아니오. 우리의 역할은 우리가 살고 있는 이 시대를 구하기 위해 할 수 있는 일을 하는 것, 즉 우리가 사는 들판에서 악의 뿌리를 뽑는 것이오. 우리 뒤에 올 이들에게 경작할 수 있는 건강하고 깨끗한 땅을 남겨 주는 것이오.
>
> — 존 로널드 루엘 톨킨, 《반지의 제왕》

시류에 역행하는 용기

2021년 11월 21일, 〈교황 강론〉

시류에 역행하는 용기를 내는 것이 필요합니다. 항상 다른 사람들에게 책임을 돌리는 피해자나 음모론자와 같은 사람들을 거슬러 반대하는 것이 아닙니다. 그런 것이 아닙니다. 살아남기 위해 같은 생각을 가진 집단을 찾아 헤매는, 엄격하고 폐쇄적이며 이기적인 우리의 '자아'라는 건강하지 못한 시류를 거스르는 것입니다. 예수님의 뒤를 따르기 위해서는 시류를 거슬러 가야 합니다. 그분께서는 오직 겸손하고 온유한 선의 힘을 통해 악을 거슬러 가도록 우리를 가르치십니다. 지름길을 택하지 않으셨고, 거짓이나 이중성 없이 걸어가셨습니다.

너무나 많은 악에 상처 입은 우리의 세상은 더 이상 모호한 타협이 필요하지 않습니다. 바다의 파도처럼 바람이 부는 곳으로 향하고, 자기 이익에 부합하는 것이라면 무엇이든지 하며, 무엇이 가장 편리한지 냄새를 맡은 다음 좌우로 왔다 갔다 하는 사람들이 있습니다. 이같이 행동하는 그리스도인은, 그리스도인이라기보다 오히려 줄타기 곡예사처럼 보입니다. 줄

타기 곡예사들은 항상 손을 더럽히지 않으려고, 생명을 담보로 삼지 않으려고, 진지하게 인생에 투신하지 않으려고 피할 궁리만 합니다.

여러분은 그런 줄타기 곡예사와 같은 젊은이가 되는 것을 두려워하십시오. 여러분은 자유롭고 진실한 이들이 되고, 사회의 비판적인 양심이 되십시오. 비판하는 일을 두려워하지 마십시오! 우리는 여러분의 비판이 필요합니다. 예를 들어, 여러분 중 많은 이가 환경 오염을 비판합니다. 우리는 이런 비판이 필요합니다. 자유롭게 비판하십시오. 진리에 대한 열정을 가지십시오. 그러면 여러분은 꿈을 통해 다음과 같이 말할 수 있습니다.

"제 삶은 이 세상의 논리에 사로잡힌 노예가 아닙니다. 왜냐하면 저는 예수님과 함께 정의, 사랑, 평화를 통해 다스리기 때문입니다!"

저는 여러분 각자가 "예수님과 함께, 나도 임금입니다."라고 말하는 기쁨을 누리길 바랍니다.

"저도 임금입니다."

"저는 하느님의 사랑, 하느님의 연민, 하느님의 온유한 사랑에 대한 살아 있는 표징입니다."

“저는 복음의 빛으로 눈이 먼 몽상가이며, 희망으로 밤의 환시 속을 바라봅니다.”

“저는 넘어질 때마다, 예수님 안에서 계속 싸우고 희망할 용기, 다시 꿈을 꿀 용기를 새롭게 발견합니다.”

인생의 모든 세대마다 이렇게 말할 수 있기를 바랍니다!

행복해질 수 있는 용기

2013년 7월 28일, 〈제28차 세계청년대회 연설〉

하느님께서는 결정적인 선택을 하라고 여러분을 부르시며, 여러분 각자를 위한 계획을 갖고 계십니다. 그 계획을 발견하고 여러분의 소명에 응답하는 것은 개인의 행복을 실현하기 위함입니다. 하느님께서는 우리 모두를 거룩하게 하시어 당신의 삶을 살도록 부르시지만, 우리 각자를 위한 특별한 길을 갖고 계십니다. 어떤 사람들은 혼인성사를 통한 가정생활 안에서 성덕의 부르심을 받습니다. 그런데 누구는 결혼이 시대에 뒤떨어졌다고 말합니다. 유행이 지난 것일까요?

상대주의적이고 일시적인 문화 속에서 많은 사람이 순간을 ‘즐기는 것’이 중요하다고 합니다. 그들은 내일 무슨 일이 일어날지 모르기 때문에 평생 헌신할 가치가, '언제나' 결정적인 선택을 하는 것도 의미가 없다고 말합니다. 그러나 저는 여러분이 혁명가가 되길 바랍니다. 시류에 맞서 헤엄쳐 나가길 바랍니다. 여러분이 최종적으로 책임을 질 수 없다고 믿게 하고, 여러분이 진정한 사랑을 할 수 없다고 믿게 하는 이 일시적인 문화에 맞서길 바랍니다. 시류에 역행하는 용기를 가지십시오. 그리고 행복해질 용기도 가지십시오.

3장

행복은

하나의 여정입니다

인간답게 걷는 법

2013년 6월 7일, 〈학생들과의 대담〉

걷는다는 것은 하나의 예술과 같습니다. 항상 서둘러 걸으면, 금방 지쳐 여정의 목적지에 도착하지 못합니다. 그러나 멈춰 서서 걷지도 않는다면, 역시 목적지에 도착하지 못합니다. 걷는다는 것은 지평선을 바라보며 어디로 가고 싶은지 생각하게 합니다. 하지만 그 여정의 피로를 견뎌 내야 하는 묘미가 있습니다. 대부분의 여정이 쉽지 않습니다. 저는 이 여정을 열심히 걷고 싶지만, 쉽지 않습니다. 어두운 날이 있고, 실패하는 날도 있으며, 심지어 넘어지는 날도 있습니다.

그러나 항상 이렇게 생각하십시오. 실패를 두려워하지 말고, 낙담하는 것을 두려워하지 마십시오. 걷는 기술은 넘어지지 않는 것보다 넘어진 채로 머무르지 않는 점이 중요합니다. 이것이 바로 인간답게 걷는 것입니다. 혼자 걷는 일은 슬픕니다. 정말 끔찍하고 지루하기까지 합니다. 공동체 안에서, 친구들과, 사랑하는 사람들과 함께 걷는 것은 도움이 되고, 우리가 도착해야 할 목적지에 정확하게 도착하도록 도울 것입니다.

마르티나 바베트! 오…… 정말 훌륭한 만찬이었어. 모두 그렇게 생각해. 정말 맛있는 요리들이었어!

바베트 전 수석 요리사였어요. '카페 앙그레'의 요리사요.

마르티나 바베트가 파리로 돌아간 후에도 모두 오늘 저녁을 기억할 거야.

바베트 전 파리에 가지 않아요.

마르티나 파리에 돌아가지 않는다고?

바베트 제겐 남은 게 없어요. 모두 써 버렸죠. 제겐 돈이 없어요.

마르티나 돈이 없다고? 10,000프랑을 전부?

바베트 써 버렸어요…….

마르티나 10,000프랑을?

바베트 '카페 앙그레'의 12인분 비용으로 10,000프랑 정도가 들어요.

필립바 하지만 바베트…… 가진 돈을 전부 우릴 위해 쓰면 어떡해?

바베트 마님들만을 위한 건 아니었어요.

마르티나 이젠 계속 가난하게 살아야 해.

바베트 예술가는 결코 가난하지 않아요.

필립바 이것이 '카페 앙그레'의 손님들을 위해 만든 저녁 식사였다고?

바베트 자신이 최선을 다하면 사람들을 행복하게 할 수 있죠. 파핀은 그걸 알았어요.

필립바 아킬 파핀?

바베트 네, 그가 말했죠. "예술가의 마음속 외침이 온 세상을 울린다. 내가 최선을 다할 수 있게끔 나에게 휴가를 다오."

필립바 하지만 이게 끝이 아니야. 바베트…… 끝이 아닌 게 분명해! 천국에서 바베트는 신이 의도하신 대로 위대한 예술가가 될 거야. 오, 천사들이 얼마나 즐거워할까!

— 가브리엘 엑셀, 〈바베트의 만찬〉, 1987년

혼자서는 절대 도착할 수 없습니다

2018년 9월 22일, 〈교황 연설〉

여러분, 혼자 걷는 것이 더 낫다고 믿지 마십시오. 세상이 그렇게 하도록 내버려 두지 마십시오. 혼자서는 절대 목적지에 도착할 수 없습니다. 그렇습니다. 여러분은 사랑 없이, 동료 없이, 한 공동체에 속하지 않고, 함께 위험을 감수하는 아름다운 일 없이는 인생에서 성공하기 어려울 것입니다. 분명 혼자 걸을 수는 없습니다.

우리는 어린 아기들과 같습니다

2021년 2월 17일, 〈교황 강론〉

우리는 자꾸 넘어지는 자녀들입니다. 우리는 걸으려고 노력하지만, 땅에 넘어져 매번 아버지가 일으켜 세워 줘야 하는 어린 아기들과 같습니다. 아버지의 용서는 항상 우리를 이렇게 일으켜 세웁니다. 이것이 하느님의 용서입니다.

넘어져도 일어나십시오!

2016년 3월 30일, 〈일반 알현〉

하느님의 용서는 매우 주효합니다. 그분은 말씀하신 것을 창조하시기 때문입니다. 또 죄를 숨기지 않으십니다. 단지 죄를 부수어 지워 버리십니다. 그것을 뿌리째 지워 버리십니다. 하느님께서는 우리가 세탁소에 옷을 맡길 때처럼 그렇게 얼룩을 지우지 않으십니다. 하느님께서는 우리 죄를 뿌리째 제거하십니다. 모두! 그러므로 참회하는 사람은 다시 깨끗해지고 모든 얼룩은 지워지며, 새하얀 눈과 같이 하얘질 것입니다.

죄인인 우리는 용서를 통해 영과 기쁨으로 충만한 새로운 피조물이 됩니다. 지금 새로운 현실이 우리에게 시작됩니다. 바로 새로운 마음과 새로운 정신과 새로운 인생이 펼쳐질 것입니다. 용서받은 우리 죄인들은 하느님의 은총을 받아들였기에 다른 이들에게 더 이상 죄를 짓도록 가르칠 수 없습니다.

"그렇지만 아버지, 저는 나약합니다. 자꾸 넘어집니다. 자꾸만요."

"넘어지면 일어서고 또 일어서거라!"

어떤 어린 아이가 넘어질 때 어떻게 합니까? 엄마나 아빠에게 손을 들어 도움을 청합니다. 우리도 똑같이 해 봅시다! 만약 당신이 나약함으로 넘어졌다면 손을 들어 도움을 청하십시오. 주님께서 당신의 손을 잡아 일으켜 주실 것입니다. 우리에게 주신 '하느님의 용서'라는 그 숭고함으로 우리는 언제나 다시 일어설 수 있습니다. 왜냐하면 주님은 남자와 여자를 두 발로 서 있도록 창조하셨기 때문입니다.

절대 포기하지 않기

2016년 7월 28일, 〈교황 연설〉

예수 그리스도께서는 우리에게 삶의 참된 열정을 주실 수 있는 분이시며, 우리가 작은 것에 안주하지 않고 최선을 다하도록 이끄시는 분이십니다. 또한 그분은 우리가 포기하고 싶을 때마다 다시 도전하고, 일어나도록 도와주시는 분이십니다. 우리가 높은 곳을 바라보고 큰 꿈을 꾸도록 격려하시는 분이 바로 예수 그리스도이십니다.

"하지만 아버지, 큰 꿈을 꾸는 것이 매우 어렵습니다. 항상 오르막길에 오르는 것도 매우 어렵습니다. 아버지, 저는 약해서 넘어지고, 노력하지만 몇 번이고 넘어집니다."

알프스 사람들은 산을 오를 때 다음과 같은 아주 아름다운 노래를 부릅니다.

"등산의 기술은 넘어지지 않는 것보다, 넘어진 채로 남아 있지 않는 것이 중요해."

당신이 약하다면, 그리고 넘어졌다면, 살짝 올려다보십시오. 예수님께서 손을 내밀며 당신에게 이렇게 말씀하십니다.

"일어나서 나와 함께 가자."

"또 넘어지면요?"

"다시 일어나거라."

"또 넘어지면요?"

"또다시 일어나거라."

베드로 사도는 주님께 "주님, 몇 번이면 됩니까?"라고 물었습니다. 그러자 주님은 "일곱 번씩 일흔 번"이라고 말씀하셨습니다. 예수님께서는 우리가 넘어질 때마다 우리를 다시 일으키기 위해 항상 손을 뻗고 계십니다.

홀로 걷지 않는 사람은 넘어지지 않습니다

2020년 2월 11일, 〈제35차 세계청년대회 교황 담화〉

예수님께서는 우리에게 말씀하십니다. “일어나라!” 그리스도인인 우리는 끊임없이 넘어지지만, 다시 일어나야 한다는 것을 잘 알고 있습니다. 걷지 않는 사람만이 넘어지지 않으며 앞으로 나아가지도 않습니다. 그렇기에 우리는 예수님께서 우리에게 주시는 도움을 받아들이고, 하느님께 믿음을 두어야 합니다. 그 첫걸음은 스스로 일어나는 것입니다. 분명 예수님께서 우리에게 주실 새 생명은 선하고 살만한 가치가 있습니다. 왜냐하면 미래를 향한 여정에서 우리를 떠나지 않고 늘 동행하는 누군가가 있기에, 그리고 품위 있고 풍요로운 방식으로 삶을 살도록 도와줄 누군가가 있기 때문입니다.

오, 전우들이여!
우리가 이전의 불행을 모르는 것이 아니요,
더한 고난도 겪어 온 그들이여,

신께서 이 시련 또한 끝내 주실 것이오.

그대들은 스퀼라[1]의 분노와

깊숙이 메아리치는 절벽을 가까스로 지났고,

그대들은 퀴클롭스[2]의 바위 또한 겪어 보았으리라.

오, 용기를 되찾고 고통스러운 두려움을 떨쳐 버리시오.

언젠가 이 고난마저 달콤하게 추억할 그날이 올 것이오!

— 베르길리우스, 《아이네이스》, 제1장 198-203절

하느님께서는 우리와 함께 걸으십니다

2016년 7월 29일, 〈제31차 세계청년대회 때 청년들을 위한 연설〉

"너희는 내가 굶주렸을 때에 먹을 것을 주었고, 내가 목말랐을 때에 마실 것을 주었으며, 내가 나그네였을 때에 따뜻이 맞아들였다. 또 내가 헐벗었을 때에 입을 것을 주었고, 내가 병들었을 때에 돌보아 주었으며, 내가 감옥에 있을 때에 찾아 주었다."(마태 25,35-36)

1 좁은 해협의 양 옆에 살며 항해자들을 위협하는 괴물.

2 '외눈박이'란 뜻으로 이마에 눈이 하나 달린 신.

예수님의 이 말씀은 우리의 생각과 마음에 반복적으로 울려 퍼지는 "하느님께서는 어디에 계십니까?"라는 질문에 대한 답변입니다. 세상에 악이 존재한다면, 굶주리고 목마르고, 집이 없고, 난민과 피난민이 있다면, 하느님께서는 어디에 계십니까? 테러와 전쟁으로 무고한 사람들이 죽어 갈 때, 하느님께서는 어디에 계십니까? 잔인한 질병이 생명과 정신의 끈을 끊어 버릴 때, 혹 아이들이 착취당하고 모욕을 당하며, 심각한 병고에 시달릴 때 하느님께서는 어디에 계십니까? 의심하는 이들과 마음에 근심이 가득한 이들의 불안 앞에 하느님께서는 어디에 계십니까?

이는 인간적으로 대답할 수 없는 질문입니다. 우리는 오직 예수님을 바라보고 그분께 물을 수 있습니다. 그리고 예수님께서는 "하느님께서는 그들 가운데 계시다."라고 답하십니다. 예수님께서 그들 안에 계시고 그들 안에서 고통을 받으시며 그들 각자와 깊숙이 일치하십니다. 그분께서는 마치 '한 몸'을 이루신 것처럼 그들과 하나가 되십니다.

예수님께서는 골고타 언덕으로 향하는 고통스러운 길을 걷기로 하시며, 고통과 수난을 견디는 우리 형제자매들과 하나가 되는 것을 선택하셨습니다. 십자가에서 돌아가심으로써 그분께서는 자신을 아버지 손에 맡겨 드리며 자기를 내어 주는 사랑으로 온 인류의 육체적 상처와 도덕적이고 영적인 상처까지도 모두 짊어지셨습니다. 십자가 나무를 품으신 예수님께서는 모든 시대에 존재한 인간의 헐벗음, 굶주림, 목마름, 외로움, 고통과 죽음을 품으셨습니다.

시류에 역행하는 행복

2015년 11월 1일, 〈교황 강론〉

부활하시고 살아 계신 주님의 말씀은 오늘날 우리에게도 참된 행복에 이르는 길, 천국으로 인도하는 길을 보여 주십니다. 그 길은 시류에 역행하기 때문에 이해하기 어렵습니다. 그러나 주님께서는 이 길을 따르는 사람은 행복하고, 또한 곧 행복해질 것이라고 말씀하십니다.

항상 위대한 이상에 투자하십시오

2013년 6월 7일, 〈교황 연설〉

우리는 두려움 없이 넓은 마음으로 관대해져야 합니다. 항상 위대한 이상에 투자하십시오. 하지만 작은 일, 일상적인 일에서의 관대함도 필요합니다. 그리고 예수님에 대한 묵상 속에서 예수님과 함께 이러한 관대함을 찾는 일이 중요합니다. 예수님께서는 우리를 위해 지평선의 창문을 여시는 분이십니다. 관대함이란 예수님께서 우리에게 말씀하시는 것에 마음을 기울이면서 예수님과 함께 걷는 것을 의미합니다.

기쁨은 순례자의 선물입니다

2013년 5월 10일, 〈아침 묵상〉

기쁨은 멈출 수 없습니다. 기쁨은 순례자의 덕목이기 때문에 우리는 계속 나아가야 합니다. 걷는 것, 인생의 길을 걷는 것, 예수님과 함께 걷는 것은 하나의 선물입니다. 예수님을 전하고 선포하는 그 기쁨이 우리가 걸어갈 길을 넓히고 늘리게 합니다. 기쁨은 빈곤을 넘어, 특히 인간적 부족함을 넘어 항상 지평선을 바라보는 위대한 이들의 덕목입니다.

아우구스티노 성인은 "노래하며 걸어라!" 하고 말했습니다. 이것이 그리스도인의 기쁨입니다. 그리스도인은 기쁨으로 노래하고 걸으며 이 기쁨을 전달합니다. 이 기쁨이 때로는 십자가로 인해 조금 희미해질 수도 있지만, 그저 우리는 노래하며 걸어가면 됩니다. 기쁨은 예수님의 승천 이후 산에서 내려온 제자들처럼 하느님을 찬양하게 합니다. 기쁨은 관대함의 덕목으로 이끄는 선물입니다. 그리스도인은 관대합니다. 비겁할 수 없습니다.

슬픔에 잠긴 이들이 되지 마십시오

2013년 3월 24일, 〈교황 강론〉

예수님께서는 하느님이시지만 우리와 동행하기 위해 자신을 낮추셨습니다. 그분은 우리의 친구이자 형제이며, 우리의 길을 밝혀 주십니다. 제가 여러분에게 하고 싶은 첫마디는 바로 기쁨입니다! 슬픔에 잠긴 이들이 되지 마십시오. 그리스도인은 결코 슬퍼할 수 없습니다. 결코 낙담하지 마십시오! 우리의 기쁨은 재산이 많아서 생기는 기쁨이 아니라, 우리 가운데 계신 예수님이라는 한 사람을 만나서 생기는 기쁨입니다. 어려운 순간에도, 삶이 극복하기 힘든 문제와 장애물에 부딪혔을 때도, 그분과 함께라면 우리는 결코 혼자가 아니라는 사실을 아는 데서 그 기쁨이 생겨납니다. 그리고 바로 이 순간, 우리의 적인 악마가 천사로 변장해 교활하게 우리에게 그분의 말씀을 이야기합니다. 악마의 말을 듣지 마십시오!

여러분은 예수님을 따르십시오! 우리는 예수님과 함께하며 그분을 따르지만, 무엇보다도 우리는 그분께서 우리와 동행하시고, 우리를 당신 어깨에 짊어지고 계심을 알고 있습니다. 이것이 우리의 기쁨이고, 이것이 우리가 이 세상에서 가져가야 할 희망입니다. 희망을 잃지 마십시오! 희망을 빼앗기지 마십시오!

우리 손에 주어질 새로운 힘

《그리스도는 살아 계십니다》, 199항 참조

젊은이와 노인이 함께 걸어간다면, 우리는 현재에 굳건히 뿌리내릴 수 있습니다. 그리고 바로 그 굳건한 자리에서 과거와 미래를 생생하게 마주할 수 있게 됩니다. 과거와 마주한다는 것은 역사에서 교훈을 얻고 때로는 우리를 옭아매는 상처를 치유한다는 뜻입니다. 미래와 마주한다는 것은 열정을 북돋우고, 꿈을 싹 틔우며, 예언을 불러일으키고, 희망을 꽃피운다는 뜻입니다. 이렇게 우리가 하나 되어, 서로에게서 배우고, 서로의 가슴을 뜨겁게 하며, 복음의 빛으로 우리의 지성에 영감을 불어넣으면, 마침내 우리 손에 새로운 힘을 실어 줄 수 있을 것입니다.

인생을 헛되이 맴돌지 마십시오

2018년 9월 22일, 〈교황 연설〉

인생이 연극이나 비디오 게임이라면, 막이 내리거나 누군가 게임에서 승리할 때 시작과 끝이라는 정확한 시간으로 제한될 것입니다. 그러나 인생은 연극이나 비디오 게임과 같은 시간이 아닌, 다른 시간으로 측정됩니다. 인생은 하느님의 심장 박동을 따릅니다. 때로는 빠르게 지나가기도 하고, 때로는 느리게 흘러가기도 합니다. 그리고 도전하고 새로운 길을 시도해 보며 변화합니다. 우리는 막이 내릴 것이라는 두려움, 혹은 시간 제한으로 게임이 끝나거나 게임 레벨을 올리지 못하도록 방해하는 두려움 때문에 불안해집니다. 그러나 인생은 늘 앞으로 나아가고, 하나의 여정이며, 멈춰 있지 않습니다. 인생은 항상 올바른 길을 찾아 앞으로 나아가는 것이며, 실수했다고 해서 다시 처음으로 되돌아갈 필요가 없습니다. 가장 위험한 것은 앞으로 나아가지 못하고 스스로 인생을 맴도는 미로와 그 길을 혼동하는 일입니다. 탈출하기 어려운 미로에 갇히지 말고 부디 앞으로 나아가는 젊은이가 되십시오. 미로가 아닌 그 인생의 여정으로!

기쁨을 전하는 말씀

2022년 1월 23일, 〈교황 강론〉

예수님께서 모든 사람이 놀랄 "기쁜 소식"을 선포하십니다. 하느님께서는 가까이 계시고 저와 여러분, 그리고 모든 이와 친밀해지고 싶어 하십니다. 그리고 이것이 하느님의 모습입니다. 바로 '친밀'입니다. 그분께서는 자신을 이렇게 정의하십니다. 신명기는 "가까이 계셔 주시는, 주 우리 하느님 같은 신을 모신 위대한 민족이 또 어디에 있느냐?"(신명 4,7)라고 전합니다. 즉, 하느님께서는 가까이 계시는 하느님, 연민의 하느님, 온유한 사랑의 하느님이십니다.

그분께서는 여러분을 짓누르는 짐을 덜어 주시고, 여러분의 쌀쌀맞은 마음을 녹여 주시며, 여러분의 어두운 나날을 밝혀 주시고, 여러분의 비틀거리는 발걸음을 도우려 하십니다. 하느님께서는 당신의 말씀을 통해 이같이 행하십니다. 그 말씀은 여러분이 잿더미 속에서 희망의 불씨를 되살리고, 슬픔의 미로 속에서 기쁨을 재발견하며, 외로움의 쓰라림을 희망으로 채우는 데 도움을 줍니다. 말씀은 여러분을 앞으로 걸어가도록 이끌지만 미로 속에 가두지 않습니다. 오히려 매일 더 많은 것을 찾도록 인도합니다.

눈빛으로 사랑의 불꽃을 지키십시오

2017년 8월 30일, 〈일반 알현〉

주님께서는 기쁨의 바람을 가슴에 품지 않은, 그저 마지못해 자신을 따르는 사람들을 원하지 않으십니다. 오히려 예수님과 함께하는 것이 매일매일을 새롭게 하고 커다란 행복을 가져온다는 것을 체험한 사람들을 원하십니다. 기쁘지 않은 하느님 나라의 제자는 세상을 복음화하지 못합니다. 수사학적인 방법을 갈고 닦아서 예수님의 선포자가 되어야 하는 것이 아닙니다. 여러분은 말하고, 말하고, 또 말할 수 있지만, 다른 것이 없다면……. 어떻게 예수님의 선포자가 될 수 있겠습니까? 우리는 바로 눈빛 안에 진정한 행복의 반짝임을 지녀야 합니다. 눈빛으로 신앙의 기쁨을 전파하는 많은 그리스도인을 봅니다. 우리 중에도 있습니다. 눈빛을 통해서! 이런 이유로 동정 마리아처럼, 그리스도인은 자신의 사랑의 불꽃을 지킵니다.

당연히 삶에는 많은 어려움이 존재하고, 추위와 바람, 씁쓸함에도 앞으로 나아가야 할 순간들이 있습니다. 그렇지만 그리스도인들은 한 번 켜지면 영원히 불타는 그 거룩한 불꽃으로 인도하는 길을 알고 있습니다.

살아 있는 사랑의 불꽃

1. 아, 내 영혼 가장 깊은 곳에서
다정스레 상처 입히시는
살아 있는 사랑의 불꽃이여!
이제 당신은 가혹하지 않으시니
원하신다면, 어서 끝내어 주셔요!
이렇게 감미로운 만남의 휘장을 찢어 주셔요!

4. 당신 홀로 은밀히 계시는 내 품 안에서

얼마나 부드러이 사랑스럽게
당신은 깨어나시는가.
감미로운 당신 숨결로
얼마나 미묘히 나를 사랑하시는가!

— 십자가의 요한 성인

세상의 어둠에 빛을 밝힙시다

2019년 6월 22일, 〈교황 연설〉

여러분은 하느님의 오늘이며, 교회의 오늘입니다! 단지 미래만이 아니라 오늘입니다. 오늘 여러분은 삶을 걸고 경기에 나서든지, 경기를 잃든지 둘 중 하나입니다. 오늘 교회는 온전히 본래의 모습을 되찾기 위해 여러분이 필요합니다. 교회로서 여러분은 세상에 현존하는 부활하신 주님의 지체이기 때문입니다. 여러분이 하나의 독특한 지체인 이 공동체의 구성원이라는 것을 항상 기억하기 바랍니다. 여러분은 서로 연결되어 있으며 혼자 살아갈 수 없습니다. 점점 더 분열의 유혹을 받는 세상에 변화를 가져오기 위해 진정으로 서로가 필요합니다. 우리의 세상은 점점 더 분열되며, 분열은 그에 따른 전쟁과 갈등, 적대감을 불러일으키지만, 여러분이 이 길을 따를 가치가 있는 화합의 메시지가 되어 주십시오. 함께 걸어가야만 우리는 진정 강해질 수 있습니다. 우리에게 힘을 주시는 생명의 빵이신 그리스도와 함께, 그분의 불을 가져와 이 세상의 어둠을 밝힙시다!

희망의 씨앗을 심는 사람

2016년 7월 29일, 〈제31차 세계청년대회 때 청년들을 위한 연설〉

주님께서는 또다시 여러분에게 봉사의 주인공이 되라고 초대하십니다. 여러분이 인류의 필요와 고통에 대한 구체적인 응답이 되길 원하십니다. 그분께서는 여러분이 우리 시대를 위한 자비로운 사랑의 표징이길 바라십니다! 이 사명을 수행하기 위해 그분께서는 여러분에게 자기 헌신과 희생의 길을 보여 주십니다. 바로 십자가의 길입니다. 십자가의 길은 일상에서의 극적인 상황 속에서도 끝까지 그리스도를 따르는 행복의 길입니다. 이 길은 실패와 소외, 그리고 외로움을 두려워하지 않는 길입니다. 왜냐하면 사람의 마음을 예수님의 충만함으로 채워 주는 길이기 때문입니다. 십자가의 길은 분열되고 불의하며, 부패한 사회의 길이라 할지라도 예수님께서 하느님의 삶과 방식으로 걸어가시는 길입니다.

십자가의 길은 사도마조히즘Sadomasochism[3]이 아닙니다. 십자가의 길은 죄와 악, 그리고 죽음을 물리치는 유일한 길입니다. 그 길이 그리스도 부활의 찬란한 빛으로 인도하고, 새롭고 충만한 삶의 지평을 열어 주기 때문입니다. 희망의 길이자 미래의 길입니다. 관대함과 믿음으로 이 길을 걷는 이들은 미래와 인류에게 희망을 줍니다. 관대함과 믿음을 갖고 이 길을 걷는 이들은 희망의 씨앗을 심는 것입니다. 그리고 저는 여러분이 희망의 씨앗을 심는 사람들이 되길 바랍니다.

자신에게서 벗어나,
깊은 곳으로 가십시오!

2013년 9월 22일, 〈교황 연설〉

"통곡의 여신"은 하나의 속임수입니다. 그것은 당신을 잘못

3 다른 사람에게 고통을 줌으로써 쾌락을 얻는 사디즘Sadism과 괴롭힘을 당하면서 쾌락을 얻는 마조히즘Masochism이 혼합된 용어로, 고통을 주는 동시에 괴롭힘을 당할 때 희열을 느끼는 심리를 가리킨다.

된 길로 인도할 것입니다. 모든 것이 멈춰 있고 정체된 듯 보일 때, 개인적인 문제들이 우리를 혼란스럽게 하고, 사회적 어려움으로 인해 올바른 답을 찾지 못할 때, 패배했다고 생각하는 것은 좋지 않습니다. 그 탈출구가 바로 예수님이십니다. 예수님을 우리의 "배"에 태워 그분과 함께 깊은 곳으로 가십시오! 그분이 주님이십니다! 그분께서 삶의 전망을 바꾸십니다. 예수님께 대한 믿음은 우리를 희망으로 이끕니다. 이는 우리의 자질과 능력뿐만 아니라 하느님의 말씀, 그분의 초대를 바탕으로 둔 확신으로 이어집니다.

과도한 인간적 계산에 몰두하지 말고, 주변 상황이 여러분의 안전과 상관있는지 확인하는 데에 염려하지 마십시오. 자신에게서 벗어나, 깊은 곳으로 떠나야 합니다. 작은 세상에서 벗어나 하느님께 우리의 마음을 열고, 형제들에게도 우리 마음을 더욱더 열어 둡시다! 하느님께 마음을 여는 것이, 곧 다른 이들에게도 마음을 여는 것입니다.

우리 자신 밖으로 몇 걸음을 내딛으십시오. 작은 발걸음이지만 그렇게 하십시오. 작은 발걸음, 이는 자신에게서 벗어나 하느님과 다른 이들을 향해 나아가며, 형제애와 우정, 그리고 연대의 마음을 여는 것입니다.

"와서 나를 따라라"

2021년 6월 29일, 청년들을 위한 〈교황 담화〉

공관 복음서가 우리에게 전하는 "부자 청년"(마태 19,16-22; 마르 10,17-22; 루카 18,18-23 참조)은 주님을 만나기 위해 길을 나섰습니다. 그는 영원한 생명, 즉 행복을 상속받기 위해 스승을 찾고자 하는 열정과 열망이 가득합니다.

복음서는 그 청년의 이름을 밝히지 않습니다. 이는 그가 우리 각자를 대신할 수 있음을 암시합니다. 그는 많은 재산을 소유한 것 외에도 예의 바르고 교양이 있는 사람처럼 보이며, 진정한 행복과 충만한 삶을 추구하고자 하는 건전한 열망을 통해 활력을 얻는 듯합니다. 그래서 그는 권위 있고 신뢰가 가며 의지할 수 있는 인도자를 만나기 위해 길을 나섭니다. 그는 예수 그리스도에게서 이러한 권위를 찾습니다. 그래서 그분께 이렇게 묻습니다.

"선하신 스승님, 제가 영원한 생명을 받으려면 무엇을 해야 합니까?"(마르 10,17)

청년은 자신의 힘으로 이룰 수 있는 선한 일을 생각합니다.

주님께서는 그에게 또 다른 질문으로 응답하십니다.

"어찌하여 나를 선하다고 하느냐? 하느님 한 분 외에는 아무도 선하지 않다."(마르 10,18)

예수님께서는 이렇게 그를 다른 모든 선의 근원이 되는 유일하며 최고의 선이신 하느님께로 인도하십니다. 예수님께서는 그가 선함과 참된 행복의 원천에 다다를 수 있도록, 첫 번째 관문으로 다른 사람에게 선을 행하는 법을 배우도록 가르쳐 주십니다.

"네가 생명에 들어가려면 계명들을 지켜라."(마태 19,17)

예수님께서는 그에게 이 현세의 삶에서 이웃에 대한 구체적인 사랑의 길인 영원한 생명의 길을 보여 주십니다. 그러나 청년은 항상 그렇게 해 왔으며, 계명을 따르는 것만으로는 행복할 수 없다는 것을 깨달았다고 응답합니다. 그러자 예수님께서는 사랑이 가득한 눈빛으로 그를 바라보십니다. 사실 그분께서는 청년이 마음속에 품고 있는 충만함을 향한 갈망과 그것을 탐구하도록 이끄는 건강한 조바심을 알아보십니다. 그래서 그분은 그에게 호의와 애정을 느끼십니다.

그렇지만 예수님께서는 청년의 약점이 무엇인지도 아십니다. 그는 자신이 소유한 많은 물질적 재화에 집착하고 있습니다. 그래서 주님께서는 '보수報酬'의 논리에서 무상의 논리로 전환하는 두 번째 관문을 그에게 제안하십니다.

"네가 완전한 사람이 되려거든, 가서 너의 재산을 팔아 가난한 이들에게 주어라. 그러면 네가 하늘에서 보물을 차지하게 될 것이다."(마태 19,21)

예수님께서는 관점을 바꿔 주셨습니다. 그분께서는 그에게 내세를 보장받는 일을 생각하지 말고, 현세의 삶에서 자신의 모든 것을 바쳐 주님을 따르라고 초대하십니다. 이는 보상을 얻기 위해 규정을 준수하는 논리를 넘어선, 조건 없는, 무상의 완전한 사랑으로의 전환이라는 더 큰 성장을 위한 부르심입니다. 예수님께서는 그에게 마음을 짓누르고 사랑을 가로막는 것을 버리라고 요구하십니다. 그분께서는 모든 것을 빼앗긴 이가 아니라 관계에 있어 자유롭고 풍요로운 이가 되길 바라셨습니다. 마음이 재물로 가득 차 있다면 주님과 이웃도 그 많은 재물 중 하나에 불과할 것입니다. 너무 많이 소유하고 너무 많이 원한다면 마음이 답답해져 우리를 불행하게 만들고 사랑할 수 없게 만들 것입니다.

마지막으로, 예수님께서는 세 번째 관문을 제안하십니다.

"와서 나를 따라라."(마르 10,21)

그리스도를 따르는 것은 손해가 아니라 헤아릴 수 없는 이득입니다. 반면 포기한다는 것은 여정을 방해하는 장애물입니다. 그러나 그 부자 청년의 마음은 하느님과 돈이라는 두 주인 사이로 갈라져 있습니다. 그는 모험이 두려워, 그리고 자신의 재산을 잃을까 걱정되어 슬픈 표정으로 집에 돌아갔습니다.

"그는 이 말씀 때문에 울상이 되어 슬퍼하며 떠나갔다."(마르 10,22)

그는 결정적인 질문을 드리는 것에는 주저하지 않았지만, 그분의 대답을 받아들일 용기는 갖지 못했습니다. 그 대답은 그리스도와 자신과의 '매듭'을 위해 자신과 그의 부 사이를 '제거'하여, 그분과 함께 걷고 참된 행복을 발견하라는 제안입니다.

친애하는 여러분, 예수님께서는 우리 모두에게도 이렇게 말씀하십니다. "와서 나를 따라라."(마르 10,21) 주님께 자신을 맡기고 그분과 함께 길을 떠나며 여러분의 젊음을 살아갈 용기를 가지십시오. 우상의 유혹에서, 그리고 생명을 담보할 수 있어도 결국 죽음을 가져올 거짓된 부에서 우리를 해방시켜 주시는 그분의 사랑이 담긴 눈길에 사로잡혀 보십시오. 그리스도의 말씀을 받아들이고, 그분의 부르심을 따르는 것을 두려워하지 마십시오.

작은 세계에
스스로를 가두지 마십시오

2017년 12월 2일, 〈교황 연설〉

올바른 길을 선택했는지 확인하십시오. 이는 바로 목적 없이 방황하지 않고 인생을 여행하는 방법을 말합니다. 여러분은 여행하고 있습니까? 방황하고 있습니까? 여러분은 무엇을 하고 있습니까? 여행입니까? 방황입니까? 우리의 인생은 방향이 없는 것이 아닙니다. 오히려 하느님께서 우리에게 주신 목표가 있고 그분의 은총이 우리를 이끄시고 인도하십니다. 이는 마치 그분께서 우리 안에 소프트웨어를 넣어 두신 것과 같습니다. 이 소프트웨어는 우리가 그분의 신성한 프로그램을 분별하고 그 프로그램에 자유롭게 반응하도록 도와줍니다. 하지만 다른 소프트웨어와 마찬가지로 이 소프트웨어도 지속적으로 업그레이드되어야 합니다. 주님께 귀 기울이고, 그분의 뜻을 실천할 수 있도록 최신 버전을 유지해야 합니다. 소프트웨어가 업그레이드되지 않는다면 조금 무뎌지지만, 부서져서 쓸모가 없을 때는 더욱 둔해질 것입니다.

우리를 올바른 길로 인도하고 앞으로 나아가게 하는 유일한 것은 지혜, 즉 믿음에서 나오는 지혜입니다. 이 세상의 거짓 지혜를 말하는 것이 아닙니다. 하느님을 신뢰하는 부모와 조부모의 눈에서 엿볼 수 있는 지혜입니다. 우리는 그리스도인이기에 그들의 눈에서 '하느님의 현존'의 빛과 예수님 안에서 발견되는 '하느님 지혜'의 빛을 볼 수 있습니다. 이러한 지혜를 얻으려면 세상, 우리의 현실, 문제, 그리고 모든 것을 하느님의 눈으로 바라보아야 합니다. 하느님의 눈으로 바라보고, 하느님의 귀로 이웃의 말을 경청하고, 하느님의 마음으로 사랑하고, 하느님의 가치로 여러 상황을 판단할 때 우리는 이러한 지혜를 얻을 것입니다.

이 지혜는 우리가 행복에 대한 거짓 약속을 분별하고 거부하도록 도와줍니다. 그런 거짓 약속이 정말 많습니다. 거짓 약속의 문화는 결코 자유로울 수 없고, 오히려 마음을 어두움과 괴로움으로 채우려는 이기심으로 이어질 뿐입니다. 그러나 하느님의 지혜는 우리와 다르게 행동하고 생각하는 사람들을 환영하고 받아들일 수 있도록 도와줍니다. 작은 세계에 스스로 갇혀 자신에게만 매몰되는 것은 참으로 슬픈 일입니다. 그래서 우리는 '내가 말한 대로 하든가, 아니면 됐어!'라는 원칙을 만듭니다. 그런데 이는 좋지 않은 원칙입니다. 이 원칙을 지킬 때 우리는 위험에 빠지며, 자신 안에 갇혀 있게 됩니다. 하나의 민족, 하나의 종교 혹은 하나의 사회가 하나의 '작은 세상'이 되어 버릴 때 그것들이 지닌 가장 좋은 것을 잃어버리고, '나는 좋고, 너는 나쁘다'라는 뻔뻔한 사고방식에 빠지게 될 것입니다. 하느님의 지혜는 우리를 다른 이들에게 개방하도록 합니다. 이는 개인적인 안락함과 거짓된 안전을 넘어 삶을 더 아름답고 살맛 나게 하는 위대한 이상을 보도록 도와줍니다.

언제나 그 너머로 나아가기

《복음의 기쁨》, 21항 참조

제자 공동체의 삶을 가득 채우는 복음의 기쁨은 선교적인 기쁨입니다. 선교 여행에서 돌아온 일흔두 제자가 이 기쁨을 체험했습니다(루카 10,17 참조). 예수님께서는 성령 안에서 즐거워하시며 아버지께 찬미를 드리셨을 때, 이 기쁨을 느끼셨습니다. 아버지께서 가난한 이들과 가장 작은 이들에게 당신 자신을 드러내 보여 주셨기 때문입니다(루카 10,21 참조). 오순절에 사도들의 설교를 "저마다 자기 지방 말로"(사도 2,6) 듣고 경탄

해 마지않았던 첫 개종자들도 이 기쁨을 느꼈습니다. 이 기쁨은 복음이 선포되었고 열매를 맺고 있다는 표징입니다.

그러나 이 기쁨은 자기 자신에게서 밖으로 나아가는 것, 걷는 것, 그리고 언제나 새롭게, 늘 그 너머로 씨를 뿌리는 역동성을 지니고 있습니다. 주님께서는 말씀하십니다. "다른 이웃 고을들을 찾아가자. 그곳에도 내가 복음을 선포해야 한다. 사실 나는 그 일을 하려고 떠나온 것이다."(마르 1,38) 한곳에 씨앗이 뿌려지면, 예수님께서는 더 자세히 설명하거나 더 많은 표징을 행하시기 위해 그곳에 머물지 않으십니다. 성령께서는 그분이 다른 고을들을 향해 떠나시도록 이끄십니다.

길을 떠나기

2021년 1월 6일, 〈교황 강론〉

동방 박사들은 베들레헴에서 아기 예수님께 경배하기 전에 긴 여정을 시작해야 했습니다. 마태오 복음사가는 우리에게 그 당시에 "동방에서 박사들이 예루살렘에 와서, '유다인들의 임금으로 태어나신 분이 어디 계십니까? 우리는 동방에서 그분의 별을 보고 그분께 경배하러 왔습니다.' 하고 말하였다."(마태 2,1-2)라고 전합니다.

여정은 언제나 변모, 변화를 내포합니다. 여정 후에 우리는 더 이상 전과 같지 않습니다. 항상 여정을 마친 사람 안에는 새로운 어떤 것이 있습니다. 그는 새로운 것을 배워 왔고 새로운 사람들과 상황들을 만났습니다. 그리고 길에서 만난 역경과 위험들 속에서 내적인 힘을 발견합니다. 여정을 떠나는 것에서 오는 내적 성장을 먼저 경험하지 않고는 아무도 주님을 경배하지 못합니다.

선한 길을 선택합시다

2015년 12월 17일, 〈교황 연설〉

'주님을 향해 나아가기'란 무엇을 의미합니까? 악한 길이 아닌 선한 길을 걷는 것을 말합니다. 복수의 길이 아닌 용서의 길, 전쟁의 길이 아닌 평화의 길, 이기심의 길이 아닌 연대의 길을 뜻합니다.

우리 마음이 어디로 향하고 있습니까?

2021년 2월 17일, 〈교황 강론〉

사순 시기는 하느님께 돌아가는 여행입니다. 우리가 얼마나 자주 분주함이나 무관심 속에서 "주님, 제가 나중에 당신께 갈게요. 잠깐만 기다려 주세요……. 오늘은 못 가지만, 내일부터 제가 기도하며 다른 사람들을 위해 무언가 할게요."라고 말해 왔습니까! 이를 몇 번이나 되풀이해 왔습니까! 하지만 바로 지금 하느님께서 우리 마음에 말씀하고 계십니다. 언제나 할 일이 있고 내세울 변명이 있겠지만, 형제자매 여러분, 지금이 바로 하느님께 돌아갈 때입니다.

그분께서 마음을 다하여 나에게 돌아오라고 말씀하십니다. 사순 시기는 우리 인생 전체, 전 존재를 감싸는 여행입니다. 우리가 가는 길을 다시 성찰하고 집으로 돌아가는 방법을 재발견하고, 모든 것에 의지해야 할 하느님과 우리의 심오한 관계를 다시 맺을 때입니다. 사순 시기는 단지 작은 희생들에 관한 것이 아니라, 우리 마음이 어디로 향하고 있는지 식별하는 시기입니다. 이것이 사순 시기의 핵심입니다. 우리는 스스로 이렇게 물어야 합니다.

"우리 마음이 어디를 향하고 있는가?"

"내 삶의 내비게이션이 나를 어디로 데려가고 있는가? 하느님을 향하고 있는가, 나 자신을 향하고 있는가?"

"나는 주님을 기쁘게 해 드리려고 살고 있는가? 아니면 눈에 띄기 위해서, 칭찬받기 위해서 맨 앞 줄에 서려고 살고 있는가?"

"나는 흔들리는 마음을 갖고 있는가? 그 흔들리는 마음 때문에 한 걸음 내딛고 다시 뒷걸음치고 있는가?"

"나는 주님을 조금만 사랑하고, 세상을 조금만 사랑하는가? 혹은 내 마음이 하느님 안에서 군건한가?"

"나의 위선에 만족하고 있는가? 내 마음이 이중성에서, 그리고 그 이중성과 얽매인 거짓에서 자유로워지려 하는가?"

사순 시기의 여행은 탈출exodus입니다. 즉 종살이에서 해방되는 탈출입니다. 이 40일은 하느님의 백성이 그들의 본향으로 돌아가기 위해 광야를 걸은 40년에 해당합니다. 이집트를 떠나는 일은 얼마나 어렵습니까! 그들이 여정 동안 내내 찾아온 유혹, 되돌아가고 싶은 유혹, 과거와 몇몇 우상에 대한 기억들에 집착하는 유혹이 언제나 있었습니다. 그것들은 늘 우리 곁에 있습니다. 하느님께로 돌아가는 여행은 건강하지 못한 우리의 집착에 가로막혀 있습니다. 타락에 빠지려는 유혹의 올가미, 돈과 외모로 둘러싸인 거짓 안전, 무력하게 만드는 불평불만이 이 여행길을 막고 있습니다. 이 여행에 참여하기 위해 우리는 이러한 환상의 가면들을 벗어야 합니다.

나자레노 난 무식하지만, 책은 좀 읽었어. 넌 믿지 않을지 모르지만, 세상에 있는 건 모두 어딘가 쓸모가 있대. 예를 들면, 이 돌멩이를 봐도 그래.

젤소미나 무슨 쓸모가 있나요?

나자레노 쓸모라……. 그걸 내가 어떻게 알아? 그걸 알면 내가 누구일 것 같아?

젤소미나 누군데요?

나자레노 하느님 말이야. 그분이 모든 것을 아셔. 언제 태어나서, 언제 죽을지도 아시지. 이 돌멩이가 무슨 쓸모가 있을지는 나도 몰라. 하지만 쓸모가 있어. 만약 이게 소용없다면 만사가 소용없어! 저 별들마저. 적어도 난 그렇게 믿어. 너도 마찬가지야……. 너도 뭔가 쓸모가 있을 거야. 비록 맘에 들지 않는 구석이 있더라도 말이지.

— 페데리코 펠리니, 〈길〉, 1954년

길을 잃지 않기 위해

2021년 2월 17일, 〈교황 강론〉

이 여정의 길을 잃지 않기 위해서는 하느님의 고요한 왕좌인 예수님의 십자가 앞으로 나아가야 합니다. 그리고 매일 그분의 상처를 묵상합시다. 하느님과 인간을 중재하시는 그분의 기도 속에, 그분께서 하늘나라로 가져가 하느님 아버지께 매일 보여 드리는 그 상처, 우리는 매일 그 상처를 묵상해야 합니다. 그 상처들 안에서 우리의 공허함과 부족함과 죄의 흔적, 그리고 악한 행동들을 깨닫습니다. 거기서 하느님께서는 당신의 손가락으로 우리를 지적하지 않으시고 오히려 당신의 두 팔을 벌려 껴안아 주십니다.

그분께서는 우리를 위해 상처를 입으셨고 그분의 상처로 우리는 나았습니다(1베드 2,25; 이사 53,3 참조). 그 상처들에 입맞춤으로써 우리는 삶의 가장 고통스러운 상처 안에 하느님께서 그분의 무한하신 자비로 우리를 기다리신다는 것을 깨닫게 될 것입니다. 왜냐하면 그분께서는 가장 나약한 곳으로, 우리가 가장 부끄럽다고 느끼는 곳으로 우리를 만나러 오시기 때문입니다. 그리고 이제 그분께서는 우리에게 당신 곁으로 돌아오라고, 사랑받는 기쁨을 다시 발견하라고 초대하십니다.

천상의 축복으로 저의 영혼에 복을 내리시어, 저로 하여금 당신께서 머무르시는 거룩한 거처가 되게 하소서. 제 영혼을 강복해 주시어 당신의 영원한 어좌가 되게 하소서. 존엄하신 당신 앞에서 제가 당신을 거스른다면 당신의 거룩한 성전에서 아무것도 찾지 못하게 하소서. 당신의 크신 선의와 무한하신 자비로 저를 돌보시고, 죽음의 그늘진 이 땅에서 귀양살이하는 동안 드리는 불쌍한 종의 기도를 들어주소서. 죽어야 할 운명이 겪는 그 수많은 위험 중에서 당신 종의 영혼을 보호하시고, 보존하시며, 항상 평화의 길로 인도하시며, 영원히 빛나는 고향에 이르게 하소서. 아멘.

— 토마스 아 켐피스, 《준주성범》, 제3권, 제59장, 4항

우리 여정의 마지막 지평선

2017년 8월 23일, 〈일반 알현〉

성경의 마지막 페이지는 신앙인의 여정 마지막 지평선인 하늘의 예루살렘을 우리에게 보여 줍니다. 천상 예루살렘은 우선 하느님께서 사람들과 함께 거처하시고자 사람들을 모으시는 큰 천막과 같습니다(묵시 21,3 참조). 이것이 바로 우리의 희망입니다. 마침내 그분과 함께 있게 되었을 때 하느님께서는 무엇을 하실까요? 오랫동안 고생하고 고통당한 당신의 자녀들을 받아들인 아버지처럼 우리를 위해 무한한 자애로움을 선사하실 것입니다.

눈물을 흘릴 것입니다. 기쁨의 눈물을

2017년 8월 23일, 〈일반 알현〉

예수 그리스도께서는 우리를 다른 사람들, 많은 형제와 함께, 하느님께서 거처하시는 커다란 '천막'으로 우리를 이끄십니다. 그때 우리는 이 지상의 날들에 대한 기억을 하느님께 가져갈 것입니다. 그리고 그 순간 그 어떤 미소도, 그 어떤 눈물도, 그 어느 것도 잃어버리지 않았다는 것을 알게 될 것입니다. 우리 삶이 얼마나 길지는 모르지만, 어쩌면 단 한숨의 삶과도 같을 수 있습니다. 여섯째 날 이후에도 창조 사업은 멈추지 않았고 지금도 계속되고 있습니다. 왜냐하면 하느님께서는 항상 우리를 걱정하셨기 때문입니다. 모든 것이 끝나는 날까지, 눈물이 쏟아지는 아침에, 하느님께서 축복의 마지막 말씀을 선언하시는 바로 그 순간 주님께서 말씀하십니다. "보라, 내가 모든 것을 새롭게 만든다." 그렇습니다. 우리의 아버지는 새로움과 놀라움의 하느님이십니다. 그날 우리는 정말로 행복하며, 기쁨의 눈물을 흘릴 것입니다.

만약 이 밤에 어둠의 때가 찾아온다면……

2021년 4월 3일, 〈교황 강론〉

형제자매 여러분, 만약 이 밤에 어둠의 때가 찾아온다면, 아직 새벽이 오지 않은 날을 경험하고 있다면, 어둑한 빛이나 산산이 부서진 꿈을 경험하고 있다면, 가서 부활절의 이 메시지에 대한 놀라움으로 당신의 마음을 여십시오. "두려워하지 마라. 그분께서는 되살아나셨다. 그분께서는 갈릴래아에서 너희를 기다리신다." 여러분의 기대가 이루어질 것입니다. 여러분의 눈물은 마를 것이고 여러분의 두려움은 희망으로 바뀔 것입니다. 왜냐하면 주님께서 언제나 여러분보다 먼저 가시고, 언제나 여러분 앞에서 걸으시기 때문입니다. 그리고 그분과 함께라면 삶은 언제나 새롭게 시작됩니다.

죽음이여, 자만하지 말라, 어떤 이들은 네가
힘세고 무섭다 일컫지만, 넌 그렇지 않으니.
네가 쓰러뜨렸다고 생각하는 그들은 죽지 않았다.
가엾은 죽음이여, 너는 나 또한 죽일 수 없다.
너의 그림자에 지나지 않는,
휴식과 잠에서 큰 기쁨 솟아나니.
분명 너에게서 더 큰 기쁨이 흘러나오리라.
우리 중 선한 이들이 너와 함께 먼저 떠나니,
그들의 뼈에 안식을, 그 영혼에 해방을 주기 위함이다.
너는 운명, 우연, 왕들과 절망한 자들의 노예이며,

독약과 전쟁과 질병과 함께 사는구나.
그리고 양귀비와 미약(마법의 물약)도
너의 칼날보다 더 우리를 잠들게 하거늘
어찌하여 그리도 우쭐대느냐?
짧은 한잠 자고 나면, 우리는 영원히 깨어나리니,
더 이상 죽음은 없으리라.
죽음이여, 네가 죽을 것이다.

— 존 던, 〈거룩한 소네트Sonetti sacri〉

두려움에서 놀라움으로

2021년 4월 3일, 〈교황 강론〉

여인들은 당연히 향료를 바를 시신을 찾을 수 있다고 생각했습니다. 하지만 그들은 빈 무덤만을 보게 됩니다. 여인들은 죽은 이를 애도하러 갔지만, 오히려 생명의 말씀을 듣게 됩니다. 복음서는 우리에게 다음과 같이 전해 줍니다. "덜덜 떨면서 겁에 질렸던 것이다."(마르 16,8) 여인들은 덜덜 떨면서 두려움과 놀라움으로 가득 찼습니다. 이는 바로 기쁨이 섞인 두려움으로, 무덤 앞에 굴려져 있던 큰 돌과 무덤 안에 하얗고

긴 겉옷을 입고 있는 한 젊은이를 보고 느낀 감정이었습니다. "놀라지 마라. 너희가 십자가에 못 박히신 나자렛 사람 예수님을 찾고 있지만 그분께서는 되살아나셨다."(마르 16,6) 여인들은 이 말씀을 듣고 놀라워하였습니다. 그리고 초대하는 말씀을 듣습니다. "예수님께서는 너희보다 먼저 갈릴래아로 가실 터이니, 너희는 그분을 거기에서 뵙게 될 것이다."(마르 16,7 참조) 우리도 이 초대를, 이 부활의 초대를 받아들입시다. 부활하신 주님께서 우리보다 먼저 가신 곳, 우리 모두 갈릴래아로 갑시다.

신앙에 놀라워하십시오

2021년 4월 3일, 〈교황 강론〉

갈릴래아로 간다는 것은 새로운 길을 걷는다는 것을 의미합니다. 그리고 무덤에서 시작한다는 것입니다. 여인들은 무덤에서 예수님을 찾고 있었습니다. 그들은 이제 영원히 사라진 예수님과 함께했던 일들을 다시 추억하러, 그리고 자신의 슬픔에 잠기기 위해 갔습니다. 한때 아름다웠지만 이제는 그저 떠올려야만 하는 어떤 추억과 같은 신앙의 모습입니다. 많은 사람은 마치 어릴 때 아름다운 기억으로 남았지만, 지금은 더 이상 느낄 수도, 물어볼 수도 없는 멀어진 옛 친구처럼 과거의 일들과 습관들로 이루어진 '추억들의 신앙'을 경험합니다.

반대로 갈릴래아로 간다는 것은 살아 있는 신앙이 되려면 다시 길을 나서야 한다는 것을 의미합니다. 날마다 여정의 첫 걸음을 새롭게 해야 하고 첫 만남의 놀라움을 되살려야 합니다. 그리고 그것을 이미 다 알고 있다고 생각하지 말고, 하느님의 방법에 놀라워하도록 자기 자신을 내려놓는 겸손함을 받아들이면서 살아야 합니다. 우리는 보통 하느님의 놀라운 일들을 두려워합니다. 우리는 언제나 하느님께서 우리를 놀라게 하실 것을 걱정합니다. 하지만 오늘 주님께서는 우리에게 자신을 그분의 놀라움에 맡기라고 초대하십니다. 우리는 갈릴래아로 가야 합니다. 하느님께서 우리의 어린 시절 추억 사이에 저장된 분이 아니라, 살아 계시고 항상 우리에게 놀라움을 주시는 분임을 다시 발견하기 위해서입니다. 죽은 이들 가운데서 되살아나신 예수님께서는 우리를 놀라게 하는 일을 결코 멈추지 않으십니다.

신앙은 과거 추억이 담긴 앨범이 아닙니다. 다시 말해 예수님께서는 낡은 옛것이 아닙니다. 그분께서는 '지금 여기에' 살아 계십니다. 그분께서는 날마다 당신 옆에서 걸으십니다. 당신이 경험한 모든 상황 속에서, 당신이 견뎌야 하는 모든 시련 속에서 당신의 가장 깊은 희망과 꿈 속에서 살아 계십니다. 그분께서는 길이 없을 것 같다고 생각되는 곳에 새로운 길을 열어 주시고, 우리가 과거에 대한 후회와 현재에 대한 비관적인 흐름에 맞설 수 있도록 하십니다. 모든 것을 잃어버린 것처럼 느낄지라도 그분의 새로움에 놀라워하며 스스로를 열어 보십시오. 그분께서는 틀림없이 당신을 놀라게 하실 것입니다.

매일매일의 삶의 은총을 재발견하십시오

2021년 4월 3일, 〈교황 강론〉

갈릴래아로 간다는 것은 변방으로 간다는 것을 의미합니다. 갈릴래아는 변방의 소도시였습니다. 그 지역에는 다양하고 이질적인 사람들이 모여 살았고, 예루살렘의 종교의식적 순수성과는 거리가 멀었습니다. 그럼에도 예수님께서는 그곳에서 당신의 사명을 시작하셨습니다. 그분께서는 그곳에서 하루하루 분투하며 살아가는 사람들, 배척받은 사람들, 연약한 사람들과 가난한 사람들에게 당신의 메시지를 전해 주셨습니다. 그곳에서 하느님의 얼굴과 현존을 전하셨습니다. 그리고 그분께서는 지치지 않고, 끊임없이 낙담하거나 길 잃은 사람들을 찾으시려 인류의 변방으로 가셨습니다. 왜냐하면 그분의 눈에는 누구 하나 보잘것없는 이가 없고, 아무도 배척된 이가 없기 때문입니다.

부활하신 주님께서 당신 제자들에게 지금도 그곳으로 가라고 청하고 계십니다. 그분께서 우리에게 갈릴래아로 가라고, 일상의 진정한 '갈릴래아', 우리가 매일 다니는 거리와 우리 도시의 곳곳으로 가라고 청하십니다. 그곳은 바로 주님께서 우리보다 먼저 가셔서 우리 주변 사람들 그리고 시간, 집, 일, 노력과 희망을 함께 나눈 사람들의 삶 속에 함께하시려는 곳입니다. 우리가 형제자매의 얼굴 안에서, 꿈꾸는 사람들의 열정과 낙담한 사람들의 체념 속에서, 기뻐하는 사람들의 미소와 고통받는 사람들의 눈물 속에서, 그리고 그 무엇보다 가난한 이들과 변방에 있는 사람들 안에서 부활하신 한 분을 발견할 수 있다는 것을 갈릴래아에서 배웁니다. 하느님의 위대하심이 어떻게 보잘것없는 것들 안에서 드러나는지, 그분의 아름다움이 가난하고 소박한 사람들 안에서 어떻게 빛나는지 우리는 놀라게 될 것입니다.

부활하신 예수님께서는 우리를 한없이 사랑하시고, 우리 삶의 모든 순간에 찾아오십니다. 그분은 우리 세상의 중심에 당신 자신을 현존케 하셨습니다. 우리에게도 장벽을 넘고, 편견을 없애고, 매일 우리 주변 사람들에게 다가가 일상의 은총을 재발견하라고 초대하십니다. 그분과 함께 우리의 삶은 변할 것입니다. 모든 패배와 악과 폭력을 넘어, 모든 고통과 죽음마저 초월하여 부활하신 예수님께서 살아 계시고, 부활하신 그분께서 역사를 이끄시기 때문입니다.

우리 안에서 일깨우실 수 있는 새로운 삶이 언제나 있습니다

2021년 4월 3일, 〈교황 강론〉

갈릴래아로 간다는 것은 새로이 시작한다는 것을 의미합니다. 그것은 주님께서 처음으로 제자들을 찾아내시고 그분을 따르라고 그들을 부르신 곳으로 돌아가는 것을 의미합니다. 갈릴래아는 그들이 처음 만난 장소 그리고 그들이 첫사랑을 느낀 장소입니다. 그 순간부터 그들은 그물을 뒤로 버려두고 예수님을 따랐습니다. 그들은 그분의 가르침을 들었고, 그분께서 행하신 기적들을 증언했습니다. 그러나 그들은 언제나 그분과 함께 있었음에도 그분을 온전히 이해하지는 못했습니다. 그들은 그분의 말씀을 자주 오해하였고, 십자가에 맞닥뜨렸을 때는 그분을 버리고 도망쳤습니다.

그런데도 부활하신 주님께서는 그들보다 먼저 갈릴래아로 가시는 분으로 다시 나타나십니다. 그분께서 그들보다 먼저 가십니다. 그분께서 그들 앞에 서시고 끊임없이 당신을 따르라고 부르십니다. 그분께서 그들에게 말씀하십니다. "우리가 시작했던 곳에서 다시 시작하자. 새로이 시작하자. 그 모든 일에도 불구하고 나는 네가 다시 나와 함께해 주기를 바란다."

이 갈릴래아에서 우리는 주님의 무한하신 사랑을 깨닫습니다. 그것은 우리 실패의 길을 따라가면서 새로운 오솔길들을 열어 줍니다. 이것이 주님께서 우리와 함께 계시는 방법입니다. 그분께서 우리 패배의 길 위에 새로운 길들을 내십니다. 그리고 그분께서 이렇게 하라고 우리를 갈릴래아로 초대하십니다.

새로이 시작하는 것은 언제나 가능합니다. 왜냐하면 하느님께서 모든 실패에도 우리가 언제나 새로운 삶을 깨닫도록 하시기 때문입니다. 그분께서는 우리 각자가 아는 마음의 돌무더기에서 예술 작품을 창조하실 수 있습니다. 우리 인성의 부서진 조각들에서 새로운 역사를 준비하실 수 있습니다. 하느님께서는 고통과 고독과 죽음의 십자가 안에서, 그리고 부활한 생명의 영광과 변화하는 역사와 다시 태어나는 희망 속에서 우리보다 먼저 가시는 것을 멈추지 않으십니다.

4장

행복은 대충 살아가는 것이 아닙니다

순간적인 것과 영원한 것

2019년 2월 17일, 〈삼종 기도〉

비록 힘든 일이지만, 오직 하느님만이 우리가 그토록 열망하던 충만함을 삶에 채워 주실 수 있으십니다. 사실 오늘날에도 자기 자신이 행복의 지배자라고 떠들고 다니는 사람들이 많습니다. 그들은 단기간에 성공할 수 있다고 약속하고, 큰돈을 벌 수 있다며 모든 문제에 마법 같은 해결책을 제시하기도 합니다. 그래서 자기도 모르게 첫 번째 계명을 거스르는 죄, 즉 하느님을 우상으로 대체하는 우상 숭배라는 죄에 빠지기 쉽습니다. 우상 숭배와 우상은 다른 시대의 일처럼 여겨지지만, 실제로는 모든 시대의 문제입니다! 오늘날도 마찬가지입니다. 이 시대의 모습이 수많은 사회학적 분석보다 더 우상 숭배를 잘 묘사합니다.

이것이 예수님께서 우리의 눈을 현실로 열어 주신 이유입니다. 우리는 행복한 존재가 되도록, 행복을 향하여 부르심을 받았습니다. 하느님의 편에 서고, 하느님 나라에 속하며, 순간이 아닌 영원한 생명을 누리는 편에 선다면 행복해질 것입니다. 만일 우리가 하느님 앞에서 그분이 필요하다고 느낀다면 우리는 행복합니다.

"주님, 저는 당신이 필요합니다."라고 말하는 것은 매우 중요합니다. 만일 그분처럼 그리고 그분과 함께 가난한 사람, 우는 사람, 굶주린 사람 곁에 있는다면, 우리는 행복합니다. 우리 역시 하느님 앞에 있는 가난한 사람, 우는 사람, 굶주린 사람이기 때문입니다. 그리고 이 세상의 재물을 소유하며, 우리의 영혼을 우상에게 파는 것이 아니라, 그 재물들을 형제들과 함께 나눌 때마다 우리는 행복할 수 있습니다.

피상적인 쾌락

《복음의 기쁨》, 2항 참조

다양하고 압도적인 소비주의가 만연한 오늘날 세상의 가장 큰 위기는 바로 개인주의입니다. 이것은 안락하고 탐욕스러운 마음, 피상적인 쾌락에 대한 병적인 집착, 고립된 양심에서 비롯됩니다. 우리의 내적 생활이 자신의 이익에만 갇혀 있을 때, 더 이상 다른 이들을 위한 자리는 없고, 가난한 이들이 들어올 곳도 없게 됩니다. 하느님의 목소리는 더 이상 들리지 않고, 그분 사랑의 감미로운 기쁨을 더 이상 누리지 못하며, 선을 행하려는 열정은 더 이상 고동치지 않게 됩니다. 이는 신앙인들에게도 매우 현실적인 위험입니다. 많은 이가 이 위험에 빠져 원망과 분노에 가득 차고, 생기 없는 존재로 변해 갑니다. 이는 품위 있고 충만한 삶의 선택이 아닙니다. 우리를 향한 하느님의 바람도 아니며, 부활하신 그리스도의 성심에서 솟아오르는 성령 안의 삶도 아닙니다.

순수함과 온유함 그리고 자비

2020년 11월 1일, 〈삼종 기도〉

순수함과 온유함과 자비를 택하십시오. 가난한 마음과 슬픔 속에서 주님을 택하십시오. 정의와 평화를 위해 힘쓰십시오. 모든 것은 세상의 사고방식, 의미 없는 소유와 쾌락의 문화, 그리고 약한 이들을 향한 오만의 문화에 대항하는 것을 의미합니다.

세상은 하느님의 장엄함으로 충만하다.
얇은 조각에 싸여 있는 보석이
영롱한 빛을 드러내듯 빛나고,
눌린 올리브에서 흘러나온 기름이 한데 뭉치듯
진하게 모여든다.
하지만 사람들은 왜 하느님의 위대한 권능에
관심을 기울이지 않는가?

오고 가는 세대는 짓밟고, 짓밟고, 또 짓밟아 왔다.
욕심에 찬 거래들로 만물은 시들어 가고,
분쟁으로 흐려지고 더럽혀졌다.
모든 것이 상업으로 훼손되고,
노동으로 흐려지고 더럽혀져,
인간은 때가 묻고 악취가 넘쳐 난다.
대지는 이제 황폐해졌고,

신발 신은 발은 그걸 느끼지 못한다.

인간의 오만함에도 자연은 절대 소진되지 않는다.
만물 깊은 곳에 가장 고귀한 신선함이 살아 꿈틀거린다.
비록 어두움 가득한 서쪽에서 마지막 빛이 사라져도

아, 희미한 갈색의 동녘 가장자리에서
새 아침이 솟아오른다.
성령께서 굽어진 세상을 안으신다.
따뜻한 품으로, 살포시 빛나는 날개로

— 제라드 맨리 홉킨스, 〈하느님의 장엄함La maestà di Dio〉

절제의 용기

2014년 1월 21일, 〈제39차 세계청년대회 교황 담화〉

무엇보다 먼저 재물에 대해 자유로워지도록 노력하십시오. 주님께서는 소비주의 문화에 굴복하지 말고, 절제된 복음주의적 생활 방식을 따르라고 우리를 부르십니다. 이는 본질적인 것에 집중하고, 우리를 질식시키는 불필요하고 쓸모없는 것들을 스스로 제거하는 법을 배우는 일입니다. 소유욕과 돈에 대한 우상 숭배, 사치스러운 소비에서 벗어나십시오. 예수님을 첫자리에 모셔야 합니다. 그분은 우리를 노예로 삼고 있는 우상 숭배에서 우리를 해방시켜 주실 수 있습니다.

사랑하는 젊은이 여러분, 하느님을 믿으십시오! 그분은 우리를 아시고, 사랑하시며 결코 우리를 잊지 않으십니다. 그분께서 들에 핀 나리꽃들(마태 6,28 참조)을 마련해 주셨던 것처럼 우리가 아무것도 부족하지 않게 해 주실 것입니다! 경제 위기를 극복하기 위해서라도 우리는 생활 방식을 바꾸고 낭비를 피할 준비를 해야 합니다. 행복의 용기가 필요한 것처럼 절제의 용기도 필요합니다.

자유의 용기

2013년 6월 7일, 〈교황 연설〉

자유로운 사람들이 되십시오! 간혹 자유를 자신이 원하는 모든 것을 하는 것으로, 혹은 짜릿함을 느끼고 지루함을 극복하기 위해 극한의 체험에 도전하는 것으로 생각할 수도 있습니다. 그러나 이는 자유가 아닙니다. 자유란 우리가 하는 일에 대해 성찰할 줄 아는 것, 그리고 무엇이 선이고 무엇이 악인지, 어떤 행동이 성장에 이바지하는지 판단할 줄 아는 것입니다. 다시 말해 자유란 언제나 선을 선택하는 것입니다. 우리 모두 선을 위해 자유로워집시다. 물론 그것이 쉽지 않더라도 시류에 맞서는 일을 두려워하지 맙시다! 항상 선을 자유롭게 선택할 수 있다는 것은 힘든 일이지만, 이는 당신을 삶에 맞설 수 있게 하는 사람, 용기와 인내를 가진 사람으로 만들어 줄 것입니다.

허풍의 판매자들을 경계하십시오

2019년 2월 17일, 〈산존 기도〉

예수님의 참된 행복은 물질적이고 순간적인 것들을 믿지 않도록 촉구하는 단호한 메시지입니다. 예수님께서는 우리가 죽음의 판매자, 허풍의 판매자, 곧 허상의 전문가들을 따르면서 행복을 추구하지 않기를 바라십니다. 그들은 우리에게 희망을 줄 수 없기에, 그들을 따를 필요가 없습니다. 주님께서는 우리가 눈을 뜨도록, 현실에 대해 더 통찰력 있는 시각을 가지도록, 세속적인 정신이 우리를 오염시키는 만성적인 근시안에서 치유되도록 도와주십니다. 그분의 역설적인 말씀을 통해 우리를 뒤흔드시고 참으로 풍요롭게 만드시며, 진정한 만족과 참된 기쁨, 존엄을 주는 것이 무엇인지 깨닫게 해 주십니다. 한마디로, 우리 삶에 진정한 의미와 충만함을 주는 것이 무엇인지 깨닫게 해 주십니다.

우리는 담대한 선택을 받아들이기 위해 이 세상에 존재합니다

2021년 9월 14일, 〈청년들과의 대담〉

사랑을 꿈꿀 때 특수 효과를 믿지 말고, 여러분 각자가 특별하다는 것을 깨달으십시오. 우리는 모두 선물이며 자신의 삶을 선물로 만들 수 있습니다. 다른 사람들, 여러분의 공동체, 가난한 사람들이 여러분을 기다립니다. 외모를 뛰어넘는, 메이크업을 뛰어넘는, 유행을 뛰어넘는 아름다움을 꿈꾸십시오. 가족을 이루어 아이를 낳고 잘 키우는 일을 두려워하지 말고, 자신의 나약함을 부끄러워하지 마십시오. 모든 것을 다른 사람과 나누며 평생을 보내는 일을 꿈꿔 보십시오. 왜냐하면 당신을 있는 그대로 받아들이고 사랑할 준비가 되어 있는 누군가가 있기 때문입니다. 이것이 사랑입니다. 누군가를 있는 그대로 사랑하는 것은 아름답습니다!

또한 우리의 꿈은 우리가 원하는 삶을 말해 줍니다. 위대한 꿈은 멋진 자동차, 세련된 옷, 자유분방한 휴가가 아닙니다. 꿈을 이야기하는 사람들, 환상을 파는 사람들의 이야기에 주의를 기울이지 마십시오. 꿈을 꾸는 것과 환상을 갖는 것은 별개입니다. 꿈을 이야기하면서 환상을 파는 사람들은 행복을 조작하려는 사람들입니다.

우리는 더 큰 기쁨을 위해 창조되었습니다. 우리 각자는 특별합니다. 우리는 있는 그대로 사랑받으며, 어느 누구도 우리 각자를 대신할 수 없습니다. 이처럼 우리는 자신의 유일함을 통해 다른 사람을 사랑하려고 세상에 태어났고 지금도 존재합니다. 그러니 다른 사람을 대신하기 위한 벤치 선수가 되지 마십시오. 우리는 하느님 보시기에 단 하나뿐인 존재입니다. 그러므로 자신을 '규격화'하지 마십시오. 우리는 대량 생산품이 아닙니다. 우리는 특별하며 자유롭습니다. 우리는 사랑 이야기, 특별히 하느님과 사랑 이야기를 나누고, 담대하고 확고한 선택을 받아들이고, 사랑의 놀라운 위험을 감수하기 위해 이 세상에 존재합니다.

부유한 마음과 가난한 마음

《기뻐하고 즐거워하여라》, 67-68항 참조

복음은 우리가 삶의 안전을 어디에 두고 있는지 볼 수 있도록, 마음의 진실을 인식하라고 초대합니다. 일반적으로 부유한 사람은 자기 재물에 안심하고, 그것이 위태로워지면 지상 삶의 모든 의미가 무너져 내린다고 생각합니다. 예수님께서도 어리석은 부자의 비유를 통해 이 점을 말씀하셨습니다. 비유에 나오는 자신만만하던 그 사람은 정작 자신이 바로 그날 죽을 수도 있다는 사실을 생각하지 못한 어리석은 자였습니다.

재물은 당신에게 그 무엇도 보장해 주지 않습니다. 오히려 마음이 부유하다고 느낄 때, 자기 자신에게 너무나 만족한 나머지, 그 마음에는 하느님의 말씀을 받아들일 공간도, 형제들을 사랑할 공간도, 그리고 인생의 가장 중요한 것들을 누릴 공간도 없게 됩니다. 그래서 가장 위대한 보물을 스스로 놓쳐 버립니다. 그렇기에 예수님께서는 마음이 가난한 사람들을 행복하다고 하십니다. 그들의 가난한 마음 안으로, 주님께서 당신의 끊임없는 새로움을 안고 들어오실 수 있기 때문입니다.

수의에는 주머니가 없습니다

2014년 3월 2일, 〈삼종 기도〉

누구도 하느님과 재물이라는 두 주인을 함께 섬길 수 없습니다. 모두 자신을 위해 재물을 쌓아 두려고만 한다면 결코 정의로울 수 없습니다. 그 대신 하느님의 섭리에 우리 자신을 맡기고 함께 그분의 나라를 추구한다면, 누구도 합당한 삶을 사는 데에 부족함이 없을 것입니다.

소유욕에 사로잡힌 마음은 소유욕으로 가득 차 하느님께서 머무실 수 없는 마음과 같습니다. 그래서 예수님께서는 부자들에게 여러 차례 경고하셨는데, 그 이유는 그들이 세상의 재물에 자신들의 안위를 맡기려 하기 때문입니다. 하지만 궁극의 안위는 하느님께 있습니다. 부에 사로잡힌 마음속에는 믿음이 들어갈 자리가 없습니다.

그러나 우리가 하느님께 마땅히 첫 번째 자리를 내어 드린다면, 그분의 사랑은 우리의 부마저도 함께 나누어, 그 부를 연대와 발전의 계획에 사용하도록 이끌어 줍니다. 이는 교회 역사상 많은 사례가 있으며, 심지어 최근의 사례로도 알 수 있습니다. 그러므로 하느님의 섭리는 우리가 다른 사람을 섬기는 일, 다른 사람과 나누는 일을 통해 이루어집니다. 우리가 자신만을 위해 부를 쌓아 두지 않고, 다른 사람을 위해 부를 쌓아 둔다면, 이 연대의 몸짓에서 하느님의 섭리가 드러날 것입니다. 그러나 자신만을 위해 부를 모아 둔다면 하느님께서 부르실 때 어떻게 되겠습니까? 수의에는 주머니가 없습니다. 그러므로 누구든 자기 재물을 가지고 갈 수 없습니다. 나누는 것이 더 좋습니다. 우리가 다른 사람들과 나눈 것만을 천국에 가져갈 수 있기 때문입니다.

인간은 자신의 내적 감정들과 직면함으로써 자기 자신을 체험합니다. …… 만약 인간이 자신의 분노, 노여움, 질투, 자존심을 깨닫게 된다면 그는 분노와 노여움의 흐름 속에서 즉시 마음이 쓰라리고 무미건조해졌다는 것을 발견하고 느낄 것입니다. 끝내 자신의 영적인 게으름과 탐욕에 빠진다면, 인간의 영적인 감각이 매서운 추위처럼 느껴져 선을 추구할 줄 모르게 될 것입니다. 그리고 자신의 모든 열정이 현세적인 걱정과 그 걱정에 대한 애정에서 흘러나와, 그 걱정들에서 벗어날 수 없다는 점을 깨닫게 될 것입니다.

그러면서 인간은 자신의 감각에 대한 다른 가능성, 즉 자신의 안락에 대한 지나친 관대함과 자신이 하느님의 일에 스며들지 않는 지나친 완고함을 느낄 것입니다.

— 베드로 파브르[1], 《영적 기억*Memorie spirituali*》

부에 대한 광적인 집착은 불행을 가져다줍니다

2017년 2월 26일, 〈삼종 기도〉

하느님께서는 멀리 떨어져 있는 익명의 존재가 아닙니다. 그분은 우리의 피난처이시며 평온함과 평화의 원천이십니다. 그분은 우리가 넘어지지 않을 것이라는 확신 속에서 매달릴 수 있는 우리 구원의 반석이십니다. 하느님께 매달리는 사람은 절대 넘어지지 않습니다! 그분은 항상 숨어 있는 악에 맞서 우리를 보호하십니다. 하느님께서는 훌륭한 친구이자 동료이며 아버지이시지만, 우리는 이를 자주 깨닫지 못합니다. 우리

1 '개혁자 사제'라 불리는 베드로 파브르는 이냐시오 성인의 첫 번째 동료 중 한 사람으로, 파리에서의 학창 시절에 이냐시오 성인과 같은 방을 쓴 룸메이트입니다. 1872년 9월 5일 비오 9세 교황에 의해 복자품에 올랐고, 2013년 12월 17일 프란치스코 교황에 의해 성인품에 올랐습니다.

는 사랑하는 친구, 동료, 아버지가 있다는 사실을 깨닫지 못하고, 우리가 만질 수 있는 즉각적인 재화, 즉흥적인 가치에 의존하는 것을 좋아하며, 최고의 선이신 하느님 아버지의 사랑을 망각하고 때로는 거부하기도 합니다. 어쩌면 고아 신세인 이 시대에 그분이 우리 아버지라고 느끼는 일은 매우 중요합니다.

우리가 현세의 재화와 부에 지나치게 집착하며, 과도한 애착을 보일 때 우리는 하느님의 사랑에서 멀어질 것입니다. 예수님께서는 이러한 광적인 집착이 그저 허상이며 불행의 원인이라고 말씀하십니다. 예수님께서는 제자들에게 "너희는 먼저 하느님 나라를 찾아라." 하는 생명에 관한 기본적인 규칙을 선물하십니다. 이는 예수님께서 산상 설교의 말씀을 실현하는 일입니다.

우리는 하느님을 믿고 나아가야 합니다. 많은 친구, 우리가 친구라고 믿었던 이들이 우리를 배신했지만, 하느님께서는 결코 우리를 실망시키지 않으십니다. 우리는 하느님께서 우리에게 선물하신 재화, 즉 현세의 재물을 관리하는 충실한 청지기로서 자신을 헌신하되 마치 모든 것, 심지어 구원까지도 우리에게 달려 있다고 '과장하지' 말아야 합니다. 이러한 복음적 태도에는 분명한 선택이 필요합니다. 루카 복음서는 "너희는 하느님과 재물을 함께 섬길 수 없다."(루카 16,13)라고 지적합니다. 주님이거나, 매혹적일지라도 거짓된 우상이거나 선택해야 합니다. 이 선택은 우리의 많은 행동과 계획, 그리고 약속에 영향을 미칩니다. 그리고 이 선택은 명확하게 이루어지고 끊임없이 새로워져야 합니다. 왜냐하면 모든 것을 돈, 쾌락, 권력으로 축소하려는 유혹들이 밀려들기 때문입니다.

이러한 우상을 공경하는 것은 비록 순간적일지라도 구체적인 결과를 낳습니다. 그리고 하느님과 그분의 나라를 선택하는 일이 언제나 즉각적인 열매를 맺는 것은 아닙니다. 그러나 이는 희망 속에 내리는 결정이며, 완전한 실현을 하느님께 맡기는 일입니다. 그리스도인의 희망은 하느님 약속에 대한 다가올 완성이며, 어떤 어려움에도 불구하고 멈추지 않습니다. 왜냐하면 그 희망은 결코 부족함이 없으신 하느님의 신의에 기초를 두기 때문입니다. 그분은 신의의 아버지이시며, 신의의 친구이자 동료입니다.

겉모습 너머에 있는 아름다움

《그리스도는 살아 계십니다》, 183항 참조

일터에서 돌아온 노동자의 모습에는 아름다움이 있습니다. 비록 옷은 더러워지고 흐트러졌을지라도, 자녀를 먹일 빵을 벌었다는 기쁨이 서려 있기 때문입니다. 식탁이 아무리 초라할지라도, 온 가족이 둘러앉아 넉넉한 마음으로 빵을 나누는 그 친교 안에는 특별한 아름다움이 있습니다.

자신의 건강도 성치 않으면서 힘에 부치도록 병든 남편을 끊임없이 돌보는, 머리가 헝클어진 나이 든 아내의 모습에도 아름다움이 있습니다. 비록 가슴 설레던 연애 시절의 봄날은 아득히 멀어졌지만, 인생의 가을에도 서로 사랑하는 부부의 신의 안에, 그리고 손을 맞잡고 걸어가는 노부부의 모습에는 아름다움이 있습니다.

겉모습이나 유행과 상관없는 진정한 아름다움이 있습니다. 그것은 자신의 고유한 소명을 사랑으로 살아가는 모든 남녀 안에, 공동체와 조국을 위한 사심 없는 봉사 안에 존재합니다. 또 가족의 행복을 위한 헌신적인 노동 안에, 그리고 사회적 우애를 회복하기 위해 보이지 않는 곳에서 대가 없이 바치는 그 고된 노력 안에 있습니다. 십자가 위 그리스도를 닮은 이 아름다움을 발견하고, 드러내며, 돋보이게 하는 것은 참된 사회적 연대와 만남의 문화의 기초를 놓는 길입니다.

거울만 바라보며 사는 삶은 추악합니다

2018년 9월 22일, 〈교황 연설〉

자신에게만 몰두하고, 자기 자신만 바라보는 유혹, 고통과 어려움, 순간적인 성공 앞에서 이기적이거나 피상적인 사람이 되려는 유혹에 굴복하지 마십시오. 우리는 "다른 사람에게 일어난 일은 나에게도 일어난다."라는 것을 다시 한번 떠올려야 합니다.

우리 스스로를 고립시키고, 자기중심적이고, 허영심 가득한 사람으로 만들며, 겉모습과 자신의 행복에만 관심을 두는 개인주의의 시류에 맞서야 합니다. 거울만 바라보며 사는 삶은 추악합니다.

자신을 보고 웃으십시오

2018년 3월 16일, 〈교황 연설〉

나르시시스트는 머리를 빗고 끊임없이 거울 속의 자신을 봅니다. 저는 여러분에게 충고합니다. 거울을 볼 때마다 자신을 보고 웃으십시오. 이 조언이 당신에게 도움이 될 것입니다.

공허한 황홀경 속 젊은이들

2016년 7월 28일, 〈교황 연설〉

'조기 퇴직'을 선택한 듯한 젊은이들을 만나면 가슴이 아픕니다. 23세, 24세, 25세에 은퇴한 것처럼 보이는 청년들 말입니다. 경기를 시작하기도 전에 포기해 버린 청년들을 보면 걱정스럽습니다. 경기를 시작하지 않고 '항복'한 사람들 같습니다. 마치 자신의 삶이 아무런 가치도 없는 것처럼 침울한 얼굴로 돌아다니는 젊은이들을 보면 안타까운 마음뿐입니다. 그들은 대체로 삶을 지루해하고, 무미건조하며, 다른 사람들까지 무료하게 만들어 마음이 아픕니다. 공허한 황홀경을 찾아 인생을 허비하는 젊은이들, 또는 어두운 길을 선택하고 결국 그 대가를 치러야 하는 젊은이들을 보는 것도 힘들고 안타까운 일입니다. 이 길을 선택한 많은 젊은이를 생각해 보십시오. 젊은이들이 인생의 가장 좋은 시절을 허비하고, 거짓된 환상을 파는 이들을 따라다니며 에너지를 낭비하는 것을 보면 마음이 무겁습니다. 젊은이들에게서 가장 좋은 것을 빼앗는 사람이 있습니다! 이러한 거짓된 환상을 따르는 젊은이들은 공허한 황홀경에 빠져, 결국 무의미한 끝에 이를 것입니다. 이 모든 것이 저를 괴롭게 합니다.

진부한 삶과는 정반대

2020년 7월 26일, 〈삼종 기도〉

우리 시대에는 모두 잘 알다시피, 참된 보물을 찾아 나서지 않았기 때문에 어떤 이들의 삶이 평범하고 생기 없는 모습이 되어 버렸을지도 모릅니다. 그들은 매력적이지만 덧없는 사물, 밝게 빛나지만 결국에는 어둠 속에 남겨지는 환각적인 빛에 만족합니다.

하지만 하늘나라의 빛은 인위적인 불꽃놀이가 아니라 참된 빛입니다. 불꽃놀이는 그저 한순간이지만, 하늘나라의 빛은 전 생애 동안 우리와 동행합니다.

하늘나라는 세상이 주는 불필요한 것들과는 정반대입니다. 진부한 삶과도 정반대입니다. 하늘나라는 매일의 삶을 새롭게 하는 보물이며, 더 넓은 지평으로 확장해 줍니다. 사실 이 보물을 발견한 사람은 창의적인 마음과 탐구자의 마음을 지니고 있습니다. 그 마음은 늘 반복하지 않고 새로운 것을 추구하며, 우리가 하느님을 사랑하고, 이웃을 사랑하며 진정으로 자신을 사랑하도록 새로운 길을 찾아 걸어가게 합니다. 이러한 하늘나라의 길을 걸어가는 이들은 창의성이라는 특징을 지녔습니다. 언제나 더 많은 것을 찾아 나섭니다. 창의성이란 생명을 취하고 생명을 계속해서 내어 주는 것입니다. 그리고 언제나 생명을 내어 주는 여러 가지 방법을 찾습니다.

숨겨진 보물이시며 값진 진주이신 예수님, 그분께서는 세상의 모든 기쁨을 불러일으키십니다. 삶의 의미를 발견하는 기쁨, 거룩함을 위한 여정에 투신한다고 느끼는 기쁨까지도 샘솟게 하십니다.

검소함의 아름다움

《기뻐하고 즐거워하여라》, 108항 참조

쾌락주의와 소비주의는 우리에게 짓궂은 장난을 칠 수 있습니다. 즐겨야 한다는 강박 관념 때문에, 우리 자신과 권리, 그리고 삶을 향유할 시간을 확보하려는 욕구에만 지나치게 집중하게 됩니다. 우리가 검소함을 갖지 않는다면, 또한 소비 사회가 부추기는 욕망에 저항하지 않는다면, 아파하는 이들에게 도움의 손길을 내밀기 위해 헌신하거나 에너지를 쏟기는 어려울 것입니다. 결국 이러한 욕망은 우리가 모든 것을 소유하고, 모든 것을 해 보고 싶은, 불만 가득한 빈털터리로 만들어 버립니다. 마찬가지로 피상적인 정보의 소비, 빠르고 즉각적인 커뮤니케이션, 가상 현실 등은 우리를 정신없게 만드는 요인들이 될 수 있습니다. 이것들은 우리의 모든 시간을 빼앗아 가고, 고통받는 형제들의 현실에서 멀어지게 합니다. 이 소용돌이 한가운데서, 복음은 우리에게 더 건전하고 더 행복한, 완전히 다른 삶을 제안하고자 다시금 울려 퍼집니다.

깨어 있으십시오

2021년 11월 28일, 〈삼종 기도〉

주의가 산만해지지 않도록 조심하고, 경계하십시오! 다시 말해 깨어 있으십시오! 깨어 있음은 우리 마음이 나태해지거나 영성 생활이 안일해지지 않도록 하라는 뜻입니다.

여러분은 '잠든 그리스도인'이 될 수 있으니 조심하십시오. 우리는 잠든 그리스도인, 영적 세속성에 마비된 이가 많다는 것을 잘 알고 있습니다. 영적 열정이 없는 그리스도인, 기도에 대한 열정이 없는, 마치 앵무새처럼 기도하는 그리스도인, 선교에 대한 열의가 없는 그리스도인, 복음을 위한 열정이 없는 그리스도인들이 그렇습니다. 이들은 지평선을 바라볼 역량이 없으며, 늘 내부만 바라봅니다. 그리고 이런 태도가 '꾸벅꾸벅 조는 삶'으로 이끕니다. 만사를 무기력하게 대하고, 무관심에 빠져, 우리를 안락하게 만드는 일을 제외한 모든 것에 신경 쓰지 않게 됩니다. 이렇게 계속 살아가는 것은 슬픈 인생입니다. 그 인생에는 행복이 없습니다.

무엇을 원합니까? 공허한 황홀경입니까?
아니면 충만함입니까?

2016년 7월 28일, 〈교황 연설〉

우리는 우리 안에 있는 가장 좋은 것을 빼앗기고 싶지 않습니다. 또한 에너지와 기쁨, 그리고 거짓된 환상으로 꿈을 빼앗기고 싶지 않습니다. 친애하는 여러분, 여러분에게 묻습니다. 여러분의 삶에서 공허한 '황홀경'을 원합니까? 아니면 활력과 충만함을 느끼길 원합니까? 무엇을 원합니까? 공허한 황홀경입니까? 아니면 충만함입니까?

충만함을 느끼기 위해, 그리고 새로운 생명을 얻기 위한 답이 여기 있습니다. 그것은 사고팔 수 없습니다. 그것은 하나의 물건도 사물도 아닌, 바로 인간으로 오신 예수 그리스도이시기 때문입니다. 여러분은 예수 그리스도를 살 수 있습니까? 예수 그리스도를 상점에서 팝니까? 예수 그리스도는 선물이십니다. 그분은 아버지께서 주신 선물, 바로 우리 하느님 아버지의 선물이십니다.

자유는 선을 택하는 것입니다

2016년 4월 24일, 〈교황 강론〉

많은 사람이 자유는 자신이 원하는 것을 무엇이든 하는 것이라고 여깁니다. 하지만 여기서 "아니오."라고 말할 필요가 있습니다. "아니오."라고 말할 수 없다면 당신은 자유롭지 않습니다. 자유로운 사람은 "예."라고 말할 수 있고 "아니오."라고도 말할 수 있습니다. 자유는 단순히 내가 원하는 것을 언제든 할 수 있는 것이 아닙니다. 이는 당신을 폐쇄적이고 냉소적으로 만들며, 개방적이고 진실한 친구가 되는 것을 방해합니다. "내가 괜찮으면 모든 것이 다 잘될 것이야."라는 말은 사실이 아닙니다. 반면에 자유는 선을 택할 수 있는 선물입니다. 이것이 바로 자유입니다. 선을 택하는 사람, 그리고 하느님을 기쁘게 해 드리는 사람은 힘들고 어렵겠지만, 오히려 자유롭습니다.

용기 있고 확고한 선택을 통해서만 가장 위대한 꿈, 인생을 바칠 가치가 있는 꿈을 실현할 수 있습니다. 용기 있고 확고한 선택을 하십시오! 적당히, 편안하게 앉아 '대충 살아가는 것'에 만족하지 마십시오. 인생은 오직 많은 것을 갖고 있어야만 아름답다고 말하면서 여러분을 진정한 부유함에서 멀어지게 하는 사람들을 믿지 마십시오. 영화 속 주인공처럼 강한 모습으로 변장하거나, 최신 유행하는 옷을 입을 때, 여러분이 가치 있는 사람이라고 믿게 만드는 이들을 조심하십시오.

여러분의 행복은 값을 매길 수 없으며 거래될 수 없습니다. 행복은 핸드폰에서 내려받는 '앱app'이 아닙니다. 그것이 가장 최신 버전이라 할지라도 여러분이 사랑하기 위한 자유와 존엄을 가져다줄 수 없습니다. 진정한 자유는 전혀 다른 것입니다.

사랑은 열린 마음을 가진 사람들이 거저 주는 선물입니다. 사랑은 책임이지만 평생 계속되는 아름다운 책임입니다. 그 책임은 위대한 꿈을 실현할 줄 아는 사람들의 매일의 과제입니다! 아, 꿈꾸는 법을 모르고, 감히 꿈꾸지도 않는 젊은이들에게 화가 납니다. 만약 여러분 또래가 꿈꿀 줄 모른다면, 이미 은퇴한 것과 같습니다. 사랑은 신뢰, 존중, 용서를 통해 성장합니다. 사랑은 말만 한다고 이루어지지 않습니다. 오히려 실천할 때 가능합니다. 머리로 암기하기 위한 달콤한 시가 아닌 실천하기 위한 삶의 선택입니다!

의로움에 주리고 목마른 사람들

2015년 11월 1일, 〈교황 강론〉

"행복하여라, 의로움에 주리고 목마른 사람들! 그들은 흡족해질 것이다."(마태 5,6)

그렇습니다. 다른 사람들뿐만 아니라 무엇보다 먼저 자신을 향한 의로움에 대해 탁월한 감각을 지닌 사람은 흡족해질 것입니다. 왜냐하면 그들은 오직 하느님만이 주실 수 있는 가장 커다란 의로움을 받아들일 준비가 되어 있기 때문입니다.

끔찍한 함정에 빠지지 마십시오

《자비의 얼굴》, 19항 참조

하느님 아드님의 이름으로 여러분에게 호소합니다. 그분은 죄와 싸우셨지만, 결코 죄인을 마다하지 않으셨습니다. 인생이 돈에 달려 있다고 생각하는 함정, 돈 앞에서는 다른 모든 것이 가치와 존엄을 잃는다고 생각하는 그 끔찍한 함정에 빠지지 마십시오. 그것은 단지 허상에 불과할 뿐입니다. 우리는 이 세상을 떠날 때 그 돈을 가져갈 수 없습니다. 돈은 우리에게 진정한 행복을 주지 않습니다. 피 묻은 돈을 긁어모으려고 행사한 폭력은, 여러분을 강하게 만들지도, 불사신으로 만들지도 못합니다. 누구도 피할 수 없는 하느님의 심판이 조만간 모두에게 닥칠 것입니다.

지금이 바로 삶을 바꿀 은총의 때이며, 여러분의 마음을 움직여야 할 때입니다. 심각한 범죄라 할지라도 자신이 저지른 악행에 맞선다면, 이제는 재산을 약탈당하고, 존엄과 감정이 짓밟히며, 생명마저 빼앗긴 무고한 이들의 울부짖음을 들어야 할 때입니다. 악의 길에 계속 머무는 것은 환상과 비탄에 잠기는 것입니다. 진정한 삶은 전혀 다릅니다. 하느님께서는 손을 내미시는 일에 지치는 법이 없으십니다. 그분께서는 언제나 귀 기울이실 준비가 되어 계십니다.

세 가지 빈곤

2013년 12월 26일, 〈교황 담화〉

빈곤은 신앙이 없는, 연대가 없는, 희망이 없는 가난입니다. 세 종류의 빈곤이 있습니다. 물질적 빈곤, 도덕적 빈곤, 그리고 영적 빈곤입니다.

물질적 빈곤은 통상적으로 가난이라고 합니다. 이 물질적 빈곤은 인간 존엄성에 반하는 조건에서 사는 사람들, 즉 기본적인 권리와 음식, 식수, 보건, 노동, 그리고 문화적인 발전과 성장의 기회가 없는 사람들에게 영향을 미칩니다. 이런 종류의 빈곤에 대응해서 교회는 관련 생필품을 충족시키고 인류의 얼굴을 일그러뜨린 상처를 싸매 주는 일에 도움을 주고 봉사합니다.

가난하고 버려진 사람에게서 우리는 그리스도의 얼굴을 봅니다. 우리는 가난한 사람을 사랑하고 도움으로써 그리스도를 사랑하고 섬깁니다. 우리의 노력은 빈곤의 원인이 되는 인간 존엄의 침해, 차별과 권력 남용을 종식하려는 것이기도 합니다. 권력과 사치, 그리고 돈이 우상이 될 때, 이러한 것들이 부의 공정한 분배 요구보다 우선 자리를 차지합니다. 따라서 우리의 양심은 정의, 평등, 소박함, 그리고 나눔으로 전환되어야 합니다.

도덕적 빈곤은 죄와 악의 노예 상태가 되는 것으로서 물질적 빈곤보다 결코 가볍지 않습니다. 가족 구성원 가운데 한 명이, 주로 젊은이가 알코올, 마약, 도박 혹은 외설물에 사로잡혀 있는 경우에 가족 전체가 얼마나 극심한 고통을 겪습니까! 얼마나 많은 사람이 인생의 의미와 미래에 대한 기대를 더 이상 찾지 않으려 합니까! 그리고 얼마나 많은 사람이 불의한 사회적 조건에 의해, 생계를 꾸려야 할 존엄함을 박탈하는 비고용 때문에, 교육과 건강과 관련된 권리에 대한 형평성 결여로 인해 도덕적 빈곤으로 내몰리고 있습니까! 그런 경우 도덕적 빈곤은 자멸의 초기 단계라 할 수 있습니다.

이런 종류의 빈곤은 재정적 파산을 불러오기도 하지만, 반드시 영적 빈곤으로 이어집니다. 우리가 하느님께 등을 돌리고 그분의 사랑을 거부할 때 영적 빈곤을 체험하게 됩니다. 만일 우리 힘만으로 그런대로 해 나갈 수 있다고 믿고, 그리스도를 통해 우리에게 다가오시는 하느님이 필요하지 않다고 여긴다면, 우리는 스스로 파멸을 자초하는 것입니다. 하느님만이 우리를 진정으로 구하고 자유롭게 하실 수 있습니다.

가난이라는 부유함

2021년 6월 13일, 〈제5차 세계 가난한 이의 날 교황 담화〉

우리는 "회개하고 복음을 믿어라."(마르 1,15) 하는 주님의 초대에 온 마음을 다하여 응답해야 합니다. 먼저 이러한 회개는 온갖 형태의 가난을 알아보도록 마음을 여는 것이고, 우리가 고백하는 신앙에 맞갖게 살아가는 삶의 양식을 통하여 하느님 나라를 보여 주는 것입니다.

종종 가난한 이들은 별개의 사람들, 곧 특별한 자선 봉사가 필요한 '부류'로 여겨집니다. 그러나 예수님을 따른다는 것은 이러한 사고방식을 바꾸고, 상호 나눔과 참여라는 도전 과제를 받아들이는 것입니다. 그리스도의 제자가 된다는 것은 지상의 보물을 모으지 않겠다고 결심하는 것입니다. 지상의 보물은 안심해도 된다는 환상을 주지만, 실제로는 한낱 부질없고 덧없는 것입니다. 그리스도의 제자가 된다는 것은 참된 행복과 기쁨을 이루는 데에 망설이도록 하는 모든 구속에서 기꺼이 자유로워지겠다고 결심하는 것입니다. 이는 영원한 것, 곧 그 무엇도 그 누구도 망가뜨릴 수 없는 것을 깨닫기 위함입니다.

여기에서도 역시나 예수님의 가르침은 대세를 거스릅니다. 예수님의 가르침은 신앙의 눈으로 볼 수 있고 온전한 확신으로 체험할 수 있는 것만을 약속하기 때문입니다.

"내 이름 때문에 집이나 형제나 자매, 아버지나 어머니, 자

녀나 토지를 버린 사람은 모두 백 배로 받을 것이고 영원한 생명도 받을 것이다."(마태 19,29)

재물, 세속적 권력, 허영심을 버리고 가난한 이가 되는 선택을 하지 않으면, 결코 우리 삶을 사랑으로 내어 줄 수 없을 것입니다. 그리고 충분히 좋은 의도를 지녔지만, 세상을 바꾸는 데에는 쓸모없는 단절된 존재로 살아가게 될 것입니다. 그러므로 우리는 그리스도의 은총에 결연히 자신을 열어야 합니다. 그리스도의 은총은 우리가 그리스도의 무한한 사랑을 증언하고 이 세상에서 존재에 대한 확신을 회복하도록 해 줄 수 있습니다.

타협을 거부하기

2020년 4월 29일, 〈일반 알현〉

세상과의 타협은 위험합니다. 그리스도인은 항상 세상의 영과 타협하려는 유혹을 받습니다. 타협을 거부하고 예수 그리스도의 길을 따라가는 것이 하늘나라의 삶이고, 가장 큰 기쁨이며, 진정한 환희입니다.

양심을 어질게 가져라. 그러면 항상 즐거운 것이다. 양심이 어질면 역경을 겪더라도 많은 수고를 참아 견딜 수 있고 즐거울 수 있기 때문이다. 양심이 불량하면 두려움이 그치지 않고 마음이 편안하지 못하다. 네 마음이 너 자신을 꾸짖지 않는다면 유쾌하고도 평안할 것이다. 무엇이든지 잘한 다음이 아니면 즐거워 마라. 죄인들은 결코 참된 내적 즐거움이나 평화를 경험할 수 없다. "악인들에게는 평화가 없다."(이사 57,21)라고 주님께서 말씀하셨다.

— 토마스 아 켐피스, 《준주성범》, 제2권, 제6장, 1항

우리 안에 계신 진리를 드러냅시다

2021년 11월 21일, 〈교황 강론〉

"만일 내가 지금 여기, 빌라도의 자리에서 예수님의 눈을 바라본다면, 나는 무엇을 부끄러워할 것인가?"

"예수님의 진리 앞에서, 바로 진리이신 예수님 앞에서, 굳건히 서지 못하게 하는 나의 거짓이 무엇이며, 주님께서 좋아하지 않으시는 나의 이중성은 무엇인가?"

우리는 각자 이런 결점들을 가지고 있습니다. 이런 것들을

찾고 또 찾아야 합니다. 우리는 모두 십자가를 멀리하기 위해 이와 같은 이중적인 태도, 타협, '사태를 수습하려는' 면모를 가지고 있습니다.

우리 안에 진리를 드러내기 위해서는 예수님 앞에 설 필요가 있습니다. 내적으로 자유로워지고, 삶을 있는 그대로 바라보며, 현혹되었다가 이내 사그라지는 한순간의 유행과 소비지상주의의 화려함에 속지 않기 위해서는 주님을 경배해야 합니다.

친애하는 여러분, 우리는 세상의 유혹에 매혹되려고 여기에 있는 것이 아니라, 우리의 삶을 주도하고 '삶을 꼭 붙들기' 위해, 삶을 충만하게 살기 위해 여기에 있는 것입니다!

무자비한 사회

2019년 3월 30일, 〈이민자들과의 만남〉

우리는 무관심과 침묵이 우리의 언어가 되는 것을 원하지 않습니다. 중요한 것은 우리가 어떤 얼굴을 한 사회가 되고 싶은가에 관한 점이기도 하고, 우리 삶의 가치를 어떻게 여길 것인가에 관한 점이기도 합니다.

다양한 분야, 특히 선진국 사회에서 많은 긍정적 진전이 이루어졌지만, 우리 국민의 진보가 기술이나 경제 발전만으로는 측정할 수 없다는 사실을 잊어서는 안 됩니다. 그것은 무엇보다도 문을 두드리는 사람의 손길과 움직임을 받아들일 수 있는 우리의 개방성에 달려 있습니다. 그리고 그들의 관심을 통해 우리 삶을 장악하고 노예로 삼으려는 모든 거짓 우상, 타인의 삶과 고통을 무시하며 환상적이고 순간적인 행복을 약속하는 우상을 불신하고 무력하게 만들 것입니다.

자비를 베풀 힘을 잃어버린다면, 도시는 얼마나 황량하고 살기 힘든 곳이 되겠습니까? 무자비한 사회는 마치 무미건조한 어머니와도 같습니다.

말로는 충분하지 않습니다

2013년 6월 17일, 〈교황 연설〉

희망 없이 살아가는 사람들을 떠올려 봅시다. 그들은 깊은 슬픔에 잠겨 있으며, 그 슬픔에서 벗어나고자 술, 마약, 도박, 돈의 힘, 불규칙한 성생활에서 행복을 찾으려 합니다. 그러나 그들은 더 큰 실망감을 느끼고, 때로는 인간의 폭력적이고 부당한 행동으로 삶에 대한 분노를 표출하기도 합니다. 얼마나 슬프고, 얼마나 절망적입니까!

또한 많은 일을 겪은 후에도 삶의 의미를 찾지 못하고 마지막 해결책으로 자살을 선택하는 많은 이를 생각해 보십시오. 왜 그럴까요? 그들은 희망을 찾지 못했습니다. 많은 것을 시도했지만, 사회는 무도하며 희망을 가져다줄 수 없습니다.

희망은 은총과 같습니다. 그것은 누구도 살 수 없는 하느님의 선물입니다. 그리고 우리의 증언과 자유, 기쁨으로 그리스도인의 희망을 전해야 합니다. 하느님께서 우리에게 주시는 은총의 선물은 희망을 가져다줍니다. 즉 우리는 고아가 아니며, 우리에게는 아버지가 있다는 것을 깨닫는 기쁨에 주목해야 합니다.

그러면 우리가 어떻게 이것을 느낄 수 있을까요? 어떻게 희망을 전할 수 있을까요? 그저 "나에게는 희망이 있습니다."라고 외치며 길을 가야 할까요? 아닙니다! 여러분은 증거자가 되어, 여러분의 미소로 희망을 전해야 합니다. 실천 없는 말은 공허합니다. 말로는 충분하지 않습니다.

사랑이 필요합니까?

《그리스도는 살아 계십니다》, 131항 참조

매일 성령께 청하십시오. 그분께서 우리가 위대한 메시지를 체험하도록 끊임없이 새롭게 하시기 때문입니다. 여러분은 잃을 것이 아무것도 없습니다. 성령께서는 여러분의 삶을 변화시키고 밝게 비추시며, 더 나은 항로로 인도해 주실 수 있습니다. 그분께서는 여러분의 무엇 하나도 훼손하지 않으시고, 아무것도 빼앗아 가지 않으십니다. 오히려 여러분에게 필요한 것을 가장 좋은 방법으로 찾도록 도와주십니다.

사랑이 필요합니까? 무절제한 쾌락이나 타인을 이용하고 소유하며 지배하는 태도 안에서는 사랑을 찾을 수 없습니다. 여러분은 성령 안에서 자신을 진정으로 행복하게 해 줄 사랑을 찾을 수 있습니다. 진한 감동을 원하십니까? 물건을 사 모으거나, 돈을 허비하거나, 세상의 것들을 필사적으로 좇는다고 해서 그러한 강렬함을 살 수 있는 것은 아닙니다. 성령의 이끄심에 자신을 내어 맡길 때, 훨씬 더 아름답고 충만한 방식으로 그 강렬함을 느낄 것입니다.

비관주의라는 괴로운 병

2021년 9월 14일, 〈청년들과의 만남〉

여러분은 저에게 이렇게 말할 수 있습니다. "세상은 교회가 생각하는 것과 다르게 생각합니다. 우리는 사랑에 대해 많이 이야기하지만, 실제로 각자 자신에게만 관심을 쏟는 또 다른 원리가 작동합니다." 그러나 여러분은 이러한 원리와 옳지 않은 일, 그리고 맹렬한 악에 휘둘리지 마십시오. 슬픔의 감옥에서, 아무것도 변하지 않을 것이라 말하는 사람들의 낙담한 체념에 자신을 가두지 마십시오. 일단 이것을 믿기 시작하면, 비관론에 굴복하게 될 것입니다. 젊은 비관주의자의 얼굴을 본 적이 있습니까? 그의 얼굴이 어떤지 보셨나요? 씁쓸한 얼굴, 좌절한 얼굴처럼 보일 것입니다.

비관주의자는 우리를 괴로움으로 병들게 하고 내면을 늙게 만듭니다. 그리고 여러분의 젊음을 앗아 갈 것입니다. 오늘날에는 분열을 일으키는 세력, 모든 사람과 모든 것을 비난하는 세력, 부정적인 것들을 퍼뜨리는 세력, 불평을 늘어놓는 전문가들이 많이 있습니다. 그들의 말을 절대 듣지 마십시오! 불평과 비관은 그리스도적이지 않습니다. 주님은 비탄에 빠진, 희생된 상황을 미워하십니다. 우리는 땅만 쳐다보기 위해 창조된 것이 아니라 하늘을 바라보고, 다른 사람을 바라보고, 사회를 바라보기 위해 창조되었습니다.

너에게 말한다. 일어나라!

2022년 4월 23일, 〈교황 연설〉

저는 이 말씀으로 여러분을 초대합니다. "내가 너에게 말한다. 일어나라!"(루카 7,14) 여기에는 사명의 첫 번째 의미가 담겨 있습니다. 예수님께서는 우리에게 일어설 힘을 주시고, 우리 자신에게 굴복한 죽음, 즉 이기심과 게으름, 그리고 형식주의로 인한 마비 증세에서 벗어나라고 요청하십니다. 이러한 마비는 거의 모든 곳에서 생겨납니다. 그리고 이 현상은 우리를 방해하며 강한 신앙이 아닌 박물관 신앙, 살아 있는 신앙이 아닌 죽은 신앙으로 살게 만듭니다. 이러한 그릇된 태도를 해결하기 위해 예수님께서는 "일어나라!" 하고 말씀하십니다.

"일어나라!"라는 말씀은 우리 형제자매들을 위한 희망과 사랑으로 가득 찬 삶의 미래를 향해 다시 출발하라는 의미입니다. 우리가 주 예수 그리스도의 말씀을 진지하게 받아들일 때 그 사명은 다시 시작될 것입니다. "일어나라!"

하느님의 목소리와 악마의 목소리

2020년 5월 3일, 〈부활 삼종 기도〉

부드럽게 양심에 말씀하시는 하느님의 목소리가 있습니다. 반면, 악으로 이끄는 유혹의 목소리도 있습니다. 착한 목자의 목소리를 도둑의 목소리와 어떻게 구분할 수 있습니까? 하느님의 영감을 악마의 제안과 어떻게 구별해 낼 수 있습니까? 여러분은 이 두 가지 목소리를 식별하는 법을 배울 수 있습니다. 사실 이 두 가지 목소리는 서로 다른 두 가지 언어로 말합니다. 다시 말해 우리 마음을 건드리기 위해 서로 반대되는 방식과 서로 다른 언어로 말합니다.

우리가 어떤 언어를 다른 언어와 구별할 수 있는 것처럼, 하느님의 목소리와 악마의 목소리도 구별할 수 있어야 합니다. 하느님의 목소리는 절대 강요하지 않습니다. 하느님께서는 제안하시지, 의무를 강요하지 않으십니다. 반면 나쁜 목소리는 유혹하고, 공격하며, 강요합니다. 눈부신 환상을 일으키고 매혹하지만, 그것은 사라져 버릴 순간적인 감정입니다. 처음에는 듣기 좋은 말을 속삭입니다. 우리가 전능하다고 믿게 하지만, 그런 다음 우리를 공허한 상태로 남겨 두며 "너는 아무짝에도 쓸모없다."라고 비난합니다. 반면 하느님의 목소리는 큰 인내심으로 우리의 잘못을 바로잡아 줍니다. 항상 용기를 북돋아 주고, 우리를 위로합니다. 하느님의 목소리는 드넓은 지평을 향한 목소리이지만, 악한 자의 목소리는 우리를 벽으로 이끌고, 구석으로 몰아붙입니다.

또한 다른 점이 있습니다. 악마의 목소리는 현재에서 벗어나게 하며 우리를 미래에 대한 두려움이나 과거의 슬픔에만 집중하게 만듭니다. 악마는 현재를 원하지 않습니다. 쓰라린 상처, 내가 겪은 잘못과 우리에게 악행을 저질렀던 사람에 대한 기억을 떠올리게 합니다. 반면 하느님의 목소리는 '현재'에서 들려옵니다. "'지금' 너는 선을 실천할 수 있다. '지금' 너는 사랑의 창의성을 발휘할 수 있다. '지금' 너는 너의 마음을 감옥으로 만드는 후회와 미련을 포기할 수 있다." 우리에게 생기를 불어넣어 주고 우리를 앞으로 이끌어 주는 목소리이지만, 현재에서 들려옵니다. 바로 '지금'입니다.

다른 점은 하나 더 있습니다. 두 가지 목소리는 우리 안에 서로 다른 질문을 던집니다. 하느님에게서 오는 질문은 "무엇이 나에게 유익한가?"입니다. 반면 유혹자는 "나는 뭘 하고 싶지?"라는 질문을 고집합니다. 하느님 뜻이 아니라 "나는 무엇을 좋아하지?"라는 사악한 목소리가 늘 나의 '자아'와 나의 충동 그리고 욕구를 맴돌며, 모든 것을 즉시 행하라고 부추깁니다. '모든 것이 지금 당장' 이뤄져야 한다는 어린이들의 환상과 같은 것입니다. 반면 하느님의 목소리는 결코 값싼 기쁨을 약속하지 않습니다. 참된 선, 평화를 찾기 위해 '나'를 넘어서라고 초대합니다. 기억합시다. 악은 결코 평화를 주지 못합니다. 처음에는 열광케 하지만 나중에는 쓰라린 상처만 남깁니다. 이것이 악의 방식입니다.

끝으로 하느님의 목소리와 유혹자의 목소리는 서로 다른 '환경'에서 말합니다. 유혹자는 어둠, 거짓, 험담을 선호합니다. 반면 주님은 태양 빛, 진실, 진심 어린 투명성을 사랑하십니다. 유혹자는 우리에게 이렇게 말할 것입니다. "너 자신을 닫아 버려. 아무도 너를 이해하지 않고 네 말을 듣지 않으며, 너를 믿지 않으니 말이야!" 이와 반대로 선하신 분은 우리에게 마음을 열고 맑은 존재가 되어 하느님과 타인을 신뢰하라고 초대하십니다. 사랑하는 형제자매 여러분, 이 시기에 수많은 생각과 걱정이 우리를 자기 안으로 들어가게 합니다. 우리 마음에 와닿는 목소리에 주의를 기울입시다. 그 목소리들이 어디서 오는지 스스로 물어봅시다. 우리를 이기주의의 울타리에서 벗어나 참된 자유의 초원으로 이끌어 주시는 착한 목자의 목소리를 알아보고 따르는 은총을 청합시다.

> 사실, 세상은 위험투성이인 데다 어두운 곳이 많지요. 하지만 여전히 아름다운 것들이 많이 있습니다. 비록 온 땅에 사랑이 슬픔과 뒤섞여 있을지라도, 그 사랑은 어쩌면 더 강하게 자라날 것입니다.
>
> — 존 로널드 루엘 톨킨, 《반지의 제왕》

달콤한 눈빛의 악마

2022년 3월 6일, 〈삼종 기도〉

예수님께서는 악의 유혹에서 승리하는 방식을 알고 계셨습니다. 어떤 방식이었을까요? 자신을 위해서 사물과 사람들과 하느님을 이용하지 말며, 특권을 얻으려고 자신의 지위를 이용하지 말라는 하느님의 말씀으로 유혹을 이겨 내셨습니다. 진정한 행복과 자유는 소유에 있지 않고 나눔에 있기 때문입니다. 그리고 다른 사람들을 이용하는 것이 아닌 오히려 그들을 사랑하는 것에 있으며, 권력의 집착에 있지 않고 봉사의 기쁨에 있기 때문입니다.

이러한 유혹은 우리 삶의 여정에서 언제나 함께합니다. 두려워하지 마십시오. 이는 모든 사람에게 일어납니다. 그러나 경계하십시오. 때때로 유혹은 외형적으로 선의 형태로 나타나기 때문입니다.

그래서 악마는 자주 '달콤한 눈빛으로', '천사의 얼굴로' 다가옵니다. 심지어 자신을 외형적으로 거룩하고 종교적인 모습으로 위장하는 방법조차 압니다. 우리가 그의 아첨에 굴복하면, 우리의 거짓을 선의로 위장해 정당화하려 합니다. 예를 들어, 얼마나 자주 이런 말을 듣습니까!

"내가 이상한 사업을 했지만, 가난한 사람을 돕기도 했어."

"나는 정치인으로서, 경영자로서, 신부로서, 주교로서 내 역할을 이용해 이득을 챙겼지만, 좋은 목적이었어."

"내가 본능에 굴복했지만 결국 아무에게도 해를 끼치진 않았어."

정당화는 꼬리에 꼬리를 물고 이어집니다. 제발 악과 타협하지 마십시오. 그리고 악마와 대화하지 마십시오. 유혹에 빠져 악마와 대화해서는 안 됩니다. "하지만 결국 심각한 일이 아니야. 모두 그렇게 하잖아!"라고 말하게 만드는, 양심이 잠드는 상태에 빠져서는 안 됩니다. 타협을 모색하지 않으시고 악마와 화해하지 않으시는 예수님을 봅시다. 예수님께서는 악마보다 더 강한 하느님의 말씀으로 악마를 대적하시고 유혹을 극복하십니다.

악행을 끊는다는 것

2018년 8월 12일, 〈삼종 기도〉

악행을 끊는다는 것은 유혹, 죄, 사탄에게 "아니오."라고 말하는 것을 뜻합니다. 좀 더 구체적으로 말하면 죽음의 문화에 "아니오."라고 말하는 것을 의미합니다. 죽음의 문화란 거짓말, 속임수, 불의, 타인에 대한 혐오 등으로 표현되는 가짜 행복을 추구하며 현실에서 달아나는 것을 말합니다. 이 모든 것에 대해서 "아니오."라고 말하는 것입니다. 세례성사 안에서 우리에게 주어진 새로운 생명과 샘물 같은 성령께서는 분열과 불화의 감정으로 휩싸인 행동을 거부합니다. 이 때문에 바오로 사도는 마음에서 "모든 원한과 격분과 분노와 폭언과 중상을 온갖 악의와 함께"(에페 4,31) 내버리라고 권고합니다. 바오로 사도는 이 여섯 가지 악습, 즉 원한, 격분, 분노, 폭언, 중상, 악의가 성령의 기쁨을 방해하고 우리 마음을 오염시키며 하느님과 이웃을 거슬러 저주하게 만든다고 말씀하십니다.

선을 따르는 일

2018년 8월 12일, 〈삼종 기도〉

좋은 그리스도인이 되기 위해서는 악을 행하지 않는 것만으로 충분치 않습니다. 오히려 선을 따르고 실천해야 합니다. 그래서 바오로 사도는 이렇게 말합니다. "서로 너그럽고 자비롭게 대하고, 하느님께서 그리스도 안에서 여러분을 용서하신 것처럼 여러분도 서로 용서하십시오."(에페 4,32)

사람들이 "저는 아무에게도 악한 일을 하지 않습니다."라고 말하는 것을 종종 듣습니다. 그러면서 그들은 자신을 거룩한 사람으로 생각합니다. 그렇지만 선을 행합니까? 수많은 사람이 악을 행하지는 않지만, 선을 행하지도 않습니다. 그들의 삶은 무관심, 냉담, 미지근함 속에서 흘러갑니다. 알베르토 우르타도 성인은 이렇게 말했습니다. "악을 행하지 않는 것은 좋은 일이지만, 선을 행하지 않는 것은 악한 일이다."

오늘 저는 여러분에게 선행의 주인공이 되라고 권고합니다. 선행의 주인공! 여러분은 악을 행하지 않는 것으로 만족하지 마십시오. 모든 사람은 실천할 수 있었음에도 실천하지 않았던 선행에 대해 그 책임이 있습니다. 미워하지 않는 것으로는 충분하지 않습니다. 용서해야 합니다. 원한을 가지지 않는 것으로는 충분하지 않습니다. 원수를 위해 기도해야 합니다. 분열의 원인이 되지 않는 것으로는 충분하지 않습니다. 평화가 없는 곳에 평화를 전해야 합니다. 다른 이들을 험담하지 않는 것으로는 충분하지 않습니다. 누군가가 험담의 대상이 되는 이야기를 들을 때 중단시켜야 합니다. 험담을 멈춰야 합니다. 이것이 선을 실천하는 일입니다. 만일 우리가 악을 거스르지 않는다면 암묵적으로 악을 키우는 것입니다. 악이 퍼져 나가는 곳에 개입해야 합니다. 왜냐하면 악은 용감한 그리스도인이 없는 곳에서 퍼지기 때문입니다. 용감한 그리스도인들은 바오로 사도의 권고에 따라 '사랑 안에서 살아가면서' 선행을 통해 악을 거스릅니다.

마음을 더럽히는 거짓에서 정화

2021년 3월 7일, 〈교황 강론〉

우리는 예수님께서 어떻게 예루살렘 성전에서 환전상들과 사고파는 모든 이를 내쫓으셨는지 봅니다. 왜 예수님께서는 이렇게 강력하고 도발적인 행동을 하셨을까요? 하느님 아버지께서 성전을 정화하라고 그분을 보내셨기 때문에 돌로 만든 성전뿐만 아니라 그 무엇보다 먼저 우리 마음의 성전을 정화하기 위함입니다. 예수님께서는 당신 아버지의 집이 장사하는 집이 되는 것을 참으실 수 없었습니다. 그분께서는 우리 마음이 소란스럽고 어수선하며 혼란스러운 장소가 되기를 원치 않으십니다.

우리 마음은 깨끗해져야 하고 정돈되고 정화되어야 합니다. 무엇에서 정화되어야 합니까? 마음을 더럽히는 거짓에서, 위선적인 이중성에서 정화되어야 합니다. 우리 모두에게는 마음을 해치고, 삶을 더럽히며 의심하게 만드는 병이 있습니다. 그래서 하느님께 대한 우리의 신앙을 덧없는 것들과 순간적인 이익들로 맞바꾸려는 기만적인 확신에서 정화되어야 합니다.

우리 마음속에서, 그리고 교회 안에서 권력과 돈이라는 사악한 유혹이 사라지도록 노력해야 합니다. 우리 마음을 정화하기 위해서 우리 손을 더럽혀야 하고 책임감을 느껴야 합니다. 그리고 우리 형제자매들이 고통받는 동안 그저 구경하고 있어서는 안 됩니다. 우리 마음을 어떻게 정화할까요? 자신의 노력만으로는 할 수 없습니다. 우리는 예수님이 필요합니다. 그분께서는 악을 이길 힘을 갖고 계시고, 우리의 병을 치유하시며, 우리 마음의 성전을 다시 지어 주실 힘이 있습니다.

실패는 좋은 것입니다

2020년 2월 11일, 〈제35차 세계청년대회 교황 담화〉

저의 눈빛이 어떤가요? 제가 여러분을 주의 깊게 바라보고 있나요? 아니면 핸드폰이나 SNS 프로필에 있는 수많은 사진을 빠르게 탐색할 때처럼 보이나요? 오늘날 우리는 많은 사건을 직접 경험하지 않고도 목격자가 되는 일이 흔하게 일어납니다. 한편에서는 사건의 당사자와 한 번도 눈을 마주치지 않고 제일 먼저 핸드폰으로 사진을 찍느라 바쁩니다. 때로는 우리 주변 혹은 우리 안에서 육체적으로, 영적으로, 정서적으로, 사회적으로 죽음의 현실을 마주하게 됩니다. 우리는 그것을 인지하고 있습니까? 아니면 단순히 그 결과를 받아들입니까?

예를 들어 누군가는 한순간에 모든 것을 걸고, 급기야 극단적으로 목숨까지 걸려 합니다. 안타깝게도 몇몇 젊은이들은 희망이 없다고 느끼기에 목숨까지 끊으려 합니다. 한 소녀에게 이런 말을 들었습니다. "제 친구 중에서는 새롭게 도전해보려는 마음도, 다시 일어날 용기도 잃어버린 모습을 자주 봅니다." 안타깝게도 젊은이들 사이에서도 우울증이 퍼지고 있고, 어떤 경우 목숨을 끊으려는 유혹이 번지기도 합니다. 무관심이 지배하는 상황, 고뇌와 후회의 심연 속에서 길을 잃은 상황이 얼마나 많습니까! 자신의 부르짖음을 아무도 듣지 못한 채 눈물을 흘리는 젊은이들이 얼마나 많습니까! 그들 주변에는 아무에게도 신경 쓰지 않는, 자신만을 위한 행복한 시간을 즐기는 사람들의 정신없고 무관심한 시선들만 있을 뿐입니다.

겉으로 대충 살아가는 사람들은 살아 있다고 믿지만, 사실 속은 죽어 있습니다. 이들은 스무 살이 되면 자신의 진정한 존엄성을 추구하는 대신, 삶을 끌어내리는 선택을 하기도 합니다. 그들은 모든 것을 '마음껏 즐기며 사는' 일종의 만족을 추구하는 것으로 환원시키려 합니다. 순간의 즐거움, 다른 사람들의 순간적인 관심과 애정, 우리 모두에게 영향을 미치는 디지털 나르시시즘도 널리 퍼져 있습니다. 많은 이가 이렇게 살고 있습니다. 그들 중 누군가가 물질만능주의와 같이 돈을 벌고 편하게 사는 것이 인생의 유일한 목표라고 주위에 떠들고 다녔는지 모를 일입니다. 이는 결국 필연적으로 삶에 대한 불행, 무관심, 지루함, 공허함, 그리고 좌절감으로 이어질 것입니다.

개인적인 실패로 인해 부정적인 상황이 일어날 수도 있습니다. 관심을 두고 전념했던 일이 더 이상 진행되지 않거나, 원하는 결과를 얻지 못할 때도 있습니다. 이런 일은 학교에서나 스포츠, 예술 분야에서도 일어날 수 있습니다. '꿈'이 끝나 버리면 우리는 죽을 듯한 느낌을 받을 수 있습니다. 그러나 실패는 모든 인간의 삶의 일부이며, 어쩌면 은총이 될 수도 있습니다! 우리에게 행복을 가져다줄 것이라 여긴 것들이 환상, 혹은 우상으로 드러나는 경우가 많습니다. 우상은 우리를 노예로 삼아 우리에게 모든 것을 요구하지만, 그 어떤 보상도 주지 않습니다. 그리고 결국 그들은 무너지고 먼지와 연기만 남습니다. 실패가 우상을 무너뜨린다면, 아무리 고통스럽더라도 그것은 좋은 것입니다.

하느님께서는 우리가 생명과 연결되기를 원하십니다

2021년 9월 14일, 〈청년들과의 만남〉

여러분, 사랑이 열매를 맺으려면 그 뿌리를 잊지 말아야 합니다. 여러분의 뿌리는 무엇입니까? 부모, 특히 조부모입니다. 조부모님께 관심을 기울여 봅시다. 그들은 여러분이 자라난 토양을 준비했습니다. 뿌리에 물을 주러 조부모님을 방문해 보십시오. 이는 여러분에게 도움이 될 것입니다. 그들에게 질문하고, 그들의 이야기를 듣는 시간을 가지십시오.

오늘날 우리는 모든 일을 서둘러야 하고 항상 바쁘게 움직여야 한다고 느끼기 때문에 뿌리내리지 못할 위기에 있습니다. 인터넷을 통해 집에서도 즉시 원하는 정보를 찾을 수 있습니다. 한 번만 클릭하면 사람과 사물이 화면에 나타납니다. 그리고 그것들은 우리를 키워 준 가족들의 얼굴보다 더 친숙해집니다. 가상 메시지의 폭격으로 우리는 실제 뿌리를 잃을 위기에 있습니다. 삶에서 단절되고 공허한 환상에 빠지는 것은 좋지 않으며, 이는 악한 자의 유혹입니다. 하느님께서는 우리가 땅에 굳건히 심겨 생명과 연결되기를 원하십니다. 절대 자신의 문을 닫지 말고, 언제나 모든 사람에게 열어 두십시오! 언제나 뿌리내리고, 열려 있으십시오.

나의 존경하는 할머니에게(72회 생신을 맞이하여)

귀하신 할머니여, 당신은 많은 것을 경험하셨네! 또한 이제 행복하게 쉬고 계시네. 멀리서나 가까운 곳에서나 사랑스럽게 당신의 이름으로 불리시고, 은빛 왕관을 쓰신 채, 당신을 향해 성숙하게 자라고 꽃피는 아이들 가운데서, 또 나로부터도 진심으로 공경받으시네.

당신의 온유한 영혼, 긴 생명 얻으셨고, 고통 가운데서 당신을 다정하게 이끌었던 희망도 얻으셨네.

언젠가 사람들 중 최고의 사람, 우리 땅의 친구를 낳으신 마리아처럼, 당신은 기쁘고 경건하시기 때문에.

아! 그들은 알지 못하네, 드높은 분께서 백성들 가운데 거닐었음을. 또한 거의 잊혀졌네, 살아 계시는 분이 누구였는지.

그를 아는 자 거의 없으나, 자주 명랑케 하면서 질풍 같은 시대의 한가운데 천상적인 모습으로 그들에게 나타나네. 그는 모두를 아름답게 하면서, 조용히, 불쌍한 인물들과 더불어, 이 유일한 사람, 정신적으로 신성한 이는 사라져 갔네.

살아 있는 것 중 어느 것도 그 영혼에서 내쫓긴 적 없었고, 그는 세상의 고통을 사랑하는 가슴에 떠안았네.

죽음과도 친하게 지냈고, 다른 사람의 이름으로 고통과 노고를 벗어나 승리하면서 아버지에게로 돌아가셨네.

또한 당신께서도 그분을 알고 계시네, 귀하신 할머니여! 또한 믿으시며 인내하시며 말없이, 그 숭고한 분을 뒤따라 걸으시네.

보시라! 순진한 말마디들 니 자신을 젊게 만드셨네. 그리고 그전처럼, 눈에서는 눈물이 아직도 흐르고 있네.

또한 나는 오래전에 흘러간 나날을 돌이켜 생각하네. 또한 고향은 다시금 나의 고독한 심정을 기쁘게 해 주네. 제가 당신의 축복과 함께 자라났던 곳, 사랑으로 길러져 소년 더 빨리 자랐던 그 집도.

아! 내가 때때로 생각했던 대로, 내가 멀리서 열린 세계 안에 활동하며 스스로 볼 때, 당신은 나를 보고 기뻐하셔야 하네. 나는 많은 일을 시도했고 꿈꾸었으며, 그사이 나의 가슴은 싸워 상처 입었으나, 당신은 나의 상처를 낫게 해 주었네. 오, 그대들, 사랑스러운 것들이여! 또한 오, 할머니여! 당신처럼 나는 오래 사는 것을 배우고 싶네. 노년은 평온하고 경건하니만큼.

나는 당신에게로 가고자 하네. 그러면 다시 한번 이 손자를 축복해 주시기를, 그리하여 성년의 남자, 소년으로 칭찬받았던 것 당신에게 지키게 되기를.

— 프리드리히 횔덜린, 〈비가Elegie〉

무기력에서 벗어나 여러분의 영혼을 깨우십시오

2022년 11월 28일, 〈삼종 기도〉

우리는 하루하루를 습관처럼 흘려보내지 않도록, 그리고 예수님께서 말씀하시는 것처럼 일상의 근심으로 마음이 무뎌지는 일이 없도록 깨어 있어야 합니다. 삶의 근심이 우리 마음을 짓누릅니다. 그래서 다음과 같이 자문해 보았으면 합니다.

무엇이 내 마음을 짓누르는가? 무엇이 내 정신을 무뎌지게 하는가? 무엇이 나를 게으르게 만드는가? '안락의자에 머물러 있는' 그리스도인들을 보는 것은 슬픈 일입니다!

나를 마비시키는 안일함은 무엇이고, 나를 땅바닥에 떨어뜨려 머리를 들지 못하게 하는 악습은 무엇인가? 나는 우리 형제자매들의 어깨를 짓누르는 무거운 짐에 대해 관심이 있는가, 아니면 무관심한가?

이러한 질문은 우리에게 유익합니다. '나태함에서 우리 마음을 지키는 데' 도움이 되기 때문입니다. 누군가 이렇게 질문할 수 있습니다. "교황님, 태만이 무엇인가요?" 태만은 영적 삶의 큰 원수이며, 그리스도인 삶의 큰 원수이기도 합니다. 태만은 우리를 슬픔에 빠지게 하는 게으름으로, 삶의 즐거움과 행동하려는 의지를 앗아 갑니다. 영혼을 무기력 속에 가두어 기쁨을 앗아 가는 부정적인 영, 나쁜 영입니다. 태만은 슬픔으로 시작해서 미끄러지고 또 미끄러집니다. 결국 아무런 기쁨도 없습니다.

잠언은 이렇게 말합니다. "무엇보다도 네 마음을 지켜라. 거기에서 생명의 샘이 흘러나온다."(잠언 4,23) 마음을 지키라는 말은 깨어 있으라는 것을 의미합니다. 깨어 있으십시오!

동방에서 전해지는 어느 시대의 임금 이야기.
억압과 권태 속에서 화려하게
홀로, 그리고 비밀리에 떠나신다.

모호한 이름과 거친 손을 가진
수많은 이들 속에 뒤섞여.
오늘날, 신도들의 수장, 에미르Emir[2]처럼
아론처럼, 하느님께서는 백성들 사이로 가길 원하신다.

먼지 속으로 사라질 모든 가문처럼
태어나셨네, 어머니에게서 태어나셨네.
그리고 온 세상이 그분께 주어질 것이다.

공기, 아침, 물, 빵, 돌
그리고 백합, 그러나 순교의 피를 흘린 다음에는,
조롱, 십자가의 못과 나무

— 호르헤 루이스 보르헤스, 〈요한 복음서 1장 14절〉

---

2 아랍어로 '사령관', '총독'이란 뜻. 이슬람 세계에서 제후의 칭호로 사용된다.

행복을 향한 채워지지 않는 갈망

2014년 1월 21일, 〈제29차 세계청년대회 교황 담화〉

만약 진정으로 마음속 가장 깊은 곳의 열망에 열려 있다면, 여러분 안에 행복을 향한 채워지지 않는 갈망이 있음을 깨닫게 될 것입니다. 이를 통해 주위에 있는 수많은 '가치 절하된' 유혹을 간파할 수 있고 거부할 수 있습니다.

우리가 성공과 쾌락, 그리고 소유만을 추구하는 이기심을 우상으로 여길 때, 잠시 도취감이나 거짓된 만족감을 느낄 수도 있습니다. 결국 우리는 그것들의 노예가 되어 결코 만족하지 못하고, 항상 더 많은 것을 추구하게 됩니다. 모든 것을 다 가졌지만, 나약한 젊은이를 보는 것은 참으로 안타깝습니다.

요한 사도는 젊은이들에게 다음과 같이 이야기합니다. "여러분이 강하고 하느님의 말씀이 여러분 안에 머무르며 여러분이 악한 자를 이겼기 때문입니다."(1요한 2,14)

그리스도를 선택한 젊은이들은 강합니다. 그들은 그분의 말씀으로 양육되고 다른 것을 과하게 먹지 않습니다! 시류에 맞서려는 용기를 가지십시오. 진정한 행복을 향한 용기를 가지십시오! 순간적이고 피상적이며 버려지는 문화, 여러분이 책임질 수 없고 인생의 큰 도전에 맞설 수 없다고 여기는 문화를 거부하십시오!

여러분 이야기의 주인공이 되십시오

2017년 2월 27일, 〈제32차 세계청년대회 교황 담화〉

우리의 기억들이 마치 하드 디스크의 메모리처럼 가득 들어차 있으면 안 됩니다. 그리고 모든 기억을 가상의 '클라우드'에 보관하기도 불가능합니다. 우리는 과거의 사건들을 통해 성찰하고, 그 안에서 현재와 미래를 위한 의미와 교훈을 얻어 역동적인 현실로 만들어 나가는 방법을 배울 필요가 있습니다. 이는 쉬운 일이 아니지만, 우리 삶 전체를 관통하는 하느님 사랑의 실마리를 발견하는 데 필요한 일입니다.

많은 사람이 젊은이들은 산만하고 허황된 생각으로 가득 차 있다고 말합니다. 저는 전혀 동의하지 않습니다. 우리는 우리의 삶을 돌아보고, 미래를 향하도록 할 필요가 있음을 인정해야 합니다. '과거'와 '역사'는 같은 의미가 아닙니다. 우리는 수많은 기억을 가지고 살아가지만, 그중에 진정으로 가슴속에 남는 기억은 얼마나 될까요? 우리 마음을 움직이고, 우리 삶에 큰 의미로 남는 기억이 얼마나 되나요?

소셜 미디어를 통해 여러 이야기가 담긴 사진 속에서 셀 수 없이 많은 젊은이의 얼굴을 봅니다. 그러나 이 모든 사진이 과연 '역사'인지는 알 수 없습니다. '역사'란 소통이 가능하고, 목적과 의미가 부여되는 경험입니다. TV 프로그램은 소위 리얼리티 쇼로 가득 차 있지만, 실제 이야기가 아닌 카메라 앞에서 계획 없이 하루하루를 살아가는 연기자들의 순간만을 담았을 뿐입니다. 이 거짓된 현실의 모습에 현혹되지 마십시오! 여러분 이야기의 주인공이 되고, 여러분의 미래를 스스로 결정하십시오!

5장

행복은

진정한 꿈을 꾸는 것입니다

하느님께서는 밤에 오십니다

2021년 11월 21일, 〈교황 강론〉

하느님께서는 밤에 오십니다. 우리 삶에 짙게 깔린 어두운 구름 사이로 오십니다. 우리는 이 순간을 알아차릴 수 있습니다. 우리는 주님을 알아볼 수 있어야 하고, 어둠 너머를 볼 수 있어야 하며, 어둠 한가운데서 주님을 보기 위해 우리의 시선을 들어 올려야 합니다. 사랑하는 젊은이 여러분, 밤의 환시 속(다니 7,13 참조)을 바라보십시오! 이것은 무슨 뜻일까요? 어둠 속에서도 밝은 눈을 가지라는 의미이며, 우리가 자주 마음속에 품으며 주변에서 보게 되는 어둠 속에서도 빛을 찾도록 힘쓰라는 의미입니다. 땅이 아닌 하늘을 향해 눈을 뜨십시오. 도망치는 것이 아닙니다. 두려움에 사로잡혀 그저 바닥에 주저

앉고 싶은 유혹을 극복하기 위함입니다. 두려움이 우리를 지배할 때 위기가 찾아옵니다. 생각이나 불평에 얽매이지 마십시오. 대신 눈을 들어 하늘을 보십시오. 이는 주님의 초대입니다. 눈을 들어 하늘을 보십시오!

매우 어려우면서도 매혹적인 임무가 여러분에게 주어졌습니다. 곧 모든 것이 무너질 듯한 곳에서 우뚝 서는 일, 밤의 환시 속에서 빛을 볼 줄 아는 파수꾼이 되는 일, 세상의 수많은 폐허 한가운데에서 건축가가 되는 일, 마지막으로 꿈을 꾸는 일입니다. 저는 이 말에 뼈가 있다고 생각합니다. 안타깝게도 꿈을 꾸지 않는 젊은이는 때 이른 노인이 되고 맙니다!

꿈을 꾼다는 것. 그것은 밤에 잠들지 않고 불꽃을 밝히고, 내일을 알리는 희망의 빛을 비추는, 그런 꿈을 꾸는 사람이 되는 것입니다. 여러분, 꿈을 꾸십시오. 그리고 용기를 갖고 서둘러 미래를 바라보십시오.

당신의 인생의 꿈은?

2021년 3월 19일, 〈교황 담화〉

모든 사람은 인생에서 꿈을 실현하기를 기대합니다. 그리고 성공, 돈, 쾌락과 같은 덧없는 것들로는 만족시킬 수 없는 위대한 희망, 고귀한 열망을 갖는 것은 마땅합니다. 실제로 사람들에게 인생의 꿈을 한마디로 표현하라고 한다면, '사랑'이라는 응답을 떠올리는 일은 그리 어렵지 않을 것입니다. 사랑은 삶을 의미 있게 만듭니다. 사랑이 생명의 신비를 드러내기 때문입니다. 사실 생명은 우리가 내어 줄 때 비로소 우리의 것이 됩니다. 아낌없이 내어 줄 때만 진정으로 소유하게 됩니다.

그대의 손은 나에게 다정한 손길
내 일상의 선율
내 그대를 사랑함은 그대의 손이
정의를 위해 일하기 때문

그대의 눈은 액운을 쫓는
나의 주문呪文
내 그대를 사랑함은 그대의 눈빛이
미래를 응시하고, 미래의 씨를 뿌리기 때문

나의 낙원에서 나 그대를 사랑하네.

나의 나라에선
사람들이 행복하게 사네
허락 없이도 자유롭게

내 그대를 사랑함은
나의 사랑, 나의 공모자, 나의 전부이기 때문
거리에 나가 어깨를 나란히 걸으며
우리 둘 아닌 그 이상

— 마리오 베네데티, 〈그대를 사랑해Te quiero〉

'나'의 반대말은 '우리'

2018년 8월 11일 〈청년들과의 대담〉

성경에서는 큰 꿈이란 풍요로워질 수 있는 꿈이라고 전합니다. 이는 열매를 맺고, 평화와 형제애 그리고 기쁨의 씨앗을 뿌릴 수 있는 꿈을 의미합니다. 이러한 꿈이 큰 꿈인 이유는 '우리'라는 마음으로 '모두'를 생각하기 때문입니다.

한 신부님이 저에게 물었습니다. "'나'의 반대말이 무엇인지 말씀해 주실 수 있습니까?" 그리고 저는 순진하게도 함정에 빠져 이렇게 말했습니다.

"'나'의 반대말은 '너'입니다."

"아니요. 그 말씀은 전쟁의 씨앗이 될 수 있습니다. '나'의 반대말은 '우리'입니다."

제가 만약 '너'가 반대말이라고 말한다면, 저는 전쟁을 일으키는 꼴이 됩니다. 하지만 '이기심'의 반대말이 '우리'라고 말한다면, 친구들의 꿈을 이어 갈 공동체가 생기고, 평화를 만들 수 있습니다.

생각해 보십시오. 진정한 꿈은 '우리'의 꿈입니다. 큰 꿈은 타인과 관계를 맺고, 적극적이며, 함께 나누고, 새로운 삶을 만들어 가는 것을 포함합니다. 그리고 그 상태를 유지하기 위해 희망의 무한한 원천, 그 꿈을 불어넣고 키워 나갈 무한힘이 필요합니다. 큰 꿈이 신기루나 전지전능함이라는 망상이 되지 않기 위해서는 하느님의 도움이 필요합니다. 큰 꿈을 꿀 수는 있지만 혼자서는 위험합니다. 스스로 전지전능하다는 망상에 빠질 수 있기 때문입니다. 그러나 하느님과 함께라면 두려워하지 말고, 앞으로 나아가십시오. 매우 큰 꿈을 꾸십시오!

우리의 지평을 좁히지 마십시오

2020년 11월 22일, 〈교황 강론〉

위대한 꿈을 꾸십시오. 오로지 꼭 필요한 것에만 만족하지 맙시다. 주님께서는 우리가 지평을 좁히는 것을 원하지 않으시고, 인생의 갓길에 멈춰 서 있는 것도 바라지 않으십니다. 그분께서는 우리가 대범하게 그리고 기뻐하면서 고귀한 목표들을 향해 질주하기를 바라십니다. 우리는 단지 휴가나 주말만을 꿈꾸려고 창조된 것이 아니라, 이 세상에서 하느님의 꿈을 이루도록 창조되었습니다. 하느님께서는 삶의 아름다움을 껴안도록 우리를 꿈꿀 수 있게 만드셨습니다. 자비로운 일은 삶에서 가장 아름다운 일이고, 이는 우리의 위대한 꿈의 핵심으로 나아가게 합니다. 만약 그저 지나가 버리는 이 세상의 영광이 아닌 하느님의 영광, 참된 영광을 꿈꾸고 있다면 이는 우리가 머물러야 할 길입니다. 마태오 복음서(마태 25,34-40)를 다시 읽어 보십시오. 그리고 묵상해 보십시오. 자비를 위한 노력이 다른 어떤 것보다 하느님께 영광을 드릴 수 있기 때문입니다. 잘 들어 보십시오. 자비를 위한 노력이 다른 어떤 것보다 하느님께 영광을 드립니다. 결국 우리는 자비를 위한 노력으로 심판받을 것입니다.

밤이라 해도

솟아 흐르는 그 샘을 나는 잘 안다
밤이라 해도

저 영원한 샘, 숨어 계셔도
어디에 살고 계시는지 나는 잘 안다
밤이라 해도

시원始原이 없으니, 그 시작 알지 못해도
온갖 시작이 그로부터 옴을 안다
밤이라 해도

그렇게 아름다운 것 없고
하늘과 땅이 그곳에서 마신다는 것을 나는 안다
밤이라 해도

그 맑음은 흐려진 적 없고

온갖 빛이 거기에서 옴을 안다

밤이라 해도

— 십자가의 요한 성인

사랑하기로 선택한다면 우리는 행복합니다

2020년 11월 22일, 〈교황 강론〉

우리가 위대한 꿈을 실현하려면 어디에서 시작해야 할까요? 바로 '위대한 선택'에서 시작해야 합니다. 오늘 복음도 이 점을 이야기해 줍니다. 실제로 마지막 심판 때에 주님께서는 우리가 선택한 것으로 우리를 심판하실 것입니다. 복음은 모든 민족이 그분 앞에 모이고, 마치 양과 염소를 가르듯이 그분께서 그들을 가르실 것이라 말합니다(마태 25,32-33 참조). 그분께서는 마치 심판하지 않으시는 것 같습니다. 선과 악이 우리에게 달려 있기 때문입니다. 그분께서는 오직 우리 선택의 결과들을 뽑아, 그 결과들을 밝히시고, 존중하실 뿐입니다.

인생은 힘이 있고 결단력 있으며, 영원한 선택을 위한 시간입니다. 하찮은 선택은 하찮은 삶으로 이어지고, 위대한 선택은 위대한 삶으로 이어집니다. 선이든 악이든 우리가 선택한 그대로 그렇게 될 것입니다. 만약 우리가 도둑질을 택한다면 도둑이 됩니다. 만약 우리가 자신만을 생각하기를 택한다면 이기주의자가 됩니다. 만약 우리가 미워하기를 택한다면 분노에 찹니다. 만약 우리가 핸드폰에 몇 시간을 쓰기로 택한다면 중독자가 됩니다. 하지만 우리가 하느님을 택한다면 매일 그분의 사랑 안에서 자라납니다. 그리고 다른 사람들을 사랑하기로 택한다면 우리는 진정한 행복을 발견합니다. 바로 선택의 아름다움은 사랑에 달려 있기 때문입니다. 이것을 기억하십시오.

예수님께서는 우리가 마음이 닫혀 있고 무관심하게 살아간다면 마비되지만, 다른 사람들에게 자신을 내어 준다면 우리가 자유로워진다는 것을 아십니다. 오로지 생명을 내어 줌으로써 생명을 얻게 됩니다. 주님께서 우리에게 생명의 비밀을 선물처럼 전해 주십니다. 지금 그리고 영원히, 생명을 내어 줌으로써 생명을 얻게 됩니다.

삶의 이유에 매달리지 마십시오

2020년 11월 22일, 〈교황 강론〉

선택을 어렵게 하는 장애물들이 있습니다. 두려움, 불안, 정답 없는 물음, 하지만 사랑은 우리가 이것들을 뛰어넘길 바랍니다. 삶의 이유에 매달리지 않기를, 하늘에서 답이 뚝 떨어지는 것을 기다리지 않기 바랍니다. 오히려 우리를 사랑하시고 우리에게 당신의 아드님을 보내신 하느님 아버지의 눈빛, 이것이 그에 대한 답입니다. 사랑은 우리가 "왜?"를 넘어 "누구를 위해서?", 또 "왜 내가 살아 있지?"에서 "내가 누구를 위해서 살고 있을까?"로, 또 "이 일이 왜 나한테 일어나고 있을까?"에서 "내가 누구를 도울 수 있을까?"로 나아가도록 합니다.

나 자신만을 위해서가 아니라 '누구를 위해' 살아가야 합니다. 무엇을 공부할지, 어떤 친구를 사귈지, 어떤 집을 살지, 어떤 흥미로운 일을 찾거나 어떤 취미를 가질지 등 삶은 이미 우리가 선택한 것들로 가득 차 있습니다. 하지만 우리는 실제로 사랑을 시작하지도 않으면서 자신만을 생각하는 데 너무 많은 시간을 허비하곤 합니다. 알렉산드로 만초니Alessandro Manzoni

는 좋은 충고를 해 줍니다. "우리는 '잘 지내는 것'보다 '잘 행하는 것'을 더 생각해야 합니다."(《약혼자들》, 38장)

의심과 물음뿐만 아니라 또 다른 장애물들도 위대하고 자비로운 선택을 어렵게 합니다. 불필요한 것임에도 마음을 마비시키는 과열된 소비주의가 있습니다. 그리고 쾌락에 대한 환상은 문제에서 도망치는 유일한 방법처럼 느껴지지만, 사실 그것은 단순히 문제를 미루는 일일 뿐입니다. 그리고 도움을 주어야 하는 의무는 잊고, 각자의 권리만을 고집하는 태도입니다.

그다음으로는 사랑에 대한 크나큰 착각입니다. 사랑은 강렬한 감정 이상의 것으로 느껴지지만, 사실 사랑은 선물이고 선택이며 희생입니다. 그리고 선택한다는 것은 특별히 오늘날 남들의 인정에 길들지 않는 것을 뜻합니다. 그리고 자율성을 마비시키는 소비 구조에 휘둘리지 않고, 외모에 대한 숭배에 빠지지 않는 것을 의미합니다. 생명을 선택한다는 것은 '사용하고 버리는' 문화, 그리고 '지금 모든 것'을 가지려는 욕망에 저항하는 것을 의미합니다. 이는 하늘나라라는 목표를 향해, 그리고 하느님의 꿈을 향해 우리 삶을 이끌기 위함입니다. 생명을 선택한다는 것은 살아가는 것입니다. 더불어 우리는 살아가기 위해 태어났지, 그저 시간만 보내며 나이를 먹어 가기 위해서 사는 것이 아닙니다.

매일 우리는 마음속에서 많은 선택을 마주합니다. 저는 여러분이 좋은 선택을 하도록 마지막 조언을 하고 싶습니다. 우리가 내면을 들여다보면, 두 개의 전혀 다른 물음이 떠오릅니다. 하나는 '내가 무엇을 하고 싶은가?'입니다. 이 질문은 종종 우리를 속입니다. 여기에는 자신에 대해 생각하고 자신 안에서 발생하는 모든 욕망과 충동에 따르는 것만이 중요하다는 관념만을 갖게 하기 때문입니다. 그러나 성령께서 우리 마음에 심어 주신 질문들은 전혀 다릅니다. "내가 무엇을 하고 싶은가?"가 아니라 바로 "무엇이 나에게 유익한가?"입니다. 매일 우리는 이 두 가지 선택 위에 놓여 있습니다. "내가 무엇을 하고 싶은가?" 아니면 "무엇이 나에게 유익한가?"라는 이 내적 식별이 하찮은 선택일지 아니면 인생을 바꾸는 선택일지는 결국 우리에게 달려 있습니다. 예수님을 바라보십시오. 그리고 우리에게 가장 유익한 것을 선택할 용기, 사랑이라는 방법으로 그분의 뒤를 따를 수 있도록 간청합시다. 그리고 기쁨을 발견하기를 기도합시다.

인간은 이 세상에 머무는 한, 다소 불편한 침대에 누워 있는 환자와 같습니다. 그는 자기 주변에 잘 정돈되고 평평하며 반듯한 다른 침대들을 보고는, 거기 누우면 아주 편안할 것이라고 상상합니다. 하지만 그가 침대를 바꾸는 데 성공하더라도, 새 침대에 자리를 잡자마자 몸을 누르기 시작하면, 여기서는 가시가 찌르는 것을, 저기서는 혹이 배기는 것을 느끼게 됩니다. 결국 우리는 대부분 이전과 같은 상황에 다시 처하게 됩니다. 그래서…… 우리는 '잘 지내는 것'보다 '잘 행하는 것'을 더 생각해야 합니다. 그렇게 한다면 결국엔 더 잘 지내게 될 것입니다.

— 알렉산드로 만초니, 《약혼자들》

위험을 감수하는 것을 두려워하지 말고, 마비된 삶을 두려워하십시오

《그리스도는 살아 계십니다》, 142항 참조

우리는 꿈을 향한 길에서 끈기 있게 나아가야 합니다. 이를 위해 우리에게 종종 짓궂은 장난을 치는 유혹, 곧 불안을 경계해야 합니다. 결과가 즉각적으로 나타나지 않는다는 이유로 우리를 포기하게 만들 때, 불안은 가장 큰 적이 될 수 있습니다. 가장 아름다운 꿈은 조급함을 버리고 희망과 인내, 그리고 꾸준한 노력으로 쟁취하는 것입니다. 동시에 불확실성 때문에 멈춰 서서는 안 됩니다. 위험을 감수하는 것과 실수하는 것을 두려워해서는 안 됩니다. 오히려 우리가 두려워해야 할 것은 마비된 채 살아가는 일입니다. 위험을 감수하는 것, 자신의 책무를 완수하지 않는 것, 실수하는 것이 두려워서 생명력 없이 전락해 버리는 것을 두려워해야 합니다. 실수할지라도, 언제든 다시 고개를 들고 새롭게 시작할 수 있습니다. 그 누구도 여러분에게서 희망을 훔쳐 갈 권리는 없습니다.

여러분의 꿈이 여러분의 미래가 되게 하십시오

2018년 8월 11일, 〈청년들과의 대담〉

꿈은 중요합니다. 꿈은 시야를 넓혀 주고 우리의 지평을 포용하며, 일상의 모든 행동 속에서 희망을 키우도록 도와줍니다. 그리고 무엇보다도 젊은이들의 꿈이 더욱 중요합니다. 꿈을 꿀 줄 모르는 젊은이는 마비된 사람과 같습니다. 그는 삶과 삶의 힘을 이해할 수 없습니다. 꿈은 여러분을 깨우고, 여러분을 더 멀리 데려가며, 인류를 위해 다른 길을 밝혀 주는 가장 밝은 별입니다. 보십시오. 여러분의 마음속에는 찬란히 빛나는 별, 바로 여러분의 꿈이 있습니다. 그것은 여러분의 책임이자 보물입니다. 여러분의 꿈이 여러분의 미래가 되게 하십시오! 이것이 여러분이 해야 할 일, 바로 오늘의 꿈을 미래의 현실로 바꾸는 일입니다. 그래서 분명 용기가 필요합니다. 저항과 어려움에 맞서, 우리의 꿈을 소멸시키려는 모든 것에 맞서 용기 있게 앞으로 나아가십시오.

잠들게 하는 꿈을 경계하십시오

2018년 8월 11일, 〈청년들과의 대담〉

꿈은 키워야 하고 정화해야 하며, 검증해야 하고 나누어야 합니다. 하지만 여러분의 꿈이 어디서 왔는지 생각해 본 적이 있습니까? 나의 꿈은 어디서 온 것일까요? 그 꿈들이 TV를 보고 생겨났을까요? 친구들의 말을 듣고? 아니면 헛된 상상을 통해서? 그 꿈들은 큰 꿈인가요, 작은 꿈인가요? 아니면 가능한 한 최소한의 것에 만족하는 소소한 꿈일까요? 안락함의 꿈, 웰빙의 꿈을 꾸면 이렇게 생각할 것입니다. "아니야, 아니야,

난 이대로가 좋아. 더 이상 나아가지 않을 거야." 하지만 이 꿈들은 여러분의 삶을 근사하게 만들지 않습니다! 여러분을 살아 있는 채로 죽게 할 것입니다! 평온의 꿈, 젊은이를 잠들게 하는 꿈, 그리고 용기 있는 젊은이를 소파 위에 눕게 만드는 꿈을 경계하십시오.

미친 청년, 프란치스코

2018년 8월 11일, 〈청년들과의 대담〉

젊은이들의 꿈은 어른들을 조금 두렵게 합니다. 아마도 어른들이 계속 꿈을 꾸고 위험을 감수하는 일을 멈췄기 때문일 수 있습니다. 인생에서도 그런 일들이 번번이 일어납니다. 아마도 젊은이들의 꿈이 어른들의 선택을 곤란하게 하기 때문에 두려워할 수도 있습니다. 또는 젊은이들이 꿈을 꿀 때, 그 꿈이 조금은 동떨어져 보이기 때문일 수도 있습니다. 하지만 여러분의 꿈을 빼앗기지 마십시오.

여기 이탈리아에는 한 청년이 있었습니다. 그는 스무 살, 스물두 살 무렵부터 큰 꿈을 꾸기 시작했습니다. 그의 아버지는 부유한 사업가였고, 자기 아들에게 자기 사업을 물려받으라고 설득했지만, 청년은 다음과 대답했습니다. "아니요, 저는 내면에서 느껴지는 것들을 꿈꾸고 싶어요." 마침내 그는 꿈을 향해 떠났습니다. 그의 아버지가 그를 주교 앞으로 끌고 가 재판을 청했지만, 오히려 그 청년은 자기 옷가지마저 다 벗어버리며 "제 갈 길을 가도록 해 주세요, 아버지."라고 말했습니다.

13세기 이탈리아 청년인 '프란치스코'는 이탈리아의 역사를 바꿨습니다. 프란치스코 성인은 큰 꿈을 꾸기 위해 위험을 감수했습니다. 생각해 봅시다. 그는 현재의 우리 혹은 과거의 우리와 똑같은 청년이었습니다. 그런데 그가 어떻게 위대한 꿈을 꾸었나요! 사람들은 그가 꿈을 꾸니 미쳤다고 말하더군요. 그러나 그는 많은 선한 일을 행하였고, 지금도 그 일은 계속되고 있습니다.

여러분의 꿈을 거저 주십시오

2018년 8월 11일, 〈청년들과의 대담〉

꿈꾸는 것을 멈추지 말고, 다른 사람들에게 꿈꾸는 방법을 가르쳐 주십시오. 꿈은 큰 힘이 됩니다.

"교황님, 꿈을 꾸게 하는 약은 어디서 살 수 있나요?"

그런 것은 없습니다. 그것들은 여러분을 꿈꾸지 못하게 하고 여러분의 마음을 잠들게 할 것입니다. 여러분의 뇌세포를 태워 버리고 여러분의 인생을 망칠 것입니다.

"그래서 꿈은 어디서 살 수 있나요?"

꿈은 살 수 없습니다. 꿈은 선물이기 때문입니다. 하느님께서 주신 선물이며, 하느님께서 여러분의 마음에 심어 주신 선물이기 때문입니다. 꿈은 우리에게 거저 주어진 것이기에 우리도 다른 사람들에게 거저 주어야 합니다. 여러분의 꿈을 거저 주십시오. 그 꿈을 누군가 가져갈지라도 여러분을 가난하게 만들지 못할 것입니다. 다른 사람들에게 여러분의 꿈을 거저 주십시오.

희망의 장인

2019년 5월 7일, 〈교황 연설〉

꿈의 장인, 희망의 장인이 되기 위해 매일 노력하는 일보다 더 많은 아드레날린이 솟아나는 일이 있을까요? 꿈은 우리가 다른 세계, 즉 하느님 나라가 실제로 있다는 것을 확신하게 해 줍니다. 또 우리의 노력과 헌신, 그리고 행동을 통해 그 세계에 참여하고, 그 세계의 일원이 되도록 부름받았다는 것을 깨닫도록 도와줍니다.

꿈이 없는 곳에는 한숨과 체념뿐입니다

2019년 5월 7일, 〈교황 연설〉

오늘날 많은 젊은이의 중요한 문제 중 하나는 꿈을 꿀 수 있는 능력을 상실했다는 것입니다. 꽤 많은 젊은이가 꿈을 꾸지 않습니다. 그래서 한 사람이 꿈을 꾸지 않을 때, 한 젊은이가 꿈을 꾸지 않을 때 그 텅 빈 공간은 한숨과 체념, 슬픔으로 가득 차게 됩니다.

자신의 꿈을 지키기

2018년 10월 23일, 〈청년들과 노인들과의 대담〉

꿈을 꾸기 시작하십시오. 모든 것을 꿈꾸십시오. 아름다운 노래가 떠오릅니다 "파랗게 물든 푸르름 속에서, 그곳에 있는 건 행복이라네."(〈볼라레volare〉의 가사 중) 꿈을 꾼다는 것은 부끄러운 일이 아니라 이렇게 당당한 것입니다. 꿈을 꾼다는 것은 이런 노랫말과도 같습니다. 그러니 아이들을 지키듯이 꿈을 지키십시오. 이를 이해하기는 어렵겠지만 느낄 수 있습니다. 여러분이 꿈이 있다면, 어떻게 말로 표현해야 할지는 모르지만, 일상의 습관이 꿈을 빼앗지 못하도록, 꿈을 보호하고 지켜 나가십시오.

많은 사람의 관심을 끄는 아이들의 두 가지 특징이 있다. 첫째, 매우 진지하다는 것과 둘째, 결과적으로 매우 행복하다는 것이다. 그들은 유머가 없을 때만 가능한, 완전한 기쁨을 누린다. 쟁쟁한 교육 기관과 현자들도 3개월 된 아기의 눈에 깃든 진지함을 결코 지녀 본 적이 없을 것이다. 그 진지함은 우주 앞에서 느낀 경이로움이며, 이 경이로움은 신비주의가 아닌 오히려 초월적 감각이다. 아이들의 매력은 그들 각자를 통해 만물이 다시 만들어지고 우주가 다시 시련을 겪는다는 사실에 있다. 우리가 길을 걸으며, 몸에 비해 크기가 3배나 큰, 버섯 모양같이 유쾌하게 봉긋 솟은 머리가 우리 아래로 보일 때, 우리는 무엇보다도 창조 일곱째 날 세상이 새로워진 것처럼 그들의 머릿속에 새로운 우주가 있다는 것을 늘 기억해야 한다. 각각 새롭게 자리 잡은 별들과 새로운 풀밭, 새로운 도시, 새로운 바다가 있다.

건강한 마음속에는 종교가 우리에게 '오르기'보다 '땅을 일구라'는 막연한 가르침이 항상 자리 잡고 있다. 가령 우리가 땅의 흔한 진흙을 이해할 수 있다면, 모든 것을 이해할 수 있을 것이란 느낌이다. 마찬가지로 우리는 단순에 관습을 무너뜨리고 어린아이처럼 별을 볼 수 있다면, 다른 종말론은 필요하지 않을 것이라는 느낌이 든다.

— 길버트 키스 체스터턴, 《피고*L'imputato*》

우리는 젊은이들의 열정이 필요합니다

2021년 11월 21일, 〈교황 강론〉

여러분에게 이것을 말씀드리고 싶습니다. 우리 모두 꿈을 꾸는 여러분에게 감사드립니다. "그런데 정말인가요? 젊은이들이 꿈을 꿀 때는 가끔 소란스럽습니다." 시끄럽게 하십시오. 여러분이 내는 소음은 여러분의 꿈의 열매이기 때문입니다. 여러분이 예수님을 인생의 꿈으로 삼고, 기쁨으로 그리고 매력적인 열정으로 그분을 받아들일 때, 이는 여러분이 밤 속에 머물지 않는다는 것을 의미합니다! 감사합니다. 여러분! 여러분이 용기 내어 꿈을 펼쳐 나가고, 인생의 어두운 밤 속에서도 빛을 믿고, 우리 세상을 더욱 아름답고 인간답게 만들기 위해 열정적으로 헌신한 그 모든 시간에 감사드립니다. 여러분이 형제애의 꿈을 키우고, 피조물의 상처를 돌보고, 가장 약한 이들의 존엄을 위해 싸우고, 연대와 나눔의 정신을 널리 전하는 그 모든 시간에 감사드립니다. 그리고 특히 현재의 이득만을 따지고, 원대한 이상을 질식시키려는 이 세상에서 꿈을 꾸는 법을 잃어버리지 않았기에 감사드립니다!

잠든 채로 살거나 마비된 채로 살지 마십시오. 생생하게 꿈을 꿔야 합니다. 이는 우리 어른들과 교회를 도와주는 일입니다. 교회도 언제나 하느님의 젊은 증거자가 되기 위해 우리는 꿈을 꿀 필요가 있고, 열정을 가질 필요가 있고, 젊은이들의 향기를 느낄 필요가 있습니다!

혼자 꿈을 꾼다는 것은 헛된 망상을 보게 될 위험이 있습니다

2019년 5월 7일, 〈교황 연설〉

함께 꿈을 꾸는 것이 얼마나 중요합니까! 부디 혼자가 아닌 함께 꿈을 꾸십시오. 다른 이들과 함께 꿈을 꾸십시오. 그러나 그들과 반대로 꿈을 꾸지 마십시오! 혼자 꿈을 꾼다는 것은 헛된 망상처럼 존재하지 않는 것을 보게 될 위험이 있습니다. 꿈은 함께 만들어 가는 것입니다.

건전한 유토피아를 만듭시다

2017년 8월 30일, 〈일반 알현〉

낙담하고 절망하는 이들에게 귀를 기울이지 맙시다. 삶의 희망을 키우지 말라고 비관적으로 말하는 이들을 귀담아듣지 맙시다. 그 어떤 것도 평생을 희생할 가치가 없다고 말하며 타오르는 열정을 식게 만드는 사람을 믿지 맙시다. 젊음의 환희를 질식시키는, 마음의 '노인들'의 말을 듣지 맙시다. 오히려 희망의 밝은 눈을 가진 어르신들께 갑시다!

하느님께서는 우리가 현실에 관심을 기울이며, 그분과 함께 그분처럼 꿈꾸길 바라십니다. 그런 건전한 유토피아를 만듭시다! 그분께서는 우리가 새로운 세상을 꿈꾸길 바라십니다. 만일 꿈이 사그라든다면, 다시 새롭게 꿈을 키워 나갑시다.

형제애, 실현 가능한 꿈

2021년 11월 23일, 〈교황 연설〉

우리는 혼자가 아닙니다. 하느님께서는 우리 곁에 계십니다. 단지 말이 아닌 그분의 현존으로, 즉 예수님께서 육신을 취하셨습니다. 그리고 우리의 형제가 되신 예수님과 같이 우리도 모든 남자는 형제요, 모든 여자는 자매로 받아들입니다. 이러한 보편적 친교에 힘입어 믿음의 공동체로서 우리는 공동선을 위해 어떠한 거부와 배타성, 편견 없이 당당히 협력할 수 있습니다. 그리스도인로서 우리는 국경과 한계가 없는 사랑, 즉 이기심과 개인적이고 국가적 이익의 장벽을 넘어설 수 있는 표징이자 증거자로 부름을 받았습니다. 그리고 흔히 사람들의 운명을 결정짓는 돈의 힘, 증오를 조장하는 이념적 분열, 모든 역사적, 문화적 장벽을 넘어, 무엇보다도 무관심의 장벽, 안타깝게도 매일 일어나는 그 무관심의 문화를 넘어설 수 있습니다.

우리는 모두 형제자매가 될 수 있습니다. 그래서 모든 사람을 형제자매처럼 생각하고 행동할 수 있고, 행동해야 합니다.

실현 불가능한 유토피아처럼 보일 수도 있습니다. 하지만 그것이 실현 가능한 꿈이라고 더 믿고 싶습니다. 왜냐하면 그 꿈이 삼위일체 하느님과 같은 꿈이기 때문입니다. 그분의 도움으로 이 세상에서도 그 꿈을 실현할 수 있을 것입니다.

나는 인간이다.
나는 잠시뿐이요, 밤은 광활하다.
하지만 내가 하늘을 볼 때
별들이 글을 쓰고 있다.

이해할 수 없어도 느낄 수 있다,
나도 문학 작품이라는 것을.
바로 지금, 이 순간에
누군가가 나를 글로 말해 주고 있다는 것을.

— 옥타비오 파스, 〈형제애Fraternità〉

6장

행복은 혁명입니다

그리스도인의 삶의 지도

2017년 11월 1일, 〈삼종 기도〉

복음서에서 예수님께서는 우리에게 "행복하여라."(마태 5,3) 하고 말씀하십니다. 이 말씀을 시작으로 설교를 시작하시는데 '복음', 곧 좋은 소식을 전하십니다. 그 소식이 행복의 길이기 때문입니다. 예수님과 함께 있는 사람은 누구나 복되고, 행복합니다. 행복은 무엇인가를 소유하거나, 누군가가 되려는 것이 아닙니다. 진정한 행복은 주님과 함께하고, 사랑을 위해 사는 것입니다.

행복한 삶을 위한 구성 요소를 일명 '참행복', 즉 '진복팔단'이라고 부릅니다. 하느님을 자신 안에 두고, 이웃을 위해 눈물 흘리고 자기 잘못에 대해 뉘우칠 줄 아는 단순하고 겸손한 사람은 행복합니다. 그들은 온유하고, 의로움을 위해 싸우고, 모두에게 자비로우며, 깨끗한 마음을 지킵니다. 그들은 항상 평화를 위해 일하고, 기쁨에 머물며, 증오하지 않습니다. 또한 고난을 겪더라도, 선으로써 악에 대응합니다.

여기에 참행복이 있습니다. 참행복은 눈에 띄는 행동이 필요하지 않습니다. 이는 슈퍼맨을 위한 것이 아니라, 매일 시련을 겪고 고된 하루를 보내는 사람들, 바로 우리를 위한 것입니다. 성인들 역시 그렇습니다. 그들도 다른 사람들과 마찬가지로 세상의 악으로 오염된 공기를 마셨을 겁니다. 그러나 그들은 삶의 여정에서 그리스도인의 삶의 지도와 같은 참행복 속 예수님의 흔적에 눈을 떼지 않습니다.

참행복이 여러분을 기쁨으로 인도할 것입니다

2020년 1월 29일, 〈일반 알현〉

"행복하여라."라는 말은 무엇을 의미합니까? 어째서 여덟 개의 '참행복'은 각각 "행복하여라."라는 말로 시작할까요? 이 말은 배부르게 잘 지내는 사람을 말하는 것이 아니라, 은총의 상태 안에 있으며 하느님의 은총 안에서 하느님의 길을 따라 나아가는 사람을 의미합니다. 인내와 가난, 다른 이들에 대한 섬김과 위로의 길을 걷는 사람은 기쁘고 행복할 것입니다.

하느님께서는 자신을 우리에게 내어 주시려고 종종 우리가 생각지도 않은 길을 택하십니다. 어쩌면 우리의 한계와 눈물, 실패를 선택하실지도 모릅니다. 이는 못 자국의 상처를 지니고 있지만 살아 있으며, 죽음을 이기고 하느님의 권능을 체험한 부활의 기쁨입니다. 기쁨에 이르게 하는 길, '참행복'은 언제나 여러분을 기쁨으로 인도할 것입니다.

내가 모든 사람에게 말하노니
그분은 살아 계시고 부활하셨도다.
우리 가운데 맴돌며
영원히 우리 곁에 계시는 분.

내가 말하는 모든 사람마다
자기 동료들에게 즉시
예상치 못한 새벽에 모든 곳에서
하늘나라가 나타났다고 반복할 것이다.

누구도 더 이상 울지 않을 것이다.
누군가 눈을 감을지라도
멀리서, 가까이서 다시 볼 수 있다는
확신이 고통을 가볍게 하기에.

그분은 살아 계시고
모든 것이 우리를 버려도 영원히 우리 곁에 계시다.
그래서 우리에게 오늘의 새벽은
세상을 새롭게 하는 축제가 될 것이다.

— 노발리스, 《영혼의 노래*Canti spirituali*》, 제9장

사랑의 길

2014년 1월 21일, 〈제29차 세계청년대회 교황 담화〉

참행복에 관하여 읽고 묵상하는 것은 언제나 기쁨을 줍니다! 예수님께서는 갈릴래아 호숫가에서 처음으로 하신 위대한 설교 때 참행복을 선포하셨습니다. 많은 군중이 모여들자, 예수님께서는 제자들을 가르치기 위해 산으로 올라가셨습니다. 그래서 이것을 소위 '산상 설교'라고 부릅니다. 성경에서 산은

하느님께서 당신을 드러내시는 곳을 의미합니다. 그래서 예수님께서는 산에서 가르치시며 당신 자신을 거룩하신 스승, 새로운 모세로 드러내십니다. 그리고 무엇을 말씀하십니까? 예수님께서는 당신께서 친히 걸어가신 길, 바로 생명의 길을 말씀하십니다. 길 자체이신 당신을 말씀하십니다. 예수님께서는 이 길이 참된 행복으로 가는 길이라고 권고하십니다. 베들레헴의 구유에서 태어나시어 십자가 위에서 돌아가시고 부활하실 때까지 평생 예수님께서는 참행복을 실현하셨습니다. 하느님 나라의 모든 약속이 그분 안에서 이루어졌습니다.

예수님께서는 참행복을 선포하시면서 우리에게 당신을 따르라고 하시며 사랑의 길, 영원한 생명으로 이끄는 단 하나의 길을 함께 걸어가자고 요청하셨습니다. 이 길이 쉽지만은 않습니다. 그러나 주님께서는 은총을 약속하시고 우리를 절대 저버리지 않으십니다. 우리는 가난, 고난, 굴욕, 정의를 위한 몸부림, 박해, 날마다 회개하려는 노력, 거룩해지라는 부르심에 응답하려는 투쟁 등 삶에서 많은 도전과 직면합니다. 하지만 문을 열어 우리 역사 안에 예수님께서 머무시도록 그 자리를 내어 드리고, 기쁨과 슬픔을 예수님과 함께 나누면, 우리는 무한한 사랑이신 하느님의 평화와 기쁨을 경험할 것입니다.

우리 행복의 열망에 대한 하느님의 응답

2014년 8월 6일, 〈일반 알현〉

참행복은 인간의 행복에 대한 열망의 응답으로 하느님께서 인도하신 길이며, 구약의 모든 계명을 완성합니다. 우리는 십계명을 배우는 데 익숙하지만, 여덟 가지 참행복을 반복하는 것은 익숙하지 않습니다. 여기서는 참행복을 기억하고 마음속에 되새겼으면 합니다.

"행복하여라, 마음이 가난한 사람들! 하늘나라가 그들의 것이다. 행복하여라, 슬퍼하는 사람들! 그들은 위로를 받을 것이다. 행복하여라, 온유한 사람들! 그들은 땅을 차지할 것이다. 행복하여라, 의로움에 주리고 목마른 사람들! 그들은 흡족해질 것이다. 행복하여라, 자비로운 사람들! 그들은 자비를 입을 것이다. 행복하여라, 마음이 깨끗한 사람들! 그들은 하느님을 볼 것이다. 행복하여라, 평화를 이루는 사람들! 그들은 하느님의 자녀라 불릴 것이다. 행복하여라, 의로움 때문에 박해를 받는 사람들! 하늘나라가 그들의 것이다. 사람들이 나 때문에 너희를 모욕하고 박해하며, 너희를 거슬러 거짓으로 온갖 사악한 말을 하면, 너희는 행복하다! 기뻐하고 즐거워하여라. 너희가 하늘에서 받을 상이 크다."(마태 5,3-12)

이 말씀에는 그리스도께서 가져오신 모든 새로움이 있고, 그리스도의 모든 새로움도 이 말씀 안에 있습니다. 사실 참행복은 예수님의 초상화이자 그분이 보여 주신 삶의 형태입니다. 그것은 예수님께서 우리에게 주신 은총으로 우리도 걸어갈 수 있는 길, 참된 행복으로 가는 길입니다.

'축복받은'의 뜻은 '행복하다'

2014년 1월 21일, 〈제29차 세계청년대회 교황 담화〉

'축복받은Blessed'이라는 단어의 뜻은 무엇일까요? 이는 '행복하다'라는 의미를 지닙니다. 여러분은 진정 행복하길 원하십니까? 행복에 대한 수많은 허상에 끊임없이 빠져드는 시대에, 우리는 조심스럽게 그저 안주하려 하고, 삶에 대한 "소심한" 생각을 가질 위험이 있습니다. 위대한 일을 열망하십시오! 넓은 마음을 가지십시오!

새로운 혁명

2014년 1월 21일, 〈제29차 세계청년대회 교황 담화〉

예수님의 참행복은 새로운 혁명입니다. 그 참행복은 대중매체와 일반적인 통설과는 상반되는 행복의 본보기를 보여 줍니다. 하느님께서 우리 가운데 한 인간으로 오시어 십자가에서 돌아가셨다는 사실은 세속적인 사고방식으로는 하나의 추문일 것입니다! 예수님께서 행복한 사람들이라고 말씀하신 이들은 이 세상의 논리에 따르면 쓸모없는 '패배자들'입니다. 오히려 사람들은 어떻게 해서라도 성공해야 하고 호강해야 하며, 오만한 권력과 다른 사람들의 희생을 무릅쓰면서까지 자기주장을 관철하려 할 것입니다.

예수님께서는 우리가 생명에 대한 그분의 말씀에 응답하고 참된 기쁨에 이르기 위하여 어떤 길을 갈 것인지 선택하라고 재촉하십니다. 이는 신앙에 대한 큰 도전입니다. 예수님께서는 제자들에게 당신을 진정으로 따르기를 원하는지, 아니면 다른 길을 가고 싶은지 서슴없이 물으셨습니다(요한 6,67 참조). 베드로 사도는 다음과 같이 용기 있게 대답합니다. "주님, 저희가 누구에게 가겠습니까? 주님께는 영원한 생명의 말씀이 있습니다."(요한 6,68) 여러분도 예수님께 "예." 하고 대답할 수 있다면, 아직 젊은 여러분의 삶은 더 의미 있고 풍요로워질 것입니다.

참행복의 역설에 '내심 동요하도록' 내어 맡기기

2022년 2월 13일, 〈삼종 기도〉

예수님께서는 자신의 백성에게 두 가지를 말씀하십니다. 하나는 그들이 행복하고 가난하다는 사실, 다른 하나는 그들이 가난하므로 행복하다는 사실입니다. 무슨 뜻인가요? 예수님의 제자는 돈과 권력 혹은 다른 물질적인 재화에서 자신의 기쁨을 찾지 않고 하느님에게서 매일 받는 선물, 곧 생명, 피조물, 형제자매 등에서 자신의 기쁨을 찾는다는 뜻입니다. 이런 것들이 삶의 선물입니다. 주님의 제자는 하느님의 논리에 따라 살아가기 때문에 자신이 가진 재화마저 나누어 갖는 것에 만족합니다.

그렇다면 하느님의 논리는 무엇일까요? 무상성입니다. 주님의 제자는 무상으로 사는 법을 배웠습니다. 이 가난은 삶의 의미에 대한 태도이기도 합니다. 왜냐하면 예수님의 제자는 삶의 의미를 소유할 생각을 하거나 이미 모든 것을 안다고 생각하는 것이 아니라, 오히려 날마다 삶의 의미를 배워야 한다는 것을 알기 때문입니다. 예수님의 제자는 이러한 태도를 지니기 때문에 편견과 완고함과는 거리가 먼 겸손하고 열린 사람입니다.

달리 말하면, 주님의 제자는 '참행복의 역설'을 받아들입니다. 참행복이란 가난한 사람들, 많은 것이 부족하고 또 그것을 아는 사람이 복되다는 것, 다시 말해 행복하다고 선언합니다. 인간적으로 볼 때 우리는 다른 방식으로 생각하는 경향이 있습니다. 곧 부유하고 재산이 많은 사람, 많은 사람에게 박수갈채를 받으며 선망의 대상인 사람, 모든 면에서 완벽한 사람이 행복하다는 생각입니다. 하지만 이는 세속적인 생각일 뿐 참행복에 대한 생각은 아닙니다! 오히려 반대로 예수님께서는 세속적인 성공이 실패라고 선언하십니다. 세속적인 성공은 자만하게 만들고 마음을 공허하게 만드는 이기주의에 바탕을 두기 때문입니다. 참행복의 역설을 마주한 제자는 하느님께서 우리의 논리에 들어오시는 게 아니라, 우리가 하느님의 논리에 들어가야 한다는 것을 깨닫고 기꺼이 도전을 무릅씁니다.

이는 때때로 힘들지만 언제나 기쁨을 동반하는 여정을 요구합니다. 왜냐하면 예수님의 제자는 예수님에게서 오는 기쁨으로 기뻐하기 때문입니다. 또한 예수님의 첫마디가 "행복하여라."이기 때문입니다. 기억합시다. 이탈리아어로 '베아티beati'는 바로 축복받은 이들이란 뜻이고, 또 이탈리아어로 '베아티투디네beatitudine'는 참행복을 뜻합니다. 즉 '축복받은 이들'에서 '참행복'이란 명칭이 유래합니다. 참행복은 예수님의 제자와 동의어입니다. 주님께서는 자기중심주의의 노예살이에서 우리를 해방시켜 주심으로써 우리의 닫힌 마음을 여시고, 완고한 마음을 녹여 주시며, 종종 우리가 전혀 생각하지도 못한 곳에서 참된 행복을 밝히고 드러내십니다. 우리 삶을 이끄시는 분은 우리가 아니라, 편견이나 필요가 아니라, 그분이십니다. 제자란 결국 예수님의 이끄심에 자기 자신을 내어 맡기는 사람, 예수님께 마음을 열고 그분의 말씀에 귀 기울이며 그분의 길을 따라가는 사람입니다.

그렇다면 우리는 다음과 같이 자문해 볼 수 있습니다.

"나는 그리고 우리 각자는 기꺼이 제자가 되려고 하는가?"

"나는 자신이 옳다고 느끼는 사람, 스스로 점잖다고 생각하는 사람, 이미 목표에 도달했다고 느끼는 사람의 완고함으로 행동하는가?"

"나는 참행복의 역설에 내심 동요하도록 내어 맡기는가, 아니면 내 생각의 테두리 안에만 머무르고 있는가?"

"참행복의 논리로 고난과 시련을 넘어 예수님을 따르는 기쁨을 느끼는가?"

이는 제자의 결정적인 특징, 곧 마음의 기쁨입니다. 마음의 기쁨을 잊지 맙시다. 이것이 그 사람이 주님의 제자인지를 알 수 있는 시금석입니다. "그 사람의 마음속에 기쁨이 있는가? 내 마음속에 기쁨이 있는가?"

(폭군 니콜라이오가 한 도시를 포위하고 있다. 아시시의 프란치스코의 동료인 지네프로 수사가 그의 진영에 도착하였지만, 니콜라이오는 그를 암살자로 오해하고 그에게 사형 선고를 내린다. 지네프로 수사는 군인들에게 맞아 피를 흘리고 있었다. 한 신부가 군중 속을 지나 그에게 다가가 몸을 굽혀 말하였다.)

신부 가만히 내버려두시오……. 젊은이여, 나는 우리의 신앙의 위로를 당신에게 전하기 위해 여기에 왔습니다. 성부와 성자와 성령의 이름으로. 당신이 누구인지 말해 보시오.

지네프로 저는 죄인입니다.

신부 그러면 당신은 어떤 죄를 고백하려 합니까?

지네프로 아주 많습니다.

신부 그러면 당신은 어디서 왔습니까?

지네프로 저는 아시시에서 왔습니다.

신부 그러면 당신의 이름은 무엇인가요?

지네프로 제 이름은 지네프로인데, 왜 그러시죠?

신부 혹시 당신은 어머니와 같이 선한 프란치스코의 형제인 지네프로가 아닌가요?

지네프로 그렇죠. 양처럼 온순한…….

신부 (군중을 향하여) 하느님의 이름으로 내 말을 들어 보십시오! 저는 이 사실을 알고 있습니다. 그는 모두의 친구입니다! 당장 니콜라이오에게 가 봐야겠습니다!

(신부는 폭군 니콜라이오에게 달려간다.)

신부 오 군주여! 오 니콜라이오! 여기서 악행이 일어나고 있습니다! 무고한 사람이 죽임을 당하고 있습니다!

니콜라이오 무슨 말인가? 도대체 뭘 원하는 거지? 어떤 무고한 사람을 말하는 건가?

신부 방금 군주께서 선고를 내리신 그 남자입니다!

니콜라이오 그 벌레는 내 목숨을 노리려 했다!

신부 아닙니다, 아닙니다. 저는 그 사람을 압니다. 그는 가난한 이의 추종자이고, 교회의 친구이며, 부자의 아들인 프란치스코의 친구입니다. 프란치스코는 가난한 이들에게 모든 것을 주었고 동료들과 함께 작은 새처럼 자유롭게 숲속에 살고 있습니다. 그는 보잘것없는 사람들도 사랑한다고 해서 많은 사람이 그를 따르고 있습니다.

(니콜라이오의 야만인들이 지네프로 수사를 폭군 앞으로 끌고 간다.)

니콜라이오 말해 보아라, 넌 누구인가?

지네프로 저는…… 저는 아주 큰 죄인입니다.

니콜라이오 네가 우리를 배신하고 비테르보 사람들에게 우리를 넘겨주려 한 게 사실인가?

지네프로 저는 어떤 선함도 어울리지 않는 최고의 배신자입니다.

니콜라이오 그런데 너는 나를 죽이고, 이 진영에 불을 지르려 하지 않았느냐?

지네프로 저는……. 하지만 저는……. 저는 큰 죄인입니다……. 하느님께서 저를 보호하지 않으셨다면 상황은 훨씬 더 나빴을 것이고 더 큰일이 벌어졌을 것입니다.

신부 이 사람이 지네프로라면 도대체 프란치스코는 어떤 사람이겠습니까? 이 말에 얼마나 많은 진심이 담겨 있는지 아시겠습니까? 하느님 앞에 항상 우리는 다른 사람들이 말하는 것보다 더 큰 죄를 짓습니다. 먼저 우리가 하느님께 감사하지 않았기 때문입니다. 그리고 우리와 같은 사람들을 대부분 혹은 전혀 사랑하지 않기 때문입니다. 자비로우신 하느님께서 돕지 않으신다면…….

(지네프로 수사는 니콜라이오의 천막으로 끌려간다. 그는 격분하며 수사를 붙잡고 땅바닥에 내동댕이친다. 수사는 일어나서 그에게 온화한 미소를 짓는다. 점점 더 당황한 니콜라이오는 그를 흔들며 위협하지만, 수사는 묵묵히 계속 미소를 짓는다. 니콜라이오는 천막을 떠나 병사들을 모은다.)

니콜라이오 포위를 해제한다! 포위를 해제한다!

— 로베르토 로셀리니, 〈프란치스코, 신의 어릿광대〉, 1950년

세상이 느끼는 불쾌감

2020년 4월 29일, 〈일반 알현〉

마음의 가난, 슬픔, 온유, 성덕에 대한 목마름, 자비, 마음의 정화, 평화를 이루는 것. 이러한 것들은 그리스도 때문에 박해로 이어질 수 있습니다. 하지만 이 박해는 궁극적으로 하늘나라에서 기쁨과 큰 보상의 이유가 됩니다. 참행복의 길은 세상을 따르는 삶에서 하느님을 따르는 삶으로 옮아가는 파스카의 여정이며 육을 따르는 삶, 곧 이기심을 따르는 삶에서 성령을 따르는 삶으로 옮아가는 여정입니다.

우상과 타협, 그리고 자신의 우선순위들이 있는 세상은 참행복이 말하는 삶을 받아들이지 못합니다. 종종 세상이 받아들일 수 없는, 진리의 영과는 전혀 다른 인간의 기질로 만들어진 '죄의 구조'는 가난이나 온유 혹은 순수함을 거부할 수밖에 없습니다. 그리고 복음을 따르는 삶이 오류이자 문제점이며 곧, 무언가 소외당하는 것이라고 선언하지 않을 수 없습니다. 세상은 이렇게 생각합니다. "이들은 이상주의자들이거나 광신자들이야……."

세상이 돈을 기준으로 살아간다면, 생명을 내어 주고 기꺼이 포기하는 사람은 탐욕 체계에 민폐를 끼치는 사람이 되고 맙니다. "민폐 혹은 불쾌감"이라는 단어가 핵심입니다. 왜냐하면 많은 사람에게 도움이 되는 그리스도인의 증거란, 세속의 정신을 지닌 사람들에게는 불쾌할 수밖에 없기 때문입니다. 그들은 그것을 책망으로 여깁니다. 거룩함이 나타나고, 하느님 자녀로서의 삶이 나타나면, 이 아름다움 안에서 그들은 명확한 입장을 가질 수밖에 없는 어떤 불편함을 느낄 것입니다. 의문을 제기하고 선善 앞에 자신을 열거나, 아니면 그 빛을 거부하고 반대와 분노에 이르기까지 마음이 굳어질 것입니다.

온유하고 겸손한 마음

2020년 11월 1일, 〈삼종 기도〉

"행복하여라, 온유한 사람들! 그들은 땅을 차지할 것이다."(마태 5,5)

형제자매 여러분, 온유함은 예수님의 특징입니다. 예수님께서는 이렇게 말씀하십니다.

"나는 마음이 온유하고 겸손하니 내 멍에를 메고 나에게 배워라."(마태 11,29)

온유한 사람들은 자기 자신을 다스릴 줄 알고, 타인을 위한 여지를 남겨 두며, 타인의 말을 경청하되 타인이 살아가는 방식, 타인의 필요, 타인의 요구를 존중합니다. 타인을 억압하거나 주눅 들게 하려 들지 않고, 모든 것에 대해 군림하거나 지배하기를 원치 않으며, 타인에게 해가 되는 자기 생각이나 자신의 이익을 강요하지 않습니다. 세속적인 사고방식을 존중하지 않는 온유한 사람들은 약속된 땅, 곧 영원한 생명을 유산으로 주시는 하느님의 눈에 소중한 이들입니다. 이 행복 선언 또한 지상에서 시작하고 하늘에서, 그리스도 안에서 완성될 것입니다.

세상 속 일상의 삶에서 많은 도전을 받는 이 순간, 제일 먼저 우리에게서 드러나는 것은 공격 혹은 방어하는 모습입니다. 그러나 우리가 성덕의 길을 계속 가기 위해서는 온유함이 필요합니다. 경청하고 존중하며, 공격하지 않는 것입니다. 이것이 온유함입니다.

행복하여라, 마음이 가난한 사람들

2015년 11월 1일, 〈교황 강론〉

"행복하여라, 마음이 가난한 사람들! 하늘나라가 그들의 것이다."(마태 5,3)

하늘나라의 보물인 마음이 가난한 사람들이 어떻게 행복할 수 있을까요? 그들은 세상의 것들로 인해 많은 것을 빼앗기고, 세상의 것에서 자유롭기 때문입니다. 하늘나라에서는 이런 사람들을 '기다리고' 있습니다.

사랑의 논리

2019년 2월 17일, 〈삼종 기도〉

예수님께서는 가난한 사람들, 굶주리는 사람들, 우는 사람들, 박해받는 사람들이 행복하다고 선언하십니다. 그리고 부유한 사람들, 배부른 사람들, 웃는 사람들과 타인에게서 환호받는 사람들을 질책하십니다. 이 역설적인 행복론의 이유는 하느님께서 고통받는 사람들 가까이에 계시고 그들을 노예 상태에서 해방하기 위해 개입하신다는 사실에 있습니다. 예수님께서는 이 사실을 보셨고, 참된 행복이 부정적인 현실 너머에 있음을 이미 보셨습니다.

아울러 오늘날 참된 행복을 지나쳐 버리는 사람들에게 "불행하여라." 하고 말씀하신 것은, 마찬가지로 이기주의라는 위험한 속임수에서 '그들을 일깨우고' 사랑할 시간이 있을 때까지 사랑의 논리에 마음을 열도록 도와줍니다.

연민의 마음

2016년 7월 28일, 〈교황 연설〉

"행복하여라, 자비로운 사람들! 그들은 자비를 입을 것이다."(마태 5,7)

용서할 수 있는 사람, 연민의 마음을 지닌 사람, 다른 사람에게 가장 좋은 것을 줄 수 있는 사람은 행복합니다. 남은 것이 아닌 가장 좋은 것, 바로 최고의 것을 주어야 합니다.

용서할 줄 아는 사람은 행복합니다

2015년 11월 1일, 〈교황 강론〉

용서할 줄 아는 사람, 자비를 베푸는 사람, 모든 것과 모든 사람을 판단하지 않고 다른 사람의 입장에 서려고 노력하는 사람은 행복합니다. 용서는 예외 없이 우리 모두에게 필요합니다. 바로 이것이 미사가 시작될 때 우리가 죄인임을 인정하는 이유입니다. 그것은 어떤 표현이나 형식이 아닌 진리의 행위입니다. "주님, 제가 여기 있습니다. 저에게 자비를 베풀어 주십시오." 그리고 우리를 위해 구하는 용서를 다른 사람에게 전해 줄 수 있다면, 우리는 행복할 것입니다. 마치 주님의 기도에서 "저희에게 잘못한 이를 저희가 용서하오니, 저희 죄를 용서하소서."라고 고백하듯이 말입니다.

태양의 찬가

지극히 높으시고 전능하시고 좋으신 주님
찬미와 영광과 영예와 모든 찬양이 당신의 것이옵고

홀로 지극히 높으신 당신께만
이것들이 속함이 마땅하오니
사람은 누구도 당신 이름을 부르기조차 부당하나이다.

내 주님, 당신의 모든 피조물과 더불어 찬미받으시옵고
그 가운데 각별히 주인이신 해님 형제와 더불어 찬미받으소서.
해님께서는 낮이옵고, 그로써 당신께서 저희를 비추시나이다.
아름답고 장엄한 광채로 빛나는 해님은
지극히 높으신 당신의 모습을 지니나이다.

내 주님, 달 자매와 별들을 통하여 찬미받으시옵소서.
당신께서는 빛 맑고 귀하고 어여쁜 저들을 하늘에 마련하셨나이다.

내 주님, 바람 형제를 통하여 그리고 공기와 흐린 날씨와 갠 날씨와 모든 날씨를 통하여 찬미받으시옵소서.
저들로써 당신 피조물들을 기르시나이다.

내 주님, 쓰임새 많고 겸손하고 귀하고 순결한
물 자매를 통하여 찬미받으시옵소서.

내 주님, 불 형제를 통하여 찬미받으시옵소서.
그로써 당신은 밤을 밝혀 주시나이다.
그는 아름답고 쾌활하고 씩씩하고 힘차나이다.

내 주님, 우리 어머니인 땅 자매를 통하여 찬미받으시옵소서.
그는 우리를 기르고 보살피며
울긋불긋 꽃들과 풀들과 온갖 열매를 낳아 주나이다.

내 주님, 당신 사랑 까닭에 용서하며 병약함과 시련을 견디어 내는 이들을 통하여 찬미받으시옵소서.
평화 안에서 이를 견디는 이들은 복되오니
지극히 높으신 이여, 당신께 왕관을 받으리로소이다.

내 주님, 우리 육신의 죽음 자매를 통하여 찬미받으시옵소서.

살아 있는 어느 사람도 이를 벗어날 수 없나이다.

불행하옵니다. 죽을 죄를 짓고 죽는 이들이여!

복되옵니다. 당신의 지극히 거룩한 뜻을 실천하며 죽음을 맞이할 이들이여,

두 번째 죽음이 저들을 해치지 못하리이다.

내 주님을 찬미하고 찬양들 하여라.

감사를 드리고, 한껏 겸손을 다하여 주님을 섬겨라.

— 아시시의 프란치스코 성인

우리는 더 이상 죽지 않기 위해서 태어났습니다

2018년 11월 1일, 〈삼종 기도〉

특별한 일을 하라는 것이 아니라 우리를 천국으로, 가족으로, 집으로 인도하는 겸손과 온유와 자비와 순결의 길을 매일매일 걸어가라는 것입니다. 그러므로 오늘 우리의 미래를 미리 봅니다. 우리가 탄생한 의미를 기념합시다. 우리는 더 이상 죽지 않기 위해서 태어났으며, 하느님의 행복을 누리기 위해

태어났습니다! 주님께서는 우리를 격려하시고, 참된 행복의 길로 들어서는 사람에게 말씀하십니다.

"기뻐하고 즐거워하여라. 너희가 하늘에서 받을 상이 크다."(마태 5,12)

7장

행복은 구체적인 사랑입니다

우리를 껴안으시는 하느님의 사랑

2015년 12월 12일, 〈교황 강론〉

라틴어로 '자비misericordia'라는 단어는 '비참함miseria'과 '마음cor'이라는 두 단어로 구성되어 있습니다. 마음이란 사랑하는 능력을 말합니다. 그리고 자비는 인간의 비참함을 껴안는 사랑입니다. 그것은 우리를 해방하려 우리의 궁핍을 자기의 것처럼 '느끼는' 사랑입니다.

"그 사랑은 이렇습니다. 우리가 하느님을 사랑한 것이 아니라, 그분께서 우리를 사랑하시어 당신의 아드님을 우리 죄를 위한 속죄 제물로 보내 주신 것입니다."(1요한 4,10)

우리의 모든 연약함을 나누시려고 "말씀이 사람이" 되셨습니다(요한 1,14 참조). 인간 존재의 모든 고통을 십자가로 짊어질 때까지 우리 인간의 상황을 겪으시려고 "말씀이 사람이" 되셨습니다. 이것이 그분의 연민과 자비의 심오함입니다. 상처받은 인류를 위한 동행과 섬김으로 자신을 변화시키는 겸손함이십니다. 우리가 간구하기만 한다면 그 어떤 죄도 그분의 자비로우신 친밀함을 지울 수 없고 그분께서 베푸시는 회개의 은총을 막을 수 없습니다. 실제로 죄 자체가 종을 구원하시려 당신 아들을 희생 제물로 내어 주신 하느님 아버지의 사랑을 더욱 강렬하게 비춰 줍니다.

우리는 모두 빚을 지고 있습니다

2020년 3월 18일, 〈일반 알현〉

우리는 모두 빚을 지고 있습니다. 너무나 너그러우신 하느님께, 그리고 형제들에게, 우리는 모두 채무자입니다. 모든 사람은 자신이 마땅히 되어야 할 아버지나 어머니, 남편이나 아내, 형제나 자매가 되지 못했다는 사실을 압니다. 우리 모두 인생에서 '빚'을 지고 있습니다. 그래서 자비가 필요합니다. 우리가 잘못했음을 알며, 우리가 해야 할 선행에 항상 무엇인가 부족함을 알기 때문입니다.

바로 이러한 우리의 빈곤이 용서할 힘이 됩니다! 우리는 채무자입니다. 우리가 다른 사람들을 판단한 것처럼 우리도 판단받는다면(루카 6,38 참조), 판단을 자제하고, 부채를 탕감해 주고, 용서해 주는 일이 합당합니다. 용서해야 하고, 용서가 필요하며 인내 역시 필요하다는 것을 기억해야 합니다. 이것이 바로 용서함으로써 용서받는 자비의 비결입니다. 하느님께서 항상 우리보다 앞서 먼저 우리를 용서하신다는 것을 기억하십시오(로마 5,8 참조). 하느님의 용서를 받으면 우리는 용서할 수 있습니다. 이처럼 각자의 비참과 각자의 의로움의 결핍은 하늘나라를 향해 더 큰 기준, 곧 자비이신 하느님이시라는 기준을 향해 자신을 열 수 있는 기회가 됩니다.

프란치스코는 주름진 얼굴에 자비로운 눈, 누더기로 변해 버린 빛바랜 옷차림을 한, 착하고 나이 든 신부를 기억할 것입니다. 확실히 그 신부에게 성인의 모습이 있었습니다. 프란치스코는 그가 공동체에서 설교하지 않을 때면 밤낮으로 경당에서 무릎을 꿇고 있는 모습을 보았습니다. 그리고 프란치스코는 잠 못 이루는 밤에 호숫가를 산책하고 돌아오던 중 그 신부를 본 적이 있었습니다. 그는 잠들기 전 기도하러 경당에 들어갔고, 눈을 감고 무릎을 꿇은 채, 두 손에는 십자가를 꼭 쥐고 그의 뺨에는 눈물이 흐르고 있었습니다. …… 이 에피소드는 프란치스코에게 깊은 인상을 남겼습니다. 방에 들어와 그는 벽에 걸린 십자가를 떼어내고 나무 바닥에 무릎을 꿇은 채 오랫동안 그것을 손에 쥐고 있었습니다. 기도하는 모습은 아니었지만, 마치 온몸을 다해 끊임없이 속죄하는 것처럼 강렬한 회개의 모습이었습니다. 오 아우구스티노 성인이시여, 저를 도와주소서. 저 역시 오래되고 영원한 아름다움인 '진리'에 늦게 이르렀기에. 주님, 저를 도와주소서. 제가 뒤늦게 당신을 사랑하였나이다…….

— 에델 매닌, 《제가 뒤늦게 당신을 사랑하였나이다*Tardi ti ho amato*》

악을 이기는 유일한 길

2015년 8월 15일, 〈제31차 세계청년대회 교황 담화〉

저는 이 세상에 지쳤다고 말하는 많은 젊은이를 만납니다. 그들은 이 세상이 매우 분열되었다고 말합니다. 서로 다른 파벌의 지지자들이 충돌하고, 많은 전쟁이 일어나며, 심지어 자신의 종교를 폭력의 정당화 수단으로 이용하는 사람들까지 있기 때문입니다.

우리에게 해를 끼치는 사람들에게도 자비를 베풀 수 있는 은총을 주시기를 주님께 청해야 합니다. 십자가 위에서 자신을 못 박은 이들을 위해 "아버지, 저들을 용서해 주십시오. 저들은 자기들이 무슨 일을 하는지 모릅니다."(루카 23,34)라고 기도하신 예수님처럼 기도해야 합니다. 악을 이기는 유일한 길은 자비입니다. 정의는 실제로 필요하지만, 그것만으로는 충분하지 않습니다. 정의와 자비는 함께 걸어가야 합니다.

용서의 상호성

2020년 3월 18일, 〈일반 알현〉

"행복하여라, 자비로운 사람들! 그들은 자비를 입을 것이다."(마태 5,7)

이 다섯 번째 '참행복'에는 특별한 것이 있습니다. 그 안에는 행복의 씨앗과 열매가 동일합니다. 바로 자비입니다. 자비를 베푸는 사람들은 자비를 입을 것이며, 자비로운 사람들이 될 것입니다.

용서의 상호성에 대한 이 주제는 다섯 번째 '참행복'에 있을 뿐 아니라, 복음서에서도 반복됩니다. 어떻게 그러지 않을 수 있을까요? 자비는 하느님의 마음 그 자체이기 때문입니다. 예수님께서 말씀하십니다. "남을 심판하지 마라. 그러면 너희도 심판받지 않을 것이다. 남을 단죄하지 마라. 그러면 너희도 단죄받지 않을 것이다. 용서하여라. 그러면 너희도 용서받을 것이다."(루카 6,37) 항상 동일한 상호성입니다. 야고보 서간은 "자비는 심판을 이깁니다."(야고 2,13)라고 말합니다.

우리는 '주님의 기도'에서 "저희에게 잘못한 이를 저희도 용서하였듯이 저희 잘못을 용서하시고"(마태 6,12)라고 기도합니다. 이 청원은 마지막에 다시 언급됩니다.

"너희가 다른 사람들의 허물을 용서하면, 하늘의 너희 아버지께서도 너희를 용서하실 것이다. 그러나 너희가 다른 사람들을 용서하지 않으면, 아버지께서도 너희의 허물을 용서하지 않으실 것이다."(마태 6,14-15)

여기서 서로 분리할 수 없는 두 가지가 있습니다. 용서하는 것과 용서받는 것입니다. 그러나 많은 사람이 용서하는 일을 어려워하며, 용서하지 못하고 있습니다. 많은 경우, 자신이 당한 해악이 너무나 크기 때문에 용서하는 일은 마치 매우 높은 산을 오르는 것처럼 보입니다. 엄청난 노력이 필요합니다. 누군가는 "용서할 수 없어. 이건 용서가 안 돼."라고 생각합니다. 자비의 상호성은 우리가 관점을 바꿔야 한다는 것을 나타냅니다. 우리는 혼자 용서할 수 없습니다. 용서하기 위해서는 하느님의 은총이 필요합니다. 이 은총을 청해야 합니다. 사실 다섯 번째 '참행복'이 우리에게 자비를 얻을 것이라는 약속이고 '주님의 기도'는 잘못에 대한 용서를 청하는 일이라면, 이는 우리가 본질적으로 채무자이며, 자비를 구해야 한다는 것을 의미합니다.

자비롭다는 것은 무슨 뜻입니까?

2015년 8월 15일, 〈제31차 세계청년대회 교황 담화〉

저는 여덟 가지 참행복을 마태오 복음서 25장과 연관시키는 것을 좋아합니다. 예수님께서는 우리에게 자비의 행위를 알려 주시고, 우리가 그 행위에 따라 심판받을 것이라고 말씀하십니다. 그래서 저는 자비에 대한 육체적 활동을 재발견하도록 여러분을 초대합니다. 굶주린 이에게 먹을 것을 주고, 목마른 이에게 마실 것을 주며, 헐벗은 이에게 입을 것을 주고,

나그네를 맞아 주며, 병든 이를 도와주고, 감옥에 갇힌 이들을 방문하며, 죽은 이를 장사 지내 주십시오.

그리고 자비의 영적인 활동을 잊지 마십시오. 그것은 의심하는 이에게 조언해 주고, 무지한 이를 일깨우며, 죄인을 타이르고, 슬퍼하는 이를 위로하며, 잘못한 이를 용서하고, 귀찮게 하는 이를 기꺼이 견뎌 내며, 산 이와 죽은 이를 위하여 하느님께 기도하는 것입니다. 보시다시피, 자비는 단순히 '선한 사람'이 되는 것도 아니고, 단순히 감상주의자가 되는 것도 아닙니다. 오히려 여기서 우리는 예수님의 제자라는 진정성과 세상 속에 그리스도인으로서의 신뢰성을 검증받게 됩니다.

우리는 공기와 같은 용서가 필요합니다

2020년 3월 18일, 〈일반 알현〉

우리의 자비는 어디서 옵니까? 예수님께서 우리에게 말씀하셨습니다.

"너희 아버지께서 자비하신 것처럼 너희도 자비로운 사람이 되어라."(루카 6,36)

하느님 아버지의 사랑을 더 많이 받아들일수록 더 많이 사랑하게 됩니다. 자비는 다른 부수적인 차원 중 하나가 아니라, 그리스도인의 삶의 핵심입니다. 자비 없이 그리스도교는 존재하지 않습니다. 만약 그리스도교 전체가 우리를 자비로 인도하지 않는다면, 우리는 잘못된 길을 택한 것입니다. 왜냐하면 자비는 모든 영적 여정의 유일하고 진정한 목표이기 때문입니다. 자비는 사랑의 가장 아름다운 열매 중 하나입니다.

하느님의 자비는 우리의 구원이며 행복입니다. 우리는 자비 안에서 살고 있으며, 자비 없이 살아갈 수 없습니다. 그래서 자비는 숨 쉬는 공기와 같습니다. 다른 조건을 내세우기에는 우리가 너무 보잘것없기에, 용서해야 합니다. 왜냐하면 용서받아야 하기 때문입니다.

구체적인 사랑

2015년 8월 15일, 〈제31차 세계청년대회 교황 담화〉

하느님의 자비는 매우 구체적이며 우리는 모두 그것을 직접 경험하도록 부르심을 받았습니다. 제가 열일곱 살 때, 친구들을 만나려다 혼자 먼저 성당에 가기로 결심했습니다. 그곳에서 저에게 특별한 신뢰를 주신 신부님을 만났고, 고해성사를 통해 제 마음을 열고 싶은 열망을 느꼈습니다. 그 만남이 제 인생을 바꿔 놨습니다! 저는 그날 겸손하고 투명하게 마음을 열 때, 매우 구체적으로 하느님의 자비를 묵상할 수 있다는 것을 깨달았습니다. 제가 성당에 가려는 첫발을 내딛기도 전에 이미 그 신부님을 통해 하느님께서 저를 기다리고 계셨다는 확신이 들었습니다. 우리는 그분을 찾고 있지만, 그분은 항상 우리를 기다리시고, 언제나 우리를 찾고 계시며, 우리를 먼저 찾아 주십니다.

어쩌면 여러분 중 누군가가 마음이 짓눌리는 무언가를 느낄 수도 있습니다. '나는 이런 일을 했어. 그리고 저런 일도 했어…….'라고 생각할 수도 있습니다. 그러나 두려워하지 마십시오. 그분께서는 여러분을 기다리고 계십니다. 하느님께서는 아버지이시며 항상 우리를 기다리십니다! 고해성사에서 아버지의 자비로운 품을 느끼고, 고해소가 자비의 장소임을 깨닫고, 언제나 우리를 용서하시는 주님의 자비로운 사랑에 우리 자신이 닿을 수 있다는 것은 얼마나 아름다운 일입니까!

애끊는 하느님의 사랑

《자비의 얼굴》, 6항 참조

하느님의 자비는 추상적인 관념이 아닙니다. 그것은 마치 자녀를 위해 창자 깊은 곳에서부터 연민을 느끼는 부모님의 사랑처럼, 하느님께서 당신의 사랑을 드러내시는 구체적인 실재입니다. 참으로 그 사랑은 '애끊는'[1] 사랑이라고 말할 수 있습니다. 그 사랑은 내면 가장 깊은 곳에서 자연스럽게 솟아오르는 깊은 감정이며 온유함과 연민, 너그러움과 용서로 이루어져 있습니다.

잃어버린 아들을 기다리시는 아버지

2015년 8월 15일, 〈제31차 세계청년대회 교황 담화〉

루카 복음서 15장에서 자비에 관한 세 가지 비유를 볼 수 있습니다. 되찾은 양의 비유, 되찾은 은전의 비유, 그리고 되찾

1 이는 구약 성경의 히브리어 '라하밈(Rahamim, 자비/태/창자)'의 개념을 프란치스코 교황님이 현대적인 언어(영어: visceral)로 풀어내신 표현.

은 아들의 비유입니다. 이 세 가지 비유에서 하느님의 기쁨, 즉 하느님께서 죄인을 되찾으시고 그를 용서하실 때 느끼시는 기쁨이 우리를 충격에 빠트립니다. 그렇습니다. 하느님의 기쁨은 용서하는 것입니다! 이것이 복음서 전체를 요약합니다. 우리는 잃어버린 양, 잃어버린 동전입니다. 우리는 거짓 우상과 행복이라는 허상을 따라 자유를 낭비하고, 모든 것을 잃은 작은아들입니다.

그러나 하느님께서는 우리를 잊지 않으시며, 아버지께서는 결코 우리를 버리지 않으십니다. 그분은 인내하시는 아버지이시며 항상 우리를 기다리십니다! 그분은 우리의 자유를 존중하시지만 언제나 신실하십니다. 그리고 우리가 그분께 돌아오면, 그분은 우리를 아들처럼 당신 집으로 맞아들이십니다. 왜냐하면 그분께서는 결코 멈추지 않으시고, 한순간도 빠짐없이 사랑으로 우리를 기다리시기 때문입니다. 그리고 그분은 돌아오는 모든 아들을 위해 축제를 준비하십니다. 기쁜 마음 때문에 축제를 여시는 것입니다. 우리 죄인 중 한 사람이 하느님께 나아가 용서를 구할 때, 하느님께서는 이와 같은 기쁨을 누리십니다.

자비는 젊은 얼굴을 가지고 있습니다

2016년 7월 28일, 〈교황 연설〉

자비는 언제나 젊은 얼굴을 가지고 있습니다. 자비로운 마음에는 안락함을 포기할 용기가 있기 때문입니다. 자비로운 마음은 다른 사람들에게 다가갈 줄 알며, 모든 사람을 포용합니다. 자비로운 마음은 집이 없거나 집을 잃은 사람들에게 피난처가 될 수 있으며, 강제로 이주당한 사람들을 위해 집과 가정이라는 환경을 만들어 줄 수 있기에, 부드러움과 연민의 마음을 가지고 있습니다. 자비로운 마음은 굶주린 이들과 빵을 같이 나눌 줄 압니다. 자비로운 마음은 난민과 이주민을 받아들이기 위해 열려 있습니다.

여러분과 함께 자비를 이야기하는 일은 기회와 미래, 헌신과 신뢰, 개방과 환대, 그리고 연민과 꿈을 말하는 것입니다. 마음이 열리고 꿈을 꿀 수 있을 때 자비를 위한 자리, 고통받는 이들을 어루만지는 자리가 마련될 것입니다. 또 마음의 평화를 잃었거나, 생활에 필요한 최소한의 여유가 없거나, 믿음이라는 가장 아름다운 것이 부족한 이들에게 다가갈 자리가 마련될 것입니다. 우리 함께 이 말을 외쳐 봅시다! 자비!

우리의 성공이 아닌 우리의 죄들을 기억하십시오

2016년 8월 17일, 〈영상을 통한 교황 담화〉

우리가 저지른 죄와 한계, 부족함, 수많은 좌절 속에서도 예수 그리스도께서는 우리를 바라보셨고, 우리에게 다가오셨으며, 손을 내밀어 자비를 베푸셨습니다. 그분께서 누구와 함께하셨습니까? 저와 여러분, 그리고 우리 모두와 함께하셨습니다. 주님께서 우리를 바라보시고, 다가오시며, 자비로 대해 주셨던 모든 순간을 기억하고 되돌아볼 수 있을 것입니다.

주님께서는 매번 죄인을 믿어 주실 때마다 그 죄인과 새로운 계약을 맺어 주셨습니다(에제 16 참조).[2] 이러한 진리를 성찰하고, 주님께서 우리 삶에 어떻게 다가오시고 자비를 베푸셨는지를 기억하는 것은 얼마나 좋은 일입니까! 우리의 공로가 아닌 죄를 기억하는 일. 그리고 다른 이의 역사도, 주변 사람

---

2 에제키엘서 16장에서는 죄 많은 예루살렘의 역사를 이야기한다.

들의 역사도, 심지어 민족의 역사도 아닌 바로 우리의 역사. 하느님에게서 멀어졌던 우리의 역사를 겸손하고 주의 깊게 성찰하고, 다시 한번 하느님의 자비에 놀라워하는 일. 이는 공허한 말장난이 아닌 확실한 희망이며 가르침입니다.

> 그 사람만 있다면,
> 그가 내 전부라면,
> 내 마음이 그의 신실함을
> 무덤까지 절대 잊지 않는다면,
> 어떤 고통도 알지 못하고
> 오직 경건한 사랑과 기쁨만을 느끼리라.
>
> 그 사람만 있다면,
> 행복에 잠들고,
> 나에게 영원히 달콤한 위안이 될 것이다.
> 그 가슴의 파도는
> 부드러운 포옹으로
> 모든 것을 스며들게, 부드럽게 하리라.
>
> — 노발리스, 《영혼의 노래*Canti spirituali*》, 제5장

사랑은 추상적인 단어가 아닙니다

《자비의 얼굴》, 9항 참조

성경에서 자비는 하느님께서 우리를 대하시는 행동 방식을 가리키는 키워드입니다. 그분께서는 당신의 사랑을 단언하는 것에 그치지 않으시고, 그 사랑을 눈에 보이고 손에 잡히는 것으로 만드십니다. 사실 사랑이란 결코 추상적인 단어가 될 수 없습니다. 사랑은 그 본성상 구체적인 삶입니다. 즉 사랑은 일상의 행동에서 드러나는 지향이자 태도이며 습관입니다. 하느님의 자비는 곧 우리에 대한 그분의 책임감입니다. 그분께서는 책임감을 느끼십니다. 다시 말해 그분께서는 우리의 선을 바라시고, 우리가 행복하고 기쁨으로 충만하며 평온하기를 원하십니다. 그리스도인의 자비로운 사랑 역시 이와 똑같은 길로 나아가야 합니다. 아버지가 사랑하시는 대로 자녀들도 사랑합니다. 그분께서 자비로운 것처럼, 우리도 서로에게 자비로운 사람이 되도록 부르심을 받았습니다.

자선은 선물입니다

2020년 11월 11일, 〈교황 담화〉

자선은 우리 삶에 의미를 부여하는 선물이며, 우리가 가난한 이들을 우리의 가족, 친구, 형제자매로 여기도록 합니다. 아주 작은 것이라도 사랑으로 나눈다면 절대 마르지 않는 생명과 행복의 원천이 됩니다. 이것은 엘리야 예언자에게 빵 한 조각을 내어놓은 사렙타 과부의 밀가루 단지와 기름병과 같고(1열왕 17,7-16 참조), 예수님께서 축복하시고 빵을 떼어 제자들에게 주시며 군중에게 나누어 주신 빵 다섯 개와 같습니다(마르 6,30-44 참조). 또한 기쁨과 소박함으로 베푼 크고 작은 우리의 자선도 이와 같습니다.

애덕을 실천하는 삶

〈자비와 비참〉, 8항 참조

오직 하느님만이 죄를 용서하십니다. 그러나 그분께서는 당신께서 우리를 용서하신 것처럼 우리도 다른 이를 용서할 준비가 되어 있기를 바라십니다.

"저희에게 잘못한 이를 저희가 용서하오니 저희 죄를 용서하소서."(마태 6,12 참조)

우리가 자기 자신 안에 갇혀 용서하지 못할 때, 얼마나 큰 슬픔이 밀려옵니까! 분노와 노여움, 복수심이 우리를 지배하면 우리 삶은 비참해지고, 자비를 향한 우리의 기쁜 헌신은 무위로 돌아갈 것입니다.

마지막이 아닙니다

2016년 8월 17일, 〈영상을 통한 교황 담화〉

자비는 생각, 욕망, 이론, 이데올로기가 아니라 오히려 연약함을 '어루만져 주고', 우리를 다른 사람들과 결속시키며, 다른 사람에게 더 가까이 다가가는 구체적인 방법입니다. '힘든 상황'에 처해 있는 사람들과 하나가 되려는 실질적인 방법입니다. 이는 자신의 삶에서 아직 마지막이 아니라고 느끼도록 다른 사람들에게 최선을 다하라는 의미입니다. 자기 죄의 무게에 짓눌린 사람이 새로운 기회가 주어졌을 때 느끼는 안도감, 그 안도감을 스스로 느낄 수 있도록 자신을 대하십시오. 그것은 단순히 아름다운 말이 아니라 오히려 하느님께서 당신 자녀들과 관계를 맺고자 하시는 구체적인 행동입니다.

재앙을 두려워하지 마십시오

2020년 3월 30일, 〈교황 강론〉

우리에게는 각자 자기만의 이야기가 있습니다. 그리고 우리에게는 각자의 죄가 있습니다. 기억나지 않는다면 생각해 보십시오. 찾을 수 있을 것입니다. 만약 당신이 그것을 찾는다면 하느님께 감사드리십시오. 찾지 못한다면 잘못된 길로 갈 수도 있습니다. 우리에게는 각자의 죄가 있습니다. 정의로우시지만, 지극히 자비로우신 주님을 바라봅시다. 교회 안에 있는 것을 부끄러워하지 마시고, 죄인인 것을 부끄러워합시다. 교회는 모든 이의 어머니이십니다. 우리가 죄인이지만 타락하지 않았음을 하느님께 감사드립시다. 그리고 우리는 이런 경우 예수님께서 어떻게 행동하시는지 바라보며 하느님의 자비를 신뢰해야 합니다. 그래서 하느님의 자비를 믿으며 기도하고 용서를 청합시다.

“하느님께서 바른길로 나를 끌어 주시니 당신의 이름 때문이어라. 제가 비록 어둠의 골짜기를 간다 하여도 재앙을 두려워하지 않으리니 당신께서는 저와 함께 계시기 때문입니다. 당신의 막대와 지팡이가 저에게 위안을 줍니다."(시편 23,3-4 참조)

다른 사람의 삶을 느끼기

2015년 11월 1일, 〈교황 강론〉

"행복하여라, 슬퍼하는 사람들! 그들은 위로를 받을 것이다."(마태 5,4)

슬퍼하는 사람이 어떻게 행복할 수 있습니까? 그러나 삶에서 슬픔, 괴로움, 고통을 경험해 본 적이 없는 사람은 위로의 힘을 결코 알지 못할 것입니다. 그 대신 감동하는 힘, 자기 삶과 다른 사람의 삶에 존재하는 고통을 마음속으로 느끼는 힘을 가진 사람은 행복할 수 있습니다. 그들은 행복할 것입니다. 하느님 아버지의 부드러운 손길이 그들을 위로하고 어루만져 주실 것이기 때문입니다.

마음에서 손으로 이어지는 여정

2016년 8월 17일, 〈영상을 통한 교황 담화〉

언제나 우리를 위하시는 하느님을 이해하고 받아들이는 것은, 두려움 때문에 그분을 더 생각하거나 사랑하거나 행동하는 것이 아닙니다. 오히려 우리를 전적으로 신뢰하시고 우리의 변화를 기다리시는 분으로 하느님을 이해하고 받아들이는 것이 우리의 해석학적 기준이며, 이는 "가서 너도 그렇게 하여라."(루카 10,37) 하는 행동 방식으로 이어집니다. 그래서 다른 이들을 향한 행동 방식은 결코 두려움에 기초한 것이 아니라, 우리의 변화를 불러일으키는 그분의 희망에 기초한 것입니다.

두려움에 기초한 행동으로 이룰 수 있는 유일한 것은 분리하고, 분열하며, 한쪽과 다른 한쪽을 기술적으로 정확하게 구분하고, 거짓된 안전을 구축하여 서로 벽을 쌓는 일입니다. 반면 변화를 위한 희망, 그리고 회심을 위한 희망에 기초한 행동은 서로 용기를 주고, 격려하며, 미래를 바라보고, 기회의 여지를 주며, 앞으로 나아가게 합니다.

두려움에 기초한 행동은 죄책감과 처벌을 강조하고, "너는 잘못했어."라고 말합니다. 반면 변화를 위한 희망에 기초한 행동은 신뢰, 배움, 성장, 그리고 끊임없이 새로운 기회를 마련하려고 노력하는 것을 강조합니다. 몇 번이나 기회를 줄까요? 일흔일곱 번입니다. 그러기에 자비로운 태도는 언제나 창의력을 일깨워 줍니다. 그러한 태도는 사람의 얼굴, 삶, 역사, 그리고 일상생활에 중점을 둡니다. 또 하나의 모델이나 공식에 얽매이지 않고, 상대방이 이해할 수 있는 방식으로 다른 사람을 위해 최선을 다하는 건강한 정신의 자유를 누립니다. 이는 우리의 모든 능력과 재능을 움직이게 하며, 우리가 만든 울타리를 벗어나게 합니다. 변화를 위한 희망에 기초한 행동은 심장을 뛰게 하고, 손에 긴장감을 주는, 쉼 없이 요동치는 마음과 같습니다. 마음의 두근거림과 손에 느껴지는 긴장감, 마음에서 손으로 이어지는 여정입니다.

자비로운 사람이 되는 훈련

2013년 9월 15일, 〈삼종 기도〉

우리가 '눈에는 눈, 이에는 이'라는 법칙에 따라 살아간다면, 결코 악의 소용돌이에서 벗어날 수 없습니다. 악마는 교활

해서 인간적 정의로 우리 자신과 세상을 구할 수 있다고 속입니다. 그러나 진정 하느님의 정의만이 우리를 구원할 수 있습니다! 하느님의 정의는 십자가에서 드러났습니다. 십자가는 우리 모두와 이 세상에 대한 하느님의 심판입니다.

그런데 하느님께서는 우리를 어떻게 심판하실까요? 우리를 위해 당신의 생명을 바치시며 심판하십니다. 이것이 이 세상의 왕을 단번에 패배시킨 최고의 정의로운 행위입니다. 이 정의로운 행위는 곧 가장 위대한 자비이기도 합니다. 예수님께서는 우리 모두에게 이 길을 따르라고 부르십니다. 바로 "너희 아버지께서 자비하신 것처럼 너희도 자비로운 사람이 되어라."(루카 6,36) 하는 부르심입니다.

저는 여러분에게 한 가지 부탁드립니다. 나와 잘 지내지 못하는 사람, 생각하면 화가 나는 사람, 내가 좋아하지 않는 사람을 떠올려 봅시다. 그 사람을 생각하며 이 순간 묵묵히 그를 위해 기도합시다. 그리고 그 사람을 위해 우리도 모두 자비로운 사람이 되어야겠습니다.

영적 치매라는 병에 걸릴 때

2016년 8월 17일, 〈영상을 통한 교황 담화〉

우리가 영적 치매라는 병에 걸려, 주님께서 우리를 어떻게 대하셨는지 잊어버리고 사람들을 판단하거나 분열시킬 때, 이를 심각하게 생각해야 합니다. 자신도 모르게 사회적, 공동체적 현실을 더 분열하게 만드는 분리주의적 논리에 사로잡히면, '파벌'을 형성하고 지금의 현실을 조각낼 것입니다. 선한 이들의 편과 악한 이들의 편이 있고, 성도들의 편과 죄인들의 편이 있습니다.

이러한 기억 상실은 가장 풍요로운 우리네 현실과 우리가 지켜야 할 가장 분명한 가르침을 점차 잊어버리게 할 것입니다. 우리가 죄인임에도 불구하고 주님께서는 우리를 불쌍히 여기시는 일에 지치지 않으셨습니다. 바오로 사도는 자신이 한때 그리스도의 반대편에 있었다는 사실과 주님께서 팔삭둥이와 같은 자신에게 마지막에 나타나시어 사도로 부르신 사실을 절대 잊지 않았습니다. 자비란 우리의 겸손이 박수받아야 하는 '과시의 이론'이 아니라, 오히려 우리가 기억해야 할 죄의 역사입니다. 누구의 죄입니까? 저와 여러분, 우리 모두의 죄입니다. 자비란 찬양받아야 할 사랑이기도 합니다. 누구의 사랑입니까? 하느님의 사랑, 바로 저희에게 자비를 베푸신 사랑입니다.

위로가 필요합니다

〈자비와 비참〉, 13항 참조

자비는 '위로'라는 얼굴도 지닙니다. 이사야 예언자는 "위로하여라, 위로하여라, 나의 백성을."(이사 40,1)이라는 하느님의 간절한 말씀을 오늘날에도 다시 전해 줍니다. 이는 고통과 아픔 속에 있는 이에게 희망의 말씀이 닿을 수 있게 하려는 것입니다. 부활하신 주님께 대한 믿음에서 오는 희망을, 절대 도둑맞지 맙시다. 물론 우리는 종종 호된 시련을 겪습니다. 하지만 주님께서 우리를 사랑하신다는 확신은 절대 약해져서는 안 됩니다. 슬픔과 비탄의 날들이 닥쳐올 때, 수많은 형제자매가 전하는 친밀함과 애정, 그리고 도움 안에서 주님의 자비가 표현됩니다. 누군가의 눈물을 닦아 주는 것, 그것은 우리가 종종 갇혀 지내는 고독의 고리를 깨뜨리는 구체적인 행위입니다.

우리 모두 위로가 필요합니다. 그 누구도 고통과 아픔, 오해에서 자유로운 사람은 없기 때문입니다. 시기, 질투, 분노에서 나오는 앙심 어린 말 한마디가 얼마나 큰 고통을 가져옵니까! 배신과 폭력, 버림받음이 얼마나 큰 고통을 낳으며, 사랑하는 이들의 죽음 앞에서 느끼는 쓰라림은 또 얼마나 큽니까!

그러나 우리가 이러한 비극을 겪을 때에도, 하느님께서는 결코 멀리 계시지 않습니다. 용기를 북돋는 말 한마디, 이해받고 있음을 느끼게 하는 포옹, 사랑을 전하는 어루만짐, 우리를 더 강하게 하는 기도……. 이 모든 것은 하느님께서 가까이 계심이 형제자매의 위로로 드러나는 것입니다.

영적 위로에 대하여, 위로란 마음에 어떤 감동이 일어나며 영혼이 창조주 주님에 대한 사랑으로 불타올라 세상의 어떤 피조물도 그 자체로서만 사랑할 수가 없고 그 모든 것을 창조주 안에서 사랑하게 되는 때를 말한다. 또한 자기 죄에 대한 아픔이나, 우리 주 그리스도의 수난 때문이든, 혹은 하느님을 위한 봉사와 찬미에서 바르게 질서 잡혀 있는 어떤 것들 때문이든, 주님께 대한 사랑으로 말미암아 눈물이 쏟아지는 경우이다. 결국 믿음, 희망, 사랑을 키우는 모든 것과 창조주 주님 안에서 영혼을 침잠시키고 평온하게 하면서 천상적인 것으로 부르고 영혼의 구원으로 이끄는 모든 내적인 기쁨을 위로라고 한다.

— 로욜라의 이냐시오 성인, 《영신수련》

자비를 배웁니다

2016년 8월 17일, 〈영상을 통한 교황 담화〉

경험을 통해 자비를 배웁니다. 우리는 하느님께서 계속해서 우리를 신뢰하시고, 우리를 당신의 선교사로 초대하시며, 그분이 우리를 보살피고 보살피셨던 것과 같은 방식으로 우리 형제들을 보살피도록 우리를 파견하신다는 사실을 느끼며 배웁니다. 아버지께서 끊임없이 우리를 용서하시기에 자비를 배웁니다. 우리 삶에서 더 많은 고통을 짊어지고 가기에는 이미 너무 많은 고통이 존재합니다.

자비로 대하는 법을 배운다는 것은 소외된 사람들이나 죄로 '얼룩진' 상처받은 사람들을 두려워하지 않고, 그들에게 더 가까이 다가가는 법을 스승에게서 배우는 것입니다. 사람들이 뭐라고 말할지 두려워하지 말고, 쓰러진 사람에게 손을 내미는 법을 배우십시오. 자비가 없는 모든 행동은 아무리 옳은 것처럼 보일지라도 결국에는 학대로 이어집니다. 자비를 위한 도전은 희망의 길, 좋은 행동을 지지하고 자비를 빛나게 하는 길에 힘을 실어 주는 것입니다.

함께 아파하는 침묵

〈자비와 비참〉, 13항 참조

때로는 침묵도 큰 도움이 될 수 있습니다. 고통받는 이들이 던지는 숱한 질문에 답해 줄 말이 없을 때가 있기 때문입니다. 그러나 말이 부족한 그 자리는, 곁에 있어 주고 가까이 다가가며 손을 내미는 이의 연민으로 채워질 수 있습니다. 침묵은 포기하는 행위가 아닙니다. 오히려 정반대입니다.

침묵은 힘과 사랑의 순간입니다. 또한 침묵은 위로의 언어에 속합니다. 침묵이 형제자매의 고통과 함께하며, 함께 나누는 구체적인 행위로 이어지기 때문입니다.

주님의 부드러움

2015년 12월 12일, 〈교황 강론〉

기쁨으로 외칩시다. "주님은 나의 하느님, 나의 구원자!" 바오로 사도가 말합니다. "주님께서 가까이 오셨습니다."(필리 4,5) 그분이 우리 곁에 계시기에, 그 무엇도 우리를 고통스럽게 할 수 없습니다. 가장 위대한 자비가 우리 가운데 계시는 그분의 존재 안에, 그리고 그분의 현존과 동행 안에 머물러 있습니다. 그분께서는 우리와 함께 걸으시고 사랑의 길을 보여 주십니다. 몰락 속에 우리를 들어 올리시고, 우리가 일하게 하시고, 우리 존재의 모든 상황 속에서 동행하십니다. 그분께서 우리의 눈을 열어 우리와 세상의 비참함을 보게 하시지만, 동시에 희망으로 우리를 채워 주십니다.

"사람의 모든 이해를 뛰어넘는 하느님의 평화가 여러분의 마음과 생각을 그리스도 예수님 안에서 지켜 줄 것입니다."(필리 4,4-7)

이것이 우리 삶을 평화롭고 행복하게 하는 원천입니다. 삶의 고통과 시련 속에서 그 무엇도 이 평화와 행복을 빼앗을 수 없습니다. 주님께서는 당신의 부드러움으로 우리에게 마음과 사랑을 열어 주십니다. 주님께서는 완고함에 대해 알레르기가 있으십니다. 어떤 대가를 바라지 않으시고, 모든 것을 주시어 자신의 목숨까지 내어 주신 그분을 본받아 이러한 자비와 평화, 그리고 희망의 경험을 키워 갑시다. 이것이 그분의 자비입니다.

증오를 내려놓으십시오

《자비의 얼굴》, 9항 참조

예수님께서는 자비가 단지 아버지의 행위일 뿐 아니라, 누가 그분의 참된 자녀인지를 알아보는 기준이 된다고 단언하십니다. 한마디로 우리는 자비로 살아가도록 부르심을 받았습니다. 우리가 먼저 자비를 입었기 때문입니다. 잘못에 대한 용서는 자비로운 사랑의 가장 명백한 표현이며, 그리스도인에게는 결코 피할 수 없는 지상 명령입니다. 용서하는 일이 때로는 얼마나 어렵게 보입니까! 그러나 용서는 마음의 평화를 얻기 위하여 우리의 연약한 손에 쥐어진 도구입니다. 증오와 분노, 폭력과 복수를 내려놓는 것은 행복한 삶을 위한 필수 조건입니다. 그러므로 "해가 질 때까지 노여움을 품고 있지 마십시오."(에페 4,26) 무엇보다 자비를 삶의 이상이자 신앙의 신뢰성을 가늠하는 척도로 삼으신 예수님의 말씀을 경청합시다.

"행복하여라, 자비로운 사람들! 그들은 자비를 입을 것이다."(마태 5,7)

용서, 형언할 수 없는 기쁨

〈자비와 비참〉, 2-3항 참조

회개하는 죄인이 하느님 자비 앞에 내놓은 것은 그 무엇도 그분 용서에서 제외될 수 없습니다. 그래서 우리 중 누구도 자비에 조건을 내세울 수 없습니다. 자비는 언제나 하늘에 계신 아버지의 무상의 활동이며, 조건 없고 과분한 사랑이기 때문입니다. 그러므로 우리는 하느님께서 각 사람의 삶에 개입하시는 그 사랑의 완전한 자유를 가로막는 위험을 저질러서는 안 됩니다.

자비는 용서함으로써 삶을 변화시키고 바꾸어 놓는 사랑의 구체적인 행위입니다. 하느님의 신비는 이렇게 드러납니다. 하느님께서는 자비로우시고(탈출 34,6 참조), 그분의 자비는 영원하십니다(시편 136 참조). 그 자비는 세세 대대로, 그분을 믿는 모든 이를 껴안고 변화시키며 그들에게 당신 생명을 나누어 주십니다.

자비는 기쁨을 불러일으킵니다. 마음이 새로운 삶에 대한 희망으로 열리기 때문입니다. 용서의 기쁨은 형언할 수 없지만, 우리가 용서를 체험할 때마다 우리 안에서 배어 나옵니다. 그 기쁨의 원천은 하느님께서 우리를 만나러 오시는 사랑입니다. 그 사랑은 우리를 둘러싼 이기심의 고리를 끊고, 우리 또한 자비의 도구가 되게 합니다.

교만과 오만은 장벽입니다

2016년 4월 13일, 〈일반 알현〉

그리스도인이라 해서 우리가 흠잡을 데 없는 사람이 되는 것은 아닙니다. 세리 마태오처럼 우리는 죄에도 불구하고 주님의 은총에 의지합니다. 우리는 모두 죄인이고, 우리 모두에게는 죄가 있습니다. 예수님께서는 마태오를 부르심으로써 죄인들에게 과거나 사회적 지위, 표면적 관습을 보지 않으시고, 오히려 그들에게 새로운 미래를 열어 주신다는 것을 드러내셨습니다.

언젠가 저는 "과거 없는 성인 없고, 미래 없는 죄인 없다."라는 아름다운 격언을 들었습니다. 이것이 바로 예수님께서 하시는 일입니다. 과거가 없는 성인은 없고, 미래가 없는 죄인은 없습니다. 겸손하고 진실한 마음으로 초대에 응답하십시오. 교회는 완전한 사람들의 공동체가 아니라, 자신이 죄인이고 그분의 용서가 필요하다는 것을 알기에 주님을 따르는 여정에 나선 제자들의 공동체입니다. 그러므로 그리스도인의 신앙생활은 우리를 은총으로 다가가게 하는 겸손의 학교입니다.

자신이 '옳다'고 믿고, 자신이 남보다 낫다고 믿는 사람들은 겸손한 행동을 이해하지 못합니다. 교만과 오만은 우리가 구원이 필요하다는 사실을 깨닫지 못하게 하고, 실제로 하느님의 자비로운 얼굴을 뵙고 그 자비를 실천하는 일을 방해합니다. 교만과 오만은 하느님과의 관계를 가로막는 장벽입니다. 그러나 예수님께서는 우리 각자를 찾아오시어 상처를 치유하시고 사랑으로 당신을 따르도록 부르십니다. 바로 이것이 예수님의 사명입니다.

첫 번째 행위

〈자비와 비참〉, 5항 참조

사랑은 하느님께서 당신 자신을 드러내시고 우리를 만나러 오시는 첫 번째 행위입니다. 그러므로 하느님께 사랑받고 있다는 그 믿음을 향해 우리 마음을 활짝 열어 둡시다. 그분의 사랑은 언제나 우리보다 앞서 오시고, 우리와 동행하시며, 우리의 죄에도 불구하고 우리 곁에 머무르십니다.

지금은 자비의 때

〈자비와 비참〉, 21항 참조

지금은 자비의 때입니다. 하느님께서 우리의 여정에 날마다 함께하십니다. 그분께서는 성령을 통하여 우리 마음을 빚어 만드시고 사랑하는 마음이 되게 하십니다. 그리고 우리 마음에 불어넣어 주시는 은총의 힘으로 발걸음을 인도하십니다. 지금은 모두를 위한, 그리고 한 사람 한 사람을 위한 자비의 때입니다. 그러니 아무도 자신이 하느님의 친밀함과 온유한 사랑의 힘에서 멀어져 있다고 생각하지 않게 하십시오. 지금은 자비의 때입니다. 멀리 떨어지고 홀로 남겨진 나약하고 취약한 이들이 자신에게 적절한 도움을 줄 수 있는 형제자매들이 있음을 느끼기 때문입니다. 지금은 자비의 때입니다. 무관심을 이겨 내고 삶의 본질을 발견한 이들이 전하는, 존중과 관심을 느끼기 때문입니다. 지금은 자비의 때입니다. 용서를 청하는 모든 죄인이 지치지 않고, 언제나 환대하시고 꼭 껴안아 주시는 아버지의 손길을 느끼기 때문입니다.

8장

행복은 삶의 풍성한 열매가 됩니다

하느님께서는 우리를 사랑하십니다

《그리스도는 살아 계십니다》, 112항 참조

여러분에게 이 첫 번째 진리를 말씀드리고 싶습니다. 하느님께서는 여러분을 사랑하십니다. 이미 들어 본 말이라 해도 상관없습니다. 저는 여러분에게 이 사실을 다시금 상기시켜 드리고 싶습니다.

하느님께서는 여러분을 사랑하십니다. 살아가면서 어떤 일이 닥치더라도, 이 사실을 의심하지 마십시오. 그 어떤 처지에 있더라도, 당신은 무한히 사랑받고 있습니다.

하느님께서는 우리와 함께 기뻐하십니다

2015년 12월 12일, 〈교황 강론〉

하느님께서는 우리를 너무나 사랑하셔서 우리와 함께 기뻐하시고 즐거워하십니다. 그분께서는 거저 주시는 사랑, 무한한 사랑 그리고 어떤 대가도 바라지 않으시는 사랑으로 우리를 사랑하십니다.

하느님께서는 우리를 보며 기뻐하십니다

《그리스도는 살아 계십니다》, 114-115항 참조

그분의 사랑은 슬픈 것이 아닙니다. 그 사랑은 우리가 그분께 사랑받도록 자신을 내어 드릴 때마다 새롭게 솟아나는 순수한 기쁨입니다.

"주 너의 하느님, 승리의 용사께서 네 한가운데에 계시다. 그분께서 너를 두고 기뻐하며 즐거워하신다. 당신 사랑으로

너를 새롭게 해 주시고, 너 때문에 환성을 올리며 기뻐하시리라."(스바 3,17)

그분께 여러분은 진실로 소중한 존재입니다. 여러분은 하찮은 존재가 아닙니다. 여러분은 그분께 중요한 사람입니다. 여러분은 그분 손으로 빚어낸 작품이기 때문입니다. 그래서 그분께서는 당신에게 관심을 기울이시고, 애정을 담아 당신을 기억하십니다. 당신은 하느님의 기억을 신뢰해야 합니다. 그분의 기억은 우리의 모든 데이터를 기록하고 저장하는 '하드디스크'가 아닙니다. 그분의 기억은 우리의 모든 악의 흔적을 깨끗이 지워 버리는 것을 기뻐하는, 연민으로 가득 찬 부드러운 마음입니다.

그분께서는 당신의 잘못을 일일이 세고 싶어 하지 않으십니다. 당신이 넘어진다 해도, 그분께서는 그 넘어짐을 통해서 무언가를 배울 수 있도록 도와주실 것입니다. 그분께서 당신을 사랑하시기 때문입니다. 잠시 침묵 가운데 머물러 보십시오. 그리고 그분께서 당신을 사랑하시도록 자신을 내어 드리십시오. 내면의 모든 소란스러운 목소리와 아우성을 잠재우고, 잠시 그분의 사랑 넘치는 품 안에 머물러 보십시오.

사랑하는 영웅이여, 저를 받아 주소서!
당신은 저의 삶이요, 저의 전부이니,
당신은 세상과의 모든 인연을 끊고,
버림받은 저를 구원으로 이끌 분이심을 알고 있나이다.

당신은 내가 사랑하는 잃어버린 이들을 돌려주셨기에,
당신은 영원히 저에게 신실하시니,
무릎 꿇어 당신을 찬양하리니, 하늘이여!
당신은 영원히 제 곁에 계시나이다.

— 노발리스, 《영혼의 노래*Canti spirituali*》, 제10장

무한함에 대한 갈증

2015년 1월 31일, 〈교황 담화〉

모든 시대와 모든 세대의 사람들이 언제나 행복을 추구합니다. 하느님께서는 모든 사람의 마음속에 행복과 충만함을 향한 멈출 수 없는 열망을 심어 주셨습니다. 여러분은 마음이 불안하다고 느낍니까? 무한함에 대한 갈증을 충족할 만한 것을 끊임없이 찾고 있지는 않습니까?

선물 받아들이기

2013년 6월 28-30일, 〈교황 담화〉

예수님께서는 여러분의 친구, 형제, 그리고 진리와 생명의 스승으로서 하느님의 계획에 따라 여러분이 행복과 자아실현을 향해 나아가기를 원하십니다. 그리고 우리에게 자비와 하느님의 사랑을 가져다주는 예수님의 이 형제애는 바로 무상성, 순수한 선물입니다. 그분은 어떠한 보답도 바라지 않으시고, 단지 우리가 그것을 받아들이기만을 바라십니다. 예수님께서는 여러분이 나약함과 부족함 속에서도 있는 그대로 자신을 사랑하길 바라십니다. 왜냐하면 여러분이 그분의 사랑에 동화되어 새로워질 수 있기 때문입니다.

자기 삶의 역사를 읽고 배우기

2022년 10월 19일, 〈일반 알현〉

인생을 살아가면서 항상 결정을 내려야 하고, 결정을 내리기 위해서는 식별이라는 길을 걸어가야 합니다. 모든 중요한 행동에는 준수해야 할 '지침'이 있기 마련입니다. 필요한 효과를 내려면 그 지침을 반드시 숙지해야 합니다. 우리는 식별에 있어서 필수 불가결인 또 다른 요소를 살펴볼 것입니다. 바로 '자기 삶의 역사'입니다. 자기 삶의 역사를 아는 것은 식별에 있어서 꼭 필요한 요소, 말하자면 식별의 '재료'입니다.

당신의 내면을 읽어 보십시오. '우리 삶은 우리에게 주어진 가장 귀중한 책'입니다. 안타깝게도 많은 사람이 이 책을 읽지 않거나, 죽음을 앞두고 너무 늦게 읽습니다. 우리는 다른 길을 통해 헛되이 헤매던 것을 그 책 안에서 찾기도 합니다. 진리를 찾는 위대한 탐구자였던 아우구스티노 성인은 자신의 지난 생애를 다시 읽음으로써 이를 정확하게 이해했습니다. 성인은 자신의 삶 안에서 침묵 중에 사려 깊은 모습으로 계시는 주님의 현존을 깨달았습니다. 그는 인생의 끝자락에 이렇게 고백합니다.

"제 안에 당신이 계시거늘 저는 밖에서, 제 밖에서 당신을 찾았습니다. 당신의 아리따운 피조물 속으로 더러운 몸을 던져 넣었습니다. 당신께서는 저와 함께 계시건만 저는 당신과 함께 있지 않았습니다."(아우구스티노 성인, 《고백록》, 10권 27장 38절)

여기서 자신이 추구하는 것을 발견하기 위해 내면의 삶을 가꾸라는 성인의 초대가 나옵니다.

"너 자신 안으로 다시 들어가라. 사람의 내면에 진실이 머문다."(아우구스티노 성인, 《참된 종교》, 39권 72장)

이는 저를 비롯한 우리 모두를 위한 초대입니다. "여러분의 내면으로 들어가십시오. 여러분의 삶을 읽으십시오. 삶의 여정이 어땠는지 여러분의 내면을 읽으십시오. 평온하게 읽으십시오. 내면으로 들어가십시오."

우리도 아우구스티노 성인과 같은 경험을 합니다. 우리는 자기 자신에게서 멀어지는 생각, 자신을 해치는 상투적인 메시지에 사로잡히는 경험을 하곤 합니다. 예를 들어 "나는 형편없어.", "모든 것이 내 뜻과는 다르게 펼쳐지네." 하면서 낙심하며 넘어지고, "나는 결코 성공하지 못할 거야." 하면서 슬퍼합니다. 인생도 마찬가지입니다. 이러한 비관적인 생각은 여러분을 우울하게 만들고 넘어뜨립니다! 자기 삶의 역사를 읽는다는 것은 이러한 '유해한' 요소의 존재를 알아차린다는 것을 의미하지만, 자기 삶의 이야기를 폭넓게 하고 더욱 풍요롭게 만들며 삶의 복잡한 모습을 존중하는 일입니다. 이는 하느님께서 우리 삶 안에서 사려 깊게 행하시는 여러 방식을 파악하는 일을 의미하기도 합니다.

빛과 어두움을 구별하기

2022년 7월 29일, 〈청년들과 노인들과의 만남〉

더 나은 사람이 되고 싶다면 빛과 어둠을 구별하는 법을 배워야 합니다. 어디서부터 시작할까요? 먼저 스스로 물어봅시다. 처음에는 화려하고 매혹적으로 보이지만, 나중에 깊은 공허함을 느끼게 하는 것은 무엇입니까? 그것은 어둠입니다! 반면, 먼저 어떤 안락함을 버리고 어떤 감각을 익히라고 요구할지라도 나에게 좋고 내 마음에 평화를 주는 것은 무엇입니까? 그것은 빛입니다! 다시 물어봅시다. 우리 내면에 있는 빛과 어둠을 구별하고, 악의 유혹에 "아니요."라고, 모든 선한 것에 "예."라고 대답하게 만드는 힘은 무엇입니까? 그것은 자유입니다. 자유란 내가 원하는 모든 것을 하고, 내가 원하는 대로 행동하는 것을 의미하지 않습니다. 자유는 내가 남들에게 마음껏 할 수 있는 것이 아니라 오히려 다른 사람을 위해서 할 수 있는 것입니다. 이는 자유분방함이 아니라 책임입니다. 자유는 하느님 아버지께서 생명과 함께 우리에게 주신 가장 큰 선물입니다.

날마다 어두움과 싸우기

2022년 7월 29일, 〈청년들과 노인들과의 만남〉

여러분은 매일 세상에 새로운 빛을 가져오라는 부르심을 받습니다. 즉 눈빛과 미소, 그리고 여러분만이 덧붙일 수 있는 '선한 빛'입니다. 다른 누구도 할 수 없습니다. 하지만 빛으로 다가가려면 날마다 어둠과 싸워야 합니다. 빛과 어둠 사이에는 매일 충돌이 일어납니다. 이는 바깥 어딘가에서 일어나는 것이 아니라 우리 각자의 내면에서 일어납니다. 빛의 길을 따르려면 거짓의 어둠에 맞서는 용기 있는 마음의 선택이 필요합니다.

"아!" 간달프가 외쳤다. "긴 이야기일세. 그 기원은 태초로 거슬러, 오직 현자들과 학자들만이 기억하는 암흑기까지 거슬러 올라가네. 자네에게 그 이야기를 다 하려면, 봄이 지나고 겨울이 올 때까지 우리는 여전히 여기 앉아 있어야 할 걸세. 하지만 어젯밤 내가 자네에게 암흑 군주, 위대한 사우론에 대해 이야기했었지. 떠도는 소문들은 사실이라네. 그가 다시 움직이기 시작했어. 어두운 숲에 있는 그 요새를 버리고 암흑 탑에 있는 그의 옛 성채로 돌아가 거주하기 시작한 게야. 그 이름은 자네들 호빗조차 들어 본 적이 있을 걸세. 마치 옛이야기의 가장자리에 드리운 그림자처럼 말이야. 언제나 패배와 휴식이 있은 후에는 그림자가 다시 형체를 갖추고 거대하게 자라나지."

프로도가 외쳤다. "이 모든 일이 제가 사는 동안 일어나지 않았더라면 얼마나 좋았을까요!"

"나도 그렇다네." 간달프가 고개를 끄덕이며 말했다. "이런 시대를 살아가야 하는 모든 이가 그렇지. 하지만 그것은 우리가 결정할 일이 아닐세. 우리가 결정해야 할 일은 우리에게 주어진 시간을 어떻게 살아갈 것인가 뿐이라네."

— 존 로널드 루엘 톨킨, 《반지의 제왕》

진정한 아름다움을 보호하십시오

2022년 9월 21일, 〈교황 담화〉

당신의 아름다움을 드러내십시오. 세상의 유행에 따른 아름다움이 아닌 진정한 아름다움을 드러내십시오. 수많은 끔찍함으로 질식된 세상에서, 하느님께서 당신의 형상대로 사람을 만드시고 보시기 참 좋았던 창조의 첫 순간부터 언제나 우리에게 속한 그 아름다움을 간직하십시오. 이 아름다움은 전파되어야 하지만 또 보호되어야 합니다. 도스토옙스키의 《백치》에 등장하는 미시킨 왕자가 말했듯이, '아름다움이 세상을 구원할 것'이라는 말이 사실이라면, 세상도 아름다움을 구할 수 있도록 깨어 있어야 합니다. 이를 위해 전 세계 젊은이들과 함께 "국제 뷰티 협약Global beauty compact"을 맺도록 여러분을 초대합니다. 아름다움 없이는 교육도 없기 때문입니다.[1]

우리가 말하는 아름다움은 호수에 비친 자기 모습에 반해 그 호수에 빠져 죽고 말았던 나르키소스처럼 자기 자신에게만 집착하는 아름다움이 아닙니다. 마법에 풀려났을 때 얼굴이 일그러진 자신을 본 도리안 그레이처럼 악과 타협하는 아름다움도 아닙니다. 저는 절대 시들지 않는 아름다움을 이야기하는 것입니다. 신성한 아름다움 말입니다. 하느님께서는 진정으로 선하시고, 진실하시고, 아름다우십니다. 그리고 아름다움은 그분께 다가가는 특별한 방법의 하나입니다.

---

1 교황이 2020년 2월 7일 "교육: 글로벌 콤팩트" 세미나 참가자에게 한 연설을 인용.

우리의 마음과 관계를 보호하기

2015년 1월 31일, 〈교황 담화〉

복음서에서 예수님께서는 관습에 얽매인 종교적 정결함을 거부하는 것처럼 보입니다. 불순하게 여겨지는 사물이나 사람, 가령 나병 환자와 이방인 등과 함께하시기 때문입니다. 그 당시의 많은 유다인처럼 목욕재계 의식을 거행하기 전 식사하지 않는 일, 물건을 씻는 일과 관련한 수많은 전통을 지닌 바리사이들에게 예수님께서는 다음과 같이 단호하게 말씀하셨습니다.

"사람 밖에서 몸 안으로 들어가 그를 더럽힐 수 있는 것은 하나도 없다. 오히려 사람에게서 나오는 것이 그를 더럽힌다. 안에서 곧 사람의 마음에서 나쁜 생각들, 불륜, 도둑질, 살인, 간음, 탐욕, 악의, 사기, 방탕, 시기, 중상, 교만, 어리석음이 나온다."(마르 7,15.21-22)

그러면 순수한 마음에서 나오는 행복은 무엇으로 이루어져 있습니까? 우리는 예수님께서 열거하신 인간을 더럽히는 악의 종류들이, 무엇보다도 우리의 관계성과 연관되어 있음을 알 수 있습니다. 우리는 자신의 마음을 '더럽게' 하는 것이 무엇인지 분별하고, "무엇이 하느님의 뜻인지, 무엇이 선하고 무엇이 하느님 마음에 들며 무엇이 완전한 것인지 분별할 수 있게"(로마 12,2) 자기 양심을 올바르고 현명하게 완성해 나가는 법을 배워야 합니다. 창조물을 보호하고 공기와 물, 그리고 음식의 순수함을 위해 건강한 관심이 요구될 때, 우리는 마음과 관계의 순수함을 보호해야 합니다. 이러한 '인간 생태학human ecology'은 우리가 아름다움과 참된 사랑, 거룩함에서 나오는 맑은 공기를 호흡하는 데 도움이 될 것입니다.

우리 기쁨의 원천

2021년 3월 14일, 〈교황 강론〉

우리가 더 많이 사랑할수록 우리는 더 많이 줄 수 있습니다. 그것이 우리 삶을 이해하는 열쇠입니다. 서로 사랑하고 사랑 안에서 서로의 삶을 나누는 사람들을 만나는 것은 반가운 일입니다. 우리는 그들을 하느님의 사람이라고 말할 수 있습니다. 그들은 너무나 서로를 사랑한 나머지 그들의 삶을 내어 줍니다. 우리가 만들거나 얻을 수 있는 것보다 더 중요한 것은 우리가 내어 줄 수 있는 사랑입니다.

이것이 기쁨의 원천입니다! 하느님께서는 세상을 너무나 사랑하신 나머지 당신의 아드님을 내어 주셨습니다.

때때로 우리는 기쁨이 없는 곳에서 기쁨을 찾습니다. 사라져 가는 환상들 속에서, '자아'의 웅장한 꿈속에서, 물질적인 것에서 느껴지는 안정감 속에서, 겉모습에 대한 지나친 관심 속에서, 그리고 너무나 많은 다른 것들 속에서 기쁨을 찾습니다. 그러나 진정한 기쁨은 우리가 혼자가 아니라는 것을 깨닫는 일입니다. 삶은 우리에게 가르쳐 줍니다. 우리의 꿈을 나누는 누군가가 있다는 것, 우리가 난파를 경험할 때 우리를 도와 안전한 항구로 이끌어 주는 누군가가 있다는 것을.

창밖에는 어둡고 굶주린 모스크바가 묵묵히 펼쳐져 있었다. 상점들은 텅 비었고, 사람들은 사냥감(고기)이나 보드카 같은 것들조차 잊어버렸다.

그때 그들은 깨달았다. 우리 주변 사람들의 삶과 비슷한 삶, 흔적을 남기지 않고 삶 속에 녹아드는 삶만이 진정한 삶이며, 고립된 행복은 행복이 아니라는 것을 말이다. 심지어 도시에서 유일하게 오리고기와 술을 가졌다 한들, 그것은 더 이상 오리고기도 술도 아닌 것처럼 보였다.

— 보리스 파스테르나크, 《닥터 지바고》

잠자는 숲속의 공주로 남지 마십시오

2022년 9월 21일, 〈교황 담화〉

예수님께서 우리에게 보여 주신 아름다움은 행동으로 보여 주신 하나의 광채와도 같습니다. 서로 나누기 위해 육신을 취하신 아름다움, 더러워지는 것을 두려워하지 않으신 아름다움, 사랑에 충실하기 위해 망가지는 것을 두려워하지 않으신 아름다움입니다. 그래서 여러분도 '잠자는 숲속의 공주'로 남아 있을 수 없습니다. 여러분은 행동하고, 무언가를 하도록 부르심을 받았습니다. 진정한 아름다움은 언제나 결실을 보며, 우리 자신에게서 벗어나 우리를 움직이게 합니다. 예수님의 거룩한 변모 때 타보르산에서 세 제자들이 "주님, 저희가 여기에서 지내면 좋겠습니다. 저희가 초막 셋을 짓겠습니다."(마태 17,4 참조)라고 말했던 것처럼 하느님에 대한 묵상도 그분의 모습을 바라보는 기쁨에만 머물러서는 안 됩니다. 아니, 산에서 내려와 소매를 걷어붙여야 합니다.

그러므로 저는 여러분이 꿈과 목표를 향한 건강한 조바심을 지니길 바랍니다. 항상 자신을 걷도록 부추기고, 내가 바라는 어떤 지점에 '도착했다'라고 여기지 않는 조바심을 지니길 바랍니다. 어른이 되기 싫은 피터 팬처럼, 세상과 마주하기를 두려워하는 히키코모리처럼 방에 틀어박혀 세상과 등을 지지 마십시오. 용기와 항상 열린 마음을 가지십시오. 젊은이들이 세상을 바꾸지 않으면 누가 바꿀 수 있겠습니까?

다른 사람의 좋은 점을 보는 사람은 행복합니다

2015년 7월 12일, 〈교황 연설〉

성경에서는 마귀를 '거짓의 아비'라고 부릅니다. 그는 여러분이 어떤 일을 할 때 행복해질 것이라고 약속하거나, 그렇게 믿게 만듭니다. 그 후 여러분은 자신이 전혀 행복하지 않았다는 사실을 깨닫게 됩니다. 행복을 가져다주기는커녕 오히려 자신을 더 공허하고 슬프게 만드는 무언가를 좇았다는 사실을 깨닫습니다.

악마는 친구처럼 보이지만 사실 사기꾼입니다. 그는 여러분에게 약속하고 또 약속합니다. 그러나 여러분에게 아무것도 주지 않으며 약속한 것을 절대 지키지 않습니다. 그는 나쁜 사기꾼입니다. 자기가 줄 수도 없으면서 여러분이 그것을 받을 수 있는지 없는지 신경도 쓰지 않으면서 그저 그것을 원하게 만듭니다. 결코 행복할 수 없는 일에 희망을 두게 만듭니다. 이것이 그의 전술이자 전략입니다.

그는 말을 많이 하고 약속도 많이 하지만 행동하지 않습니다. 그가 우리에게 약속한 모든 것은 분열과 경쟁, 그리고 다른 사람을 짓밟는 결과를 만들기 때문에 그는 대단한 사기꾼입니다. 그는 이 모든 것을 달성하기 위한 유일한 방법이 친구를 버려야 하며, 결코 누구의 편에 서 있어서도 안 된다고 말하기 때문에 진정한 사기꾼입니다. 모든 것이 겉모습에 따라 결정되기 때문입니다. 곧 그는 여러분의 가치가 여러분이 얼마나 소유하느냐에 달려 있다고 믿게 만듭니다.

그와 반대로, 우리에게는 자신의 팀에서 뛰라고 요청하시는 예수님께서 계십니다. 그분은 우리를 속이지 않으며, 세상을 약속하지도 않으십니다. 그분은 우리가 부와 권력과 자존심에서 행복을 찾을 것이라고 말씀하지 않으십니다. 오히려 정반대입니다. 그분은 우리에게 다른 방식을 보여 주십니다. 이 감독은 자신의 선수들에게 다음과 같이 말합니다. "마음이 가난한 사람들, 슬퍼하는 사람들, 온유한 사람들, 의로움에 주리고 목마른 사람들, 자비로운 사람들, 마음이 깨끗한 사람들, 평화를 이루는 사람들, 의로움 때문에 박해를 받는 사람들은 행복합니다." 그리고 "여러분, 이 모든 일에 기뻐하십시오."라고 끝을 맺습니다.

왜 그러셨을까요? 예수님께서는 우리에게 거짓말을 하지 않으시기 때문입니다. 그분은 우리에게 생명이요 진리인 길을 보여 주십니다. 그분께서는 이에 대한 위대한 증거자이십니다. 그분의 스타일과 생활 방식, 형제애와 아버지와의 관계가 그 증거입니다. 그리고 그것이 그분께서 우리에게 바라시는 바입니다. 그분은 우리가 당신의 아들딸, 사랑하는 자녀들임을 깨닫게 하십니다.

그분께서는 여러분을 속이지 않습니다. 왜냐하면 그분께서는 행복, 참된 행복, 우리 마음을 가득 채우는 행복을 우리가 입는 값비싼 옷이나 신발, 특정 명품에서 찾을 수 없다는 것을 아시기 때문입니다. 그분께서는 참된 행복이 다른 사람의 마음에 공감하는 것, 우는 사람들과 함께 우는 법을 배우는 것, 슬퍼하는 사람들 곁에 있는 것, 손을 내밀고 진심으로 안아 주는 것에서 찾을 수 있다는 점을 아십니다. 우는 법을 모르는 사람은 웃는 법도 모르고, 그래서 살아가는 법도 모릅니다. 예수님께서는 경쟁, 시기, 공격이 가득한 이 세상에서 참된 행복은 인내하는 법, 다른 사람을 존중하는 법, 다른 사람을 단죄하거나 판단하지 않는 법을 배우는 데서 온다는 것을 아십니다. "화를 내는 사람이 지는 것이다."라는 속담이 있습니다.

당신의 마음이 분노와 적개심에 굴복하지 않도록 하십시오. 자비로운 사람은 행복합니다. 다른 사람의 처지를 이해해 주는 사람, 포용하고 용서할 수 있는 사람은 행복합니다. 우리는 모두 이러한 일을 한 번쯤 경험해 보았을 것입니다. 그리고 어쩔 땐 용서받았다고 느낀 적도 있습니다. 얼마나 아름답습니까! 마치 다시 살아난 것 같고 새로운 기회를 얻는 것 같습니다. 새로운 기회를 얻는 것보다 더 아름다운 것은 없습니다. 마치 인생이 다시 시작되는 것처럼 말입니다. 그래서 새 생명과 새 기회를 지닌 사람들은 행복합니다. 이를 위해 일하고 희생하는 사람도 행복합니다.

우리는 모두 수천 가지의 실수를 저지릅니다. 그래서 다른 사람이 실수할 때 그 사람을 도울 수 있는 사람도 행복합니다. 그들은 진정한 친구이며 누구도 포기하지 않습니다. 그들은 바로 닥친 역경 그 너머를 볼 수 있고, 어려움을 극복할 수 있는 깨끗한 마음을 지닌 사람들입니다. 무엇보다도 다른 사람의 장점을 볼 수 있는 사람은 행복합니다.

우리가 갈망하는 선함

2022년 10월 12일, 〈일반 알현〉

식별에 있어서 필수 불가결인 요소는 바로 '열망'입니다. 사실, 식별은 탐구의 한 형태입니다. 탐구는 우리가 무엇인가를 갈망하지만, 어떤 면에서는 어느 정도 알고 있는 직관적인 인식에서 생겨납니다.

어떤 종류의 인식을 말하는 것입니까? 영성가들은 이를 '열망'이라는 말로 표현합니다. 근본적으로 완전한 성취에 도달할 수 없는 충만에 대한 그리움이지만, 우리 안에 하느님께서 현존하신다는 표지이기도 합니다. 열망은 순간의 욕구를 충족하는 게 아닙니다. 열망을 뜻하는 이탈리아어 '데시데리오 desiderio'는 매우 아름다운 라틴어 단어에서 유래합니다. 라틴어로 '데-시두스de-sidus'는 문자 그대로 '별의 부재'를 뜻합니다. 따라서 열망은 별이 없는 것, 곧 인생의 길잡이인 별이나 삶의 기준점을 잃어버린 결핍을 의미합니다. 이는 고통과 결핍, 동시에 우리가 놓치고 있는 선에 도달하려는 간절함을 불러일으킵니다. 그러므로 열망은 내가 어디에 있고 어디로 가고 있는지를 이해하기 위한 나침반이자, 내가 움직이지 않고 가만히 있는지 혹은 앞으로 나아가며 움직이는지를 알 수 있는 나침반입니다. 아무것도 간절히 바라지 않는 사람은 움직이지 않는 사람, 아마도 병들거나 거의 죽은 것이나 마찬가지일 것입니다. 열망은 내가 앞으로 나아가는지 아니면 가만히 서 있는지를 알려 줍니다.

그렇다면 이를 어떻게 알 수 있을까요? 진심 어린 열망은 우리 실존 깊은 곳을 건드립니다. 그래서 어려움이나 악조건 속에서도 꺼지지 않습니다. 이는 우리가 목마름을 느낄 때와 같습니다. 우리는 마실 것을 찾지 못한다고 해서 포기하지 않습니다. 탐구는 우리의 생각과 행동을 점점 더 많이 차지하여, 그러한 열망을 충족시키기 위해 어떠한 희생도 기꺼이 감수하게 합니다. 장애물과 실패는 열망을 억누르지 못합니다. 오히려 우리 안에서 열망을 더욱 생생하게 만듭니다.

위대한 열망을 가진 은총

2022년 10월 12일, 〈일반 알현〉

많은 사람은 자신의 삶에서 무엇을 원하는지 알지 못하기 때문에 괴로워합니다. 그들 중 대부분은 아마도 자신의 깊은 열망을 한 번도 마주한 적이 없거나 알지도 못한 것 같습니다. 그들에게 "당신의 삶에서 무엇을 원하나요?"라고 물으면 "모르겠습니다."라고 답합니다. 여기에 온갖 시도와 방법 사이에서 아무런 결론에 이르지 못하고 소중한 기회를 날려 버릴 위험이 있습니다. 그래서 이론상 약간의 변화는 가능하겠지만, 기회가 왔을 때 무언가를 지속적으로 해내려는 굳건한 의지가 부족하기에 그들은 결코 쉽게 변화되지 않습니다.

예를 들어, 주님께서 예리코의 눈먼 이에게 하신 것처럼 우리 가운데 누군가에게 "내가 너에게 무엇을 해 주기를 바라느냐?"(마르 10,51) 하고 물으신다면 어떻게 대답할까요? 오늘 우리에게 주님께서 이렇게 물으신다고 생각해 봅시다. "내가 너에게 무엇을 해 주기를 바라느냐?"

우리는 마침내 하느님께서 친히 우리 마음에 심어 주신 그분께 대한 깊은 열망을 알도록 도와 달라고 청할 수 있어야 합니다. "주님, 제가 저의 열망을 알게 하소서. 저는 열망하는 사람이 되길 바랍니다." 분명 주님께서는 그것을 구체화할 힘을 우리에게 주실 것입니다. 이는 다른 모든 것의 기초가 되는 엄청난 은총입니다. 복음서에서처럼 주님께서 우리를 위해 기적을 일으키실 것입니다. "주님, 저희에게 열망을 주시고, 그 열망이 저희 안에서 자라게 하소서."

돈으로 사는 행복은 오래가지 않습니다

2014년 8월 15일, 〈아시아 청년들과의 만남〉

행복은 돈으로 살 수 없습니다. 행복을 살 때, 그 행복은 곧 사라져 버린다는 것을 깨달을 것입니다. 돈으로 사는 행복은 오래가지 못합니다. 사랑의 행복만이 오래갑니다.

또한 사랑의 길은 단순합니다. 하느님을 사랑하고, 이웃과 여러분의 형제, 여러분 곁에 있는 사람, 그리고 사랑과 더불어 많은 것이 필요한 사람을 사랑하십시오.

"하지만 교황님, 제가 하느님을 사랑하는지 어떻게 알 수 있지요?"

단순합니다. 이웃을 사랑한다면, 미워하지 않는다면, 마음 안에 미움이 없다면 하느님을 사랑하는 것입니다. 이는 확실한 증거입니다.

행복은 사랑 안에 있습니다

2018년 9월 16일, 〈삼종 기도〉

예수 그리스도에 대한 신앙 고백은 말로만 그칠 수 없고, 하느님 사랑으로 새겨진 삶, 이웃을 향해 큰 사랑을 품은 삶, 구체적인 몸짓과 선택으로 증거하는 삶이 필요합니다. 예수님께서는 그분을 따르기 위해서, 그분의 제자가 되기 위해서, 자신을 버려야 한다고 말씀하셨습니다. 다시 말해 이기주의적인 교만을 버리고, 자기 십자가를 지라는 것입니다. 그런 다음 모두에게 근본적인 규칙을 제시하십니다.

"정녕 자기 목숨을 구하려는 사람은 목숨을 잃을 것이다."(마태 6,25; 마르 8,35; 루카 9,24 참조)

우리는 인생에서 자주 수많은 이유로 길을 잃고, 우리가 사물처럼 대하는 사람들이나 사물에서만 행복을 찾습니다. 그러나 참된 사랑이 우리와 만나고, 우리를 놀라게 하고, 우리를 변화시킬 때만 진정한 행복을 찾을 수 있습니다. 사랑은 모든 것을 변화시킵니다! 그리고 사랑은 우리도, 우리 각자도 변화시킬 수 있습니다.

삶을 위대하게 만드는 사랑과 용기

2019년 9월 14일, 〈청년들과의 만남〉

오늘날의 진정한 정통성, 진정한 혁명은 순간적인 문화에 대항하고 순간의 본능과 즐거움을 뛰어넘는 것, 그리고 삶을 사랑하고 자기 자신을 사랑하는 것입니다. 우리는 대충 살아가기 위해서가 아니라 우리 삶의 위대한 일을 이루기 위해 여기에 있습니다.

소설에서 읽은 멋진 이야기, 잊을 수 없는 영화, 감동적인 이야기에는 항상 두 가지 요소, 사랑과 용기가 나옵니다. 이 두 가지는 항상 함께 갑니다. 삶을 위대하게 만들려면 사랑과 용기 모두 필요합니다. 십자가에 못 박히신 예수님을 바라보십시오. 무한한 사랑과 끝까지 목숨을 바친 용기가 모두 십자가에 있습니다.

들보와 티

2015년 9월 11일, 〈아침 묵상〉

그리스도인의 생활 방식은 동정, 호의, 겸손, 온유, 인내, 그리고 너그러움입니다. 그것은 위대합니다.

"너희 아버지께서 자비하신 것처럼 너희도 자비로운 사람이 되어라. 남을 심판하지 마라. 그러면 너희도 심판받지 않을 것이다. 남을 단죄하지 마라. 그러면 너희도 단죄받지 않을 것이다. 용서하여라. 그러면 너희도 용서받을 것이다. 주어라. 그러면 너희도 받을 것이다. 누르고 흔들어서 넘치도록 후하게 되어 너희 품에 담아 주실 것이다. 너희가 되질하는 바로 그 되로 너희도 되받을 것이다."(루카 6,36-38)

만약 여러분이 많은 사랑과 자비와 너그러움을 갖고 있다면, 그에 따라 심판을 받을 것입니다.

하지만 어떻게 할 수 있으며, 어디서부터 시작해야 할까요? 그리고 그 길을 걷기 위한 첫걸음은 무엇일까요? 그 첫걸음은 나 자신을 탓하는 일입니다. 다른 사람의 탓을 하기 전에 내 탓을 하는 용기입니다.

"먼저 네 눈에서 들보를 빼내어라. 그래야 네가 형제의 눈에 있는 티를 뚜렷이 보고 빼낼 수 있을 것이다."(루카 6,42)

곧 '나는 무엇을 하고 있지? 나는 올바른 사람인가? 나는 스스로 다른 사람을 탓하고 다른 사람의 눈에 있는 티를 빼낼 재판관이라고 느끼는가?'라고 질문해야 합니다.

자기 자신을 탓하는 것을 배우지 못한 사람은 위선자가 될 수 있습니다. 우리 중에 어떤 사람이 자기 탓을 할 줄 모른다면 그는 그리스도인이 아닙니다. 그는 매우 아름다운 이 일들에 참여하지 않는 것입니다. 곧 화해와 평화를 이루는 일, 동정과 호의와 용서와 너그러움을 위한 일, 그리고 예수 그리스도께서 우리에게 가져다주신 자비를 위한 일 말입니다.

바오로 사도는 자신에 대해 다음과 같이 말했습니다.

"나는 전에 그분을 모독하고 박해하고 학대하던 자였습니다."(1티모 1,13)

이런 바오로 사도의 용기를 지닐 필요가 있습니다. 이렇게 함으로써 우리는 진정 너그러움의 길로 나아가는 첫걸음을 내딛게 됩니다. 왜냐하면 다른 사람의 티만 볼 줄 아는 사람은 결국 사소한 것들로 가득 찬, 헛된 것들로 가득 찬, 옹졸한 영혼이 되기 때문입니다.

너그러움의 길

2013년 6월 7일, 〈교황 연설〉

너그럽다는 것은 무엇을 의미할까요? 이는 넓은 마음과 위대한 영혼을 지녔다는 것입니다. 그리고 하느님께서 우리에게 요구하시는 일에 응답하기 위해 위대한 일을 하려는 열망을 갖는 것이기도 합니다. 이러한 이유로 일상의 모든 활동과 임무를 잘 수행하고, 나아가 사람들과 좋은 만남을 이루는 것이 중요합니다. 그러므로 하느님과 이웃을 향해 마음을 크게 열고, 일상의 소소한 일들도 소중히 행해야 합니다.

연민의 길

2014년 6월 4일, 〈일반 알현〉

연민의 은사는 기뻐하는 사람들과 함께 기뻐하고, 우는 사람들과 함께 울며, 외롭거나 괴로워하는 사람들에게 가까이 다가가고, 잘못된 사람들을 바로잡아 주고, 고통받는 사람들을 위로하고, 도움이 필요한 사람들을 환대하고 도울 수 있는 참된 능력을 의미합니다.

연민의 은사는 온유함과 밀접하게 연결되어 있습니다. 성령께서 우리에게 주시는 연민의 은사는 우리를 온유하고 침착하고 인내하게 만들며, 하느님과 평화롭게 지내고 온유함으로 다른 사람들에게 봉사하게끔 합니다.

친절의 길

《모든 형제들》, 222-224항 참조

소비 지상주의적 개인주의는 많은 부당한 처사를 낳습니다. 타인을 단지 개인의 평온한 삶을 가로막는 장애물로 여기게 됩니다. 그래서 우리는 결국 다른 이웃을 귀찮은 존재로 취급하게 되고, 공격성이 커집니다. 이러한 공격성은 위기나 재해 상황, 시련의 시기에 '각자도생'의 풍조가 드러나면서 더욱 심화되어, 더 이상 참을 수 없는 극단적인 상황에 이릅니다. 그러나 그러한 순간에도 친절을 베푸는 선택은 가능합니다. 그렇게 실천함으로써 암흑 속에서 빛나는 별이 되는 사람들이 있습니다.

바오로 사도는 성령의 열매를 언급하며 그리스어 '크레스

토테스chrestotes', 즉 "호의"(갈라 5,22)라는 단어를 사용했습니다. 이는 거칠거나 무례하고 딱딱한 것이 아니라, 상냥하고 온화하며 지지해 주고 위로해 주는 마음의 상태를 뜻합니다. 이러한 자질을 갖춘 사람은 타인의 삶, 특히 그들이 문제와 위기, 고뇌의 무게를 짊어질 때 이를 더 감내하도록 도와줍니다. 호의는 타인을 대하는 다양한 방식에서 드러납니다. 행동거지의 상냥함으로, 말이나 몸짓으로 상처 주지 않으려는 배려로, 그리고 타인의 짐을 덜어 주려는 노력으로 나타납니다. 이는 '모욕하고 슬프게 하거나 짜증 나게 하고 무시하는 말' 대신, '위로하고 힘을 북돋우며 위안이 되고 격려가 되는 말'을 건네는 것입니다.

친절은 때때로 인간관계에 자연스럽게 스며든 잔인함에서, 다른 이들을 생각하지 못하게 막는 불안감에서, 다른 이들도 행복할 권리가 있다는 사실을 무시하는 부주의한 성급함에서 자유롭게 합니다. 어쩌면 오늘날 우리는 잠시 멈춰 서서 다른 이들을 친절하게 대하거나 "실례합니다.", "미안합니다.", "고맙습니다."라고 말할 시간과 에너지를 찾기가 쉽지 않습니다.

그러나 이따금 '친절한 사람'이라는 기적이 나타납니다. 그들은 기꺼이 자신의 걱정거리나 급한 일들을 제쳐 두고 다른 이에게 관심을 기울이고 미소를 선사하며 격려의 말을 건네고, 그토록 많은 무관심 속에서도 기꺼이 경청의 공간을 내어 주려 합니다. 이러한 노력은 오해를 극복하고 갈등을 예방할 수 있는 건전한 사회 분위기를 조성할 수 있습니다.

친절의 실천은 부차적인 것도 아니고 피상적이거나 부르주아적인 태도도 아닙니다. 이는 존중과 존경을 전제로 하기에, 한 사회의 문화가 된다면 생활 양식과 사회적 관계, 토론하고 아이디어를 나누는 방식을 깊이 변화시킵니다. 친절은 합의를 모색하도록 하며, 격분하여 모든 다리가 파괴된 곳에 새로운 길을 열어 줍니다.

인내의 길

2018년 2월 12일, 〈아침 묵상〉

인내가 무엇인지, 삶에서 그리고 시련 앞에서 인내한다는 것이 어떤 의미가 있는지 이해하기란 쉬운 일이 아닙니다. 물론 인내는 패배자의 태도일 수 없으며, 그리스도인의 인내는 패배자의 길을 따르는 것이 아닙니다. 인내는 그와 다른 것입니다.

인내는 닫혀 있는 사람들의 덕목이 아닌 여전히 움직이는 사람들의 덕목입니다. 어원적으로 이 단어는 '어깨에 짊어지다'라는 뜻을 지닙니다. 사실 피곤한 일입니다. 하지만 인내하는 사람은 문제와 한계를 포기하지 않고, 고통을 감수하며 짊어집니다. 그리고 기쁨과 즐거움으로 고통을 안고 갑니다.

온유함의 길

2015년 11월 1일, 〈교황 강론〉

"행복하여라, 온유한 사람들!"(마태 5,5)

이와 반대로 우리는 얼마나 참지 못하고 짜증을 내며 항상 불평할 준비가 되어 있습니까! 우리는 다른 사람들에게 많은 것을 요구하고 우리 차례가 오면 세상의 주인인 양 목소리를 높여 반응합니다. 그러나 실제로 우리는 모두 하느님의 자녀임을 자각해야 합니다. '부모를 미치게 만드는' 자녀들에게 강한 인내심으로 대응하는 어머니와 아버지를 생각해 보십시오. 이것이 주님의 길, 바로 온유함과 인내의 길입니다. 예수님께서는 이 길을 걸어가셨습니다. 어린 시절부터 그분은 박해와 피난 생활을 견디셨습니다. 그리고 어른이 되셨을 때는 중상

모략, 함정, 거짓된 법정 고발을 견디셨습니다. 그분께서는 온유함으로 모든 것을 인내하셨습니다. 그분께서는 우리를 너무나 사랑하신 나머지 십자가 죽음까지도 감수하셨습니다.

너는 너 자신을 먼저 평화 가운데 보존하라. 그러면 남에게 평화를 줄 수 있다. 선한 사람은 박학한 사람보다 더 많은 유익함을 준다. 악습에 젖은 사람은 좋은 것이라도 악하게 만들고 악한 것을 쉽게 믿는다. 선한 사람은 모든 것을 선으로 바꾼다. 평화 속에서 잘 지내는 사람은 남을 의심치 않는다. 모든 일에 만족할 줄을 모르며 항상 불안해하는 사람은 갖가지 의심이 일어나 번민을 느끼고, 결국에는 자기도 편히 지내지 못하고 남도 편하게 하지 못한다. 그런 사람은 하지 않아야 할 말을 자주 하고, 해서 유익할 일을 하지 않으며, 다른 사람은 무엇인가 해야 할 의무가 있다고 생각하면서, 정작 자기의 의무는 소홀히 한다. 그러니 먼저 너 자신을 걱정하라. 그러면 남의 걱정을 헤아릴 수 있을 것이다.

— 토마스 아 켐피스, 《준주성범》, 제2권, 제3장, 1항

회피와 휴식

2018년 9월 5일, 〈일반 알현〉

휴식의 날에 대한 계명은 실천하기 쉬운 계명처럼 보입니다. 하지만 사실은 그렇지 않습니다. 휴식을 취한다는 것은 정말로 간단한 문제가 아닙니다. 왜냐하면 거짓된 휴식과 진정한 휴식이 있기 때문입니다. 이를 우리는 어떻게 인식할 수 있을까요?

현대 사회는 오락과 휴가에 목말라합니다. 오락 산업은 매우 활발하며, 광고는 이상적인 세상을 마치 모두가 즐기는 큰 놀이터로 그려 냅니다. 오늘날 삶에 대한 지배적인 개념이 활동과 헌신이 아닌, 회피에 중심을 두고 있습니다. 즐기기 위해, 그리고 자신의 욕구를 만족시키기 위해 돈을 법니다. 여기서 성공한 사람의 이미지는 다양한 즐거움을 만끽할 수 있는 사람으로 제시됩니다. 그러나 이러한 사고방식은 즐거움에 무감각해진 삶의 불만으로 이어집니다. 그 즐거움은 진정한 휴식이 아니라, 오히려 현실과 거리를 두고 현실에서 벗어나게 합니다. 인류는 오늘날처럼 많은 휴식을 취한 적이 없었습니다. 그리고 오늘날처럼 공허함을 경험해 본 적도 없었습니다. 다양한 오락거리, 외출, 크루즈나 여행이 마음의 충만함을 주지 못합니다. 실제로 그것들이 진정한 휴식을 주지 않습니다.

그렇다면 이 계명에 따른 휴식은 무엇입니까? 이는 회피의 때가 아닌 바로 묵상의 때, 찬미의 때입니다. 현실을 직시하면서 "얼마나 아름다운 삶입니까!"라고 말하는 시간입니다. 현실 도피와 같은 휴식과 달리, 십계명은 '현실에 대한 축복'으로서의 휴식을 말합니다.

우리 그리스도인들에게 '주님의 날', 곧 주일의 중심은 '감사를 드린다'라는 의미의 성찬례입니다. 이날은 하느님께 감사드리는 날입니다. 생명과 자비와 모든 은총의 주님께 감사드리는 날입니다. 주일은 다른 날들을 지우기 위한 날이 아니라 오히려 기억하고 축복하는 날이며, 우리 삶과 화해하는 날입니다. 많은 사람이 각자의 삶에서 즐길 다양한 가능성을 지니고 있지만, 얼마나 평화롭게 지내지 못하고 있습니까! 주일은 "삶은 소중해. 물론 삶이 쉽지 않고 때로는 고통스러워. 하지만 삶은 소중해!"라고 고백하는 날입니다.

우리 삶은
채색을 기다리는 하얀 캔버스

2022년 1월 6일, 〈교황 강론〉

동방 박사들은 베들레헴으로 여행합니다. 그들의 순례는 예수님을 향해 걸어가도록 부름받은 우리에게도 말을 건넵니다. 그분께서는 인생의 하늘을 밝히시고 참된 기쁨을 향해 우리의 발걸음을 인도하는 북극성이시기 때문입니다. 하지만 예수님을 만나기 위한 동방 박사들의 순례는 어디서 시작되었나요? 그리고 동방 박사들이 순례를 떠나도록 재촉한 것은 무엇이었을까요?

그들에게는 떠나지 않을 만한 타당한 이유가 있었습니다. 그들은 현자이며, 점성가였고 명성과 부를 누리고 있었습니다. 문화적, 사회적, 경제적 안정을 누리고 있었기에 그들은 이미 알고 소유하던 것에 만족하며 편안히 지냈을 것입니다. 그럼에도 그들은 하늘에서 나타난 표징과, "태어나신 분이 어디 계십니까? 우리는 동방에서 그분의 별을 보았습니다."(마태 2,2 참조)라는 물음 때문에 스스로 안절부절 못했습니다. 그들의 마음은 무관심의 동굴 속에서 무감각해지지 않고 빛을 갈망하며, 나태함 속에서 지쳐 가지 않고 새로운 지평을 향한 그리움에 타올랐습니다. 그들의 눈은 지상을 향하고 있지 않았습니다. 오히려 하늘을 향해 열린 창이었습니다.

그들을 떠나게 만든 이 건강한 조바심, 안절부절 못하게 만든 그 마음은 어디서 왔을까요? 그것은 갈망에서 생겨납니다. 그들 내면에 있던 비밀은 바로 갈망하는 법을 안다는 것입니다. 이를 묵상해 봅시다. 갈망한다는 것은 우리 안에 타오르는 불꽃에 연료를 공급하는 것이며, 동시에 즉각적이고 눈에 보이는 것 너머를 찾도록 우리를 부추기는 것입니다. 갈망한다는 것은 삶이 우리를 넘어선 신비임을 받아들인다는 것입니다. 마치 벽의 틈새가 저 너머를 바라보라고 손짓하는 것처럼, 삶은 '여기가 전부'가 아니며, 저 너머에도 펼쳐져 있기 때문입니다.

이는 채색해야 할 텅 빈 캔버스와 같습니다. 위대한 화가 반 고흐는 언젠가 하느님을 향한 갈망이 한밤중에 별을 그리러 나가게 했다고 기록했습니다. 그렇습니다. 하느님께서 우리를 이렇게 갈망하는 존재로 만드셨습니다. 동방 박사들이 별을 따라 길을 나선 것처럼 말입니다. 어떠한 과장 없이 우리는 하느님을 향해 갈망하는 존재라고 말할 수 있습니다. 갈망이 시선을 넓히고 여러 삶의 장벽을 넘도록 우리를 더욱 부추기기 때문입니다. 즉 갈망은 습관의 장벽, 소비에 집중된 삶, 반복적이고 따분한 신앙, 우리 자신의 투신에 대한 두려움, 다른 사람들과 공동선을 향한 봉사에 대한 두려움까지 넘도록 이끕니다. 아우구스티노 성인은 말했습니다. "우리의 전 생애는 마치 거룩한 갈망을 위한 수련"이라고 말입니다.

조바심과 자유

2021년 10월 6일, 〈일반 알현〉

자유는 한 사람의 삶을 변화시키고 그 자유를 선으로 인도하기 위해 자유로워집니다. 진정으로 자유롭기 위해서는 심리적 차원에서 자신을 알아야 할 뿐만 아니라, 무엇보다도 더 깊은 차원에서 우리 안에 존재하는 진리를 실현해야 합니다. 바로 거기, 마음 안에서, 그리스도의 은총으로 우리는 자신을 열 수 있습니다. 진리가 우리를 '쉬지 못하게' 해야 합니다.

지극히 그리스도교적인 단어인 '인퀴에투디네inquietudine'에 대해 잠시 살펴봅시다. 우리는 '실존적 불안'이 전혀 없는 그리스도인이 있다는 것을 알고 있습니다. 그들은 항상 똑같은 모습으로 살고, 마음속에 아무런 움직임도 없습니다. 그들에게는 '하느님을 향한 조바심'이 없습니다. 왜 그럴까요? 우리 마음이 조바심을 느낀다는 것은 성령께서 우리 안에 역사하고 계시다는 표시이고, 자유는 성령의 은총으로 생생히 타오르는 그런 자유이기 때문입니다. 이것이 바로 자유가 우리를 부단히 움직이게 하고 우리에게 끊임없이 질문을 던져야 우리가 진정 자신의 모습이 무엇인지 점점 더 깊이 들어갈 수 있는 이유입니다.

이처럼 우리는 진리와 자유의 길이 평생 계속되는 고된 여정이라는 점을 알게 될 것입니다. 자유롭게 살아가는 것은 고된 일입니다. 힘듭니다. 그러나 불가능한 일은 아닙니다. 용기를 내십시오. 자유로워지기 위해 계속 정진합시다. 이는 십자가에서 오는 사랑이 우리를 인도하고 떠받쳐 주는 여정이 될 것입니다. 이 사랑이 우리에게 진리를 보여 주고, 참된 자유를 줍니다. 이것이 행복으로 가는 길입니다. 자유는 우리를 자유롭게 하고, 즐겁게 하며, 행복하게 합니다.

기쁨의 큰 강물

《복음의 기쁨》, 5항 참조

그리스도의 십자가가 영광스럽게 빛나는 복음서에서는, 우리를 끊임없이 기쁨으로 초대합니다. 몇 가지 예를 드는 것으로도 충분합니다. "기뻐하여라."(루카 1,28) 하고 천사가 마리아에게 인사했습니다. 마리아가 엘리사벳을 방문했을 때, 요한은 어머니의 태중에서 기뻐 뛰놀았습니다(루카 1,41 참조). 마리아는 이렇게 노래합니다. "내 마음이 나의 구원자 하느님 안에서 기뻐 뜁니다."(루카 1,47)

예수님께서 공생활을 시작하시자, 요한은 "내 기쁨도 그렇게 충만하다."(요한 3,29)라고 외쳤습니다. 예수님께서도 "성령 안에서 즐거워"하셨습니다(루카 10,21 참조).

그분의 메시지가 기쁨의 원천입니다. "내가 너희에게 이 말을 한 이유는, 내 기쁨이 너희 안에 있고 또 너희 기쁨이 충만하게 하려는 것이다."(요한 15,11) 우리 그리스도인의 기쁨은 넘쳐흐르는 예수 성심의 샘에서 솟아 나옵니다. 그분께서는 제자들에게 이렇게 약속하십니다. "너희가 근심하겠지만, 그러나 너희의 근심은 기쁨으로 바뀔 것이다."(요한 16,20) 그리고 거듭 강조하십니다. "내가 너희를 다시 보게 되면 너희 마음이 기뻐할 것이고, 그 기쁨을 아무도 너희에게서 빼앗지 못할 것이다."(요한 16,22) 그 후 제자들은 부활하신 "주님을 뵙고 기뻐하였다."(요한 20,20)라고 합니다.

사도행전은 초대 공동체가 "즐겁고 순박한 마음으로 음식을 함께"(사도 2,46) 먹었다고 전합니다. 제자들이 지나가는 곳마다 "큰 기쁨이 넘쳤다."(사도 8,8)라고 했으며, 그들은 박해 속에서도 "기쁨과 성령으로 가득 차"(사도 13,52) 있었습니다. 내시는 세례를 받자마자 "기뻐하며 제 갈 길을 갔다."(사도 8,39)라고 하며, 간수는 "온 집안과 더불어 기뻐하였다."(사도 16,34)라고 합니다. 우리라고 해서, 이 기쁨의 큰 강물 속으로 들어가지 못할 이유가 어디 있겠습니까?

심오한 기쁨은 선물입니다

2013년 5월 10일, 〈아침 묵상〉

"예수님께서는 그들을 베타니아 근처까지 데리고 나가신 다음, 손을 드시어 그들에게 강복하셨다. 이렇게 강복하시며 그들을 떠나 하늘로 올라가셨다. 그들은 예수님께 경배하고 나서 크게 기뻐하며 예루살렘으로 돌아갔다. 그리고 줄곧 성전에서 하느님을 찬미하며 지냈다."(루카 24,50-53)

여기서 말하는 기쁨이 무엇입니까? 흥겨움일까요? 아닙니다. 그것과는 다릅니다. 흥겨움은 좋지만, 매 순간 흥겹게 지낸다면 결국 가볍고 피상적으로 변하며, 그리스도교적 지혜가 부족한 상태로 이어져 우리를 바보처럼 순진하게 만들지 않겠습니까? 기쁨은 이와 다릅니다. 기쁨은 주님께서 우리 안에 가득 채워 주신 선물입니다. 마치 성령의 기름부음과 같습니다. 그리고 이 기쁨은 예수님께서 우리와 더불어 하느님 아버지와 함께 계신다는 확신에서 옵니다.

참된 기쁨

2013년 7월 6일, 〈신학생들과 청원기, 수련기 수도자들과의 만남〉

참된 기쁨은 어떤 물건이나 소유에서 오지 않습니다. 그렇지 않습니다. 그 기쁨은 만남을 통해서, 타인과의 관계에서 생겨납니다. 누군가에게 받아들여지고, 이해되고, 사랑받는 느낌에서 생겨나고, 우리도 누군가를 받아들이고, 이해하고, 사랑함으로써 생겨납니다. 이는 순간의 호기심 때문이 아닌 상대가 하나의 인격체이기 때문에 그렇습니다.

기쁨은 만남의 무상함에서 생겨납니다. "너는 나에게 중요한 사람이야."라는 말을 듣는 것입니다. 하느님께서 이렇게 우리를 이해시켜 주십니다. 하느님께서는 우리를 부르시며 "너는 나에게 중요한 사람이야. 나는 너를 사랑한단다. 그리고 나는 너를 믿어."라고 말씀하십니다. 예수님께서는 우리 각자에게 이렇게 말씀하십니다. 여기서 기쁨이 생겨납니다! 예수님께서 나를 바라보시는 그 찰나의 기쁨입니다. 이것을 이해하고 느끼는 것이 기쁨의 비결입니다. 바로 하느님께 사랑받고 있음을 느끼는 것, 그분을 통해 우리는 그저 숫자가 아닌 진정한 인간다움을 느끼는 것, 우리를 부르시는 분이 바로 그분이라시는 것을 느끼는 기쁨입니다.

누구도 빼앗을 수 없는 기쁨

2017년 9월 9일, 〈교황 연설〉

우리가 그분 안에 있으면 그분의 기쁨이 우리 안에 머무를 것입니다. 우리는 슬픈 제자, 낙담한 사도가 되지 않을 것입니니다. 오히려 참된 기쁨, 누구도 빼앗을 수 없는 충만한 기쁨을 전할 것이며, 그리스도께서 우리에게 주신 새 생명의 희망을 전파할 것입니다. 하느님의 부르심은 우리의 기쁨을 빼앗아 가는 무거운 짐이 아닙니다. 무겁습니까? 때로는 그럴 수 있습니다. 하지만 그것이 우리의 기쁨을 앗아 가지 못합니다.

오히려 그 짐을 통해 그분은 우리에게 기쁨을 주십니다. 하느님께서는 우리가 사막의 교부들이 이미 지적했던, 영혼을 사로잡는 악령 중 하나인 슬픔에 빠지는 것을 원치 않으십니다. 하느님께서는 우리가 좋지 않은 경험으로 인해 피로해지거나 슬퍼하거나 지치지 않기를 바라십니다. 오히려 우리 삶과 심지어 고달픔에도 행복을 가져다주는 영성을 원하십니다. 그렇게 물든 우리의 기쁨이 하느님의 친밀함과 사랑에 대한 첫 번째 증거가 되어야 합니다. 우리가 하느님을 만나는 기쁨을 비출 때, 하느님의 은총을 참으로 나누는 사람이 됩니다.

참생명

2016년 6월 18일, 〈희년 알현〉

우리는 전인적인 변화의 필요성을 얼마나 자주 느낍니까!

스스로 "나는 변해야 해. 더 이상 이렇게 살 수는 없어……. 이 길에서 어떤 결실도 보지 못하고, 그저 쓸모없는 삶이 될 거야. 나는 행복하지 않을 것 같아."라고 얼마나 자주 말합니까! 이런 생각을 얼마나 자주 떠올리나요! 그러나 우리 곁에 계신 예수님께서 손을 뻗으시며 이렇게 말씀하십니다.

"오너라, 내 곁으로 오너라. 일하는 이는 바로 나다. 나는 너의 마음을 바꾸고, 너의 삶을 바꾸고, 너를 행복하게 해 줄 것이다."

우리와 함께하시는 예수님께서는 삶이 변화되도록 우리를 초대하십니다. 예수님께서는 우리 삶이 변화되고 좀 더 나아지도록 우리 안에 하느님을 향한 조바심을 심어 주신 성령과 함께하십니다. 그러므로 이러한 주님의 초대에 기꺼이 응답합시다. 우리가 그분의 자비에 자신을 열 때만 참된 생명과 참된 기쁨을 찾을 수 있기 때문입니다. 우리가 문을 활짝 열어 놓기만 하면 그분께서 다른 모든 일을 하십니다. 분명 그분께서 모든 것을 하실 것입니다. 하지만 그분께서 우리를 치유하시고 앞으로 나아가도록 마음을 여는 일은 우리 몫입니다. 저는 여러분이 더 행복해질 것이라 확신합니다.

옮긴이의 말

"모두 행복하길 바라!"

2013년 3월 13일, 이날을 잊을 수 없다. 프란치스코 교황님의 탄생을 현장에서 직접 체험한 날이었기 때문이다. 시스티나 경당에서 하얀 연기가 올라왔고 우당탕 기숙사에서 뛰쳐나와 벅찬 마음으로 바티칸 광장을 향했다. 그러나 구름 인파로 인해, 차도 오토바이도 쉽게 움직일 수 없었다. 바티칸 성 베드로 대성당 발코니 근처는 꿈도 꿀 수 없었고, 광장 근처도 갈 수 없었다. 그러나 이 기쁜 현장을 놓칠 수 없었고, 교황님의 탄생 이슈에 숟가락이라도 얹고 싶은 마음이었다. 아쉽게도 교황님의 얼굴을 가까이서 보는 일은 일어나지 않았다. 그저 그 현장에 있었다는 것만으로 만족해야 했다.

사실 로마 유학 시절, 교황님을 마주하고 악수를 청할 기회가 여러 번 있었지만, 왠지 모를 이상한 핑계들 때문에 주저하는 일이 반복되었다. 교황님을 만날 수 있는 수요 일반 알현 때 '나는 무례하게 사람들을 비집고 들어가 교황님과 악수하고 싶지는 않아.'라는 핑계 아닌 핑계를 속으로 다짐했다. 그리고 1시간 넘게 군중들과 악수하시는 교황님의 호의를 그저 멀리서 바라만 보았다. 교황님과 관련된 여러 행사 때도 야단법석인 군중들 사이에 교황님이 지나가도 난 그저 관망하는 사람이었다. '왜 이리 망설이고 주저하는 걸까? 두려움 때문인가? 아니면 그분의 고결함 때문인가?'

시간이 흘러 교황님의 행보와 말씀으로 인해 답답한 내 마음에 변화가 찾아오는 순간들이 있었다. '하느님의 종들의 종Servus Servorum'이라는 별칭답게 누구보다 가난하셨고, 가난한 이들 편이셨던 교황님. 자비의 희년을 통해 이 세상에 가장 필요한 것이 자비와 용서라고 강조하셨던 교황님. 회칙 〈찬미받으소서〉를 통해 모든 피조물과 더불어 살아가는 '공동의 집', 지구를 돌보자고 하신 교황님. 가톨릭 신앙에 있어 이방인 취급을 받던 몽골 교회까지 찾아가셨던 교황님. 교황님은 두려움과 어두움이 엄습한 곳으로 먼저 찾아가셨고, 그 안에 갇혀 있는 이들에게 먼저 손 내밀어 주셨다.

그리고 이 책 《프란치스코 교황의 행복론》이 나에게 선물처럼 찾아왔다. 솔직히 말하면, 망설이고 주저하는 나에게 큰 충격으로 다가왔다. 책 내용 중 이런 표현이 있다. "주님께서는 완고함에 대해 알레르기가 있으십니다." 뒤통수를 한 대 맞은 기분이랄까? 책은 행복을 추구하는 현대인들에게 신선한 충격으로 다가올 것이다. 이런 표현도 있다. "행복은 핸드폰에서 내려받는 '앱app'이 아닙니다." 책은 진정한 행복이 무엇인지, 행복을 향해 걸어가는 길이 무엇인지 안내하고 있다. 그리고 시작부터 행복을 향한 15가지 나침반을 소개한다.

1. 당신의 내면을 읽어 보십시오
2. 당신은 단 하나뿐이라는 것을 기억하십시오
3. 당신의 아름다움을 드러내십시오
4. 자신을 향해 웃는 법을 배우십시오
5. 건강한 조바심을 지니십시오
6. 용서하는 법을 배우십시오
7. 슬픔을 읽는 법을 배우십시오
8. 위대한 꿈을 꾸십시오
9. 환상을 파는 자들의 말을 듣지 마십시오

10. 혁명가가 되십시오. 세상의 파도에 대항하십시오

11. 실수할지라도 위험을 감수하십시오

12. 다른 사람들과 함께 걸어 보십시오

13. 거저 주며 사십시오

14. 어둠 너머를 바라보십시오

15. 당신이 최고가 될 운명이라는 것을 기억하십시오

그리고 행복과 관련된 교황님의 설교, 연설, 문헌, 묵상들, 그리고 교황님이 사랑하신 문학 작품 《단테의 신곡》, 《닥터 지바고》, 《카라마조프가의 형제들》, 《약혼자들》, 《반지의 제왕》 등과 영화 〈프란치스코, 신의 어릿광대〉, 〈바베트의 만찬〉, 〈길〉, 〈로마, 무방비 도시〉까지 일상에서 그리스도의 향기를 발견하시는 교황님의 모습에서 신선함을 느낄 것이다. 이 책은 신자, 비신자 모두 접할 수 있는 따뜻하고 매력적인 언어로 독자들에게 혼란스러운 세상에서 사랑과 행복을 안내한다. 위로가 되는 희망의 메시지, 상처 속의 진주 이야기, 소외된 이들을 위한 사랑과 자선, 그리고 교황의 핵심 정신인 자비 등 모든 이가 행복해지길 바라는 교황님의 사랑스러운 행복 이야기를 체험하게 될 것이다.